文系のための
記号論理入門

—命題論理から不完全性定理まで—

金子裕介
著

朝倉書店

はしがき

本書は『論理と分析』という前著（金子 2019）の続編であるとともに，簡略化版である．簡略化されているのは，前著を手に取ったひとが読めば，すぐにわかるだろう．大幅にシェイプアップされている．

続編と言えるのは，本書の目玉でもある，不完全性定理が扱われているところだ．これは文系ならびに初心者にとって，最も懇切丁寧なものになっているとおもう（2021 年までに刊行されたものと比べて，という意味だ）．これは最後，第Ｘ部で論じられる．

第Ⅰ部～第Ⅵ部は，基礎編である．基礎と言っても，ここを学習できたなら，軽く大学の初級論理学レベルは飛び越えた実力がついたと自負していい．

第Ⅶ部は応用編だ．言語哲学や数学そのものに興味あるひとに読んでもらいたい．

第Ⅷ部～第Ⅸ部は，完全性定理と健全性定理を扱う．『論理と分析』ではレーヴェンハイム＝スコーレムの定理，コンパクト性定理まで扱い，今回，その手直しを予定していたのだが，分量オーバーや読者への負担も考え，断念した．

「文系のための」というのは，文体や議論構成から感じ取ってもらえるだろう．社会学者や言語学者は必要ないかもしれないが，（分析）哲学を標榜するひとのなかで，論理学を知らないひとがずいぶん増えたとおもう．論理学は，哲学にとってカンフル剤というかワクチンというか，そんなものだ．外人哲学者―彼らの何人が本当に論理学を知っているというのか―のいたずらに技巧的な議論に振り回されないために，論理学という武器を，ぜひ身につけてほしい．

最後に，朝倉書店の方々に，深くお礼を申し上げたい．

2021 年 3 月

著　者

目　　次

凡　例

1. 本書の構成は，第Ⅰ部⇢第Ⅱ部⇢……，第1章⇢第2章⇢……と進んでゆくけれども，節（§）は部や章が変わっても§1⇢§2⇢……と継続して数えられる．
2. 重要な抜粋などには1 ⇢ 2⇢……と番号をふってゆく．これも節同様，部や章が変わっても継続して数えられる．
3. スラッシュ「○／×」は「○でも×でもどちらでもよい」という意味である．
4. ［　］は証明などで説明，補足を付け加えるときに用いる．証明図の仮定には半角括弧 [　] を使う．
5. 【　】は本文内で，練習問題や付録に話を飛ばしたいときに用いる．
6. 文献の参照はページのみならず次の略称でもおこなう．

    セクション（section, 節）：sec.［但し本書内の節のみ § で参照］
    注（note）：n.［但し本書内の注のみ 注 で参照］
    章（chapter）：ch.
    部（part）：pt.
    それに続く数ページ（and the following pages）：f.
    複数ページに渡る場合（pages）：pp.
    ドイツ語の文献ページ（Seite）：S.

7. 本書は『論理と分析』を継承する所があるが（金子 2019），前著では詳細につけられていた典拠の大部分が本書では消去されている．一括して参考文献に帰属させたとかんがえてほしい．
8. 述語などに対する括弧の使い方だが，通常，関数 $f(x)$ と区別するため，述語 F や論理式（メタだが）Φ には，Fx，Φx と変項 x が裸でくっつけられる．だがメタ論理に移ると，下つき文字との区別や，表記上の煩雑さから，どうしても括弧を使わざるを得なくなる．つまり $F(x)$，$\Phi(x)$ といった表記を使わざるを得なくなる．こういう場合，断りなく，そうするので順応してもらいたい．
9. 矢印として ⇢ という破線表現を使っているが，これはイメージを伝えるだけのもので，条件法 → と区別するのが目的である．
10. 時折 ①，② …… といった段落分けを使うが，これは擬似フィッチ式（§78）のような厳密な意味もあれば，ただ前後の議論を参照しやすいように使っている場合もある．その場に応じて読み取ってもらいたい．
11. 練習問題を「練問」と省略する．

はじめに

これから記号論理を学ぶにあたり，どんな分野なのか，まず，概観してもらおう．命題論理や構文論といった用語と顔合せしながら，徐々に慣れて行ってほしい．

§1　全体像

記号論理学（symbolic logic）と聞いて何をイメージするだろうか．全体像を描いたので，それを見ながら，どこで何をするのか，思い巡らせてもらいたい．

1　**記号論理（学）**

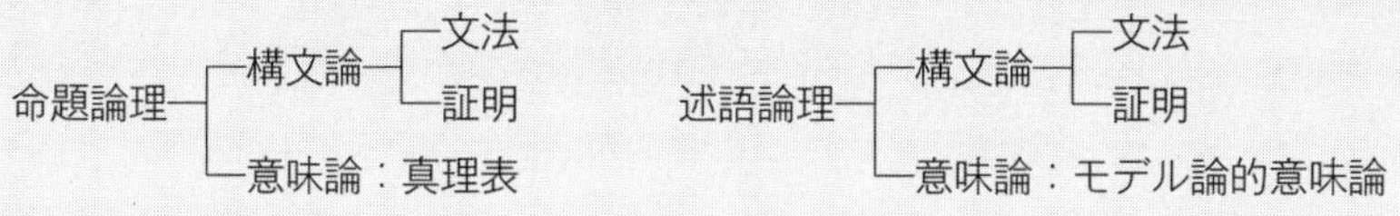

目次にもこの構成は反映されている．第Ⅰ部と第Ⅱ部，第Ⅳ部と第Ⅵ部が，それだ．少し読み返してほしい．

さて，命題論理とは，文を，それ以上分割できない原子のようにして扱う論理である．$p, q,$ …… という表現が，ここでは使われる．

述語論理とは，その割れなかった原子文をパカッと割り，内部構造に立ち入れるようにした論理である．$\forall xFx$, $\exists xGx$, …… といった表現が，ここでは使われる．

§2　構文論

命題論理，述語論理，それぞれに構文論がある（1）．

構文論とは，英語でシンタクス（syntax）と言うのだが，英文法の構文把握みたいなことをやるのではない．確かに文法分野は，それに似ている．だが証明分野になると，本当に数学みたいなことをする．否それどころか，さらに厳密な証明が追究される．

§3　意味論

命題論理，述語論理，それぞれに意味論がある（1）．意味論は，よく，構文論で形骸化された表現に意味をあたえる分野だと説明される．しかし，それは誤解を招くかもしれない．意味論で，言葉の意味（meaning ／ sense）など扱わないからだ．

意味論とは，むしろ，論理学の一流派である．構文論が，もうひとつの流派になる．ふたつの分野は別々に存在し，それぞれの仕方で論理的真理を照らし出す．英語でセマンティクス（semantics）と言う．意味についての余計な妄想を駆り立てないよう，意味論は，そう呼んでしまった方がよいかもしれない．

命題論理の意味論では真理表，述語論理の意味論ではモデル論的意味論を，それぞれ学ぶ．それらはセマンティクスという独自の流派であり，構文論とつなげて理解する必要はない[1]．

[1] 以上の話は歴史的背景などを踏まえ，前著『論理と分析』で詳しく論じている．興味があるひとは参照してもらいたい（金子 2019, pp.1–19）．

第Ⅰ部　命題論理の構文論

論理学の全体像を見てもらった．それに沿って説明を始めよう．
まずは，命題論理の構文論である．

第1章　対象言語とメタ言語

記号論理を学ぶとき知っておいてほしいのは，対象言語とメタ言語の区別である．この区別が身についていると，文法に限らず，証明にせよ，意味論にせよ，グッと理解が深まる．

§4　命題論理とはなにか

全体像（1）を見たから，それに沿って話を進めよう．まずは，命題論理の構文論，その文法である．

命題論理（propositional logic）とはなにか，初めに大まかなイメージを伝えよう．それは，ひと言でいえば，文（sentence）の論理だ．

「今日は晴れだ」.「太郎の身長は 170cm だ」．こういった文が原子のように分割できない単位とみなされ，p や q で表される．それらは，原子文（atomic sentence）と呼ばれる．

原子文は，相互に接続できる．例えば「今日は晴れだ，そして太郎の身長は 170cm だ」といった風に．これを，複合文（compound sentence）と言う．

複合文をつくるための接合箇所を，論理接続詞（logical connective）という．「今日は晴れだ，そして太郎の身長は 170cm だ」だったら「そして」の部分である．厳密には「かつ」になる．

この「かつ」といった論理接続詞に推論規則を与えることで，命題論理が形作られてゆく．

§5　文法

命題論理は，文を単位にし，論理接続詞を使い，推論を構成しゆく．そのためには，まず，論理接続詞，例えば「かつ」を記号化しなければならない．文法（grammar）とは，それを述べる分野である．

記号論理における文法を知るには，英文法の授業を思い浮かべてもらえばよい．学校で先生は，英語を，あくまで教える対象の言語として扱い，一方で，しゃべったり書いたりするのは，日本語だ．記号論理に文法を与えることは，この，授業で英文法を教えることに似ている．

§6　対象言語とメタ言語

学校の授業での，英語と日本語の違いがそのまま，対象言語とメタ言語になる．

先生は黒板に「It is raining.」と書き「これは，雨が降っている，という意味になりますね」と説明する．ここで英語は，日本語によって説明される．

対象言語（object-language）とは，この英語のように，まな板の鯉というか，そんな，調理される，説明されるのを待っている言語のことだ．

これに対し，日本語は，説明する側の言語になる．それは英語を上から見下ろし，超越的な仕方で，英語を説明する．これを，メタ言語（meta-language）と呼ぶ．

英語の授業における日本語と英語の関係，説明する言語と，説明される言語．これが，メタ言語と対象言語の区別だと，初めに理解してもらいたい．

§7　使用と言及

もう少し授業の話を掘り下げよう．フリートークにせよ英作文にせよ，生徒が実際に英語を使い，話したり書いたりする時間になったとする．

或る生徒が「It rain.」と書く．そこに先生が来て，ダメじゃないか「It rains.」だろう，と訂正する．ここでは，生徒の英語から「rain」がピックアップされ，それについて先生が，どうこう話している．

このピックアップを，言及（mention）と言う．

言及では，対象言語の表現から特定の表現を瞬間凍結させるように取り出し，それについてどうこう話す．これは，対象言語を見下ろすメタ言語ならではのアプローチだ．

私達（生徒）が言語を話したり書いたりするとき，まず，そんなこと（言及）はしない．普段の言語使用は，そのまま，使用（use）と呼ばれる．いま読んでいる文章，隣の友達と交わす会話……こういったものは皆，使用の例になっている．

§8　言及について

言及はメタ言語特有のテクニックである．カギ括弧のなかに対象言語の表現を入れ，瞬間凍結させるかのように，そこから表現力を奪い去ってしまう．表現力を奪われた言葉は，ただの記号列に成り下がり（そういうものとして）名詞化される．

文法が述べられるのは，こういった超越的（メタ）（言語的上位）視点においてだ．幾つか例を挙げよう．

2　言及の例

① 「It is raining.」は正しい表現だ.

② 君の使った「rain」は三人称単数現在形にしなければならない.

③ 「今日は雨だ」には五文字ある.

これらはメタ言語で述べられている. ①② は授業の話から理解してもらいたい (§5～§7). ③ は, 対象言語とメタ言語が同じになる例だ. 国文法の授業を思い浮かべればよい.

さて, こんな風に説明すると「じゃあ, カギ括弧が出て来たら言及と取ればいいんですね」と言うひとが出てくるだろう. だが自分の言ったことを見返してほしい. それ (じゃあ……) は, カギ括弧に入っているが, 言及ではない.

カギ括弧が言及に使われることは稀である. ふつうカギ括弧は, セリフを表したり (直接話法), 強調のためだったり, 句読点ではフォローできない表現のまとまりを示すために用いられる. 中身の表現は, 決して言及された, 意味抜きの記号列ではない.

カギ括弧で言及を表すのは, 記号論理特有のテクニックである. では, カギ括弧に遭遇したとき, 言及か, そうでないか, どう判断すればよいのか. そう問われたなら, 臨機応変に, と答えざるを得ない. 言及専門の括弧を導入してもよいが, それは文章を錯綜させるから避けることにしたい.

§9　嘘つきのパラドクス

以上が記号論理を学ぶ際, 確保してほしい視点である. 対象言語とメタ言語 (§6). 使用と言及 (§7～§8).

対象言語とメタ言語の区別は, タルスキ (Alfred Tarski 1902-1983) によって導入された. 使用と言及の区別は, クワイン (Willard van Orman Quine 1908-2000) によって導入された[2].

タルスキは元々, 嘘つきのパラドクス (the antinomy of the liar) を解決するため, 対象言語とメタ言語の区別を導入したのだが, 今となっては, その区別が無ければ文法も証明も述べられない. つまり, 対象言語とメタ言語の区別を知るのに, 嘘つきのパラドクスを通過しておく必要はない.

それでも歴史的に重要な話であるから, 興味のあるひとはチャレンジしてもらいたい. 【ここで 付録1 を読んでほしい.】

---

[2] ここら辺の事情は歴史的背景も含め『論理と分析』で説明した (金子 2019, sec. 4, sec. 11, sec. 24-25).

第2章　命題論理の文法

対象言語とメタ言語，使用と言及の区別をみてもらった．この区別を意識しながら，命題論理の構文論，文法に入ってゆこう．

§10　日常言語

対象言語ということで言えば，これから記号論理の言語として書くことができるのは，証明図だけである（§27）．つまり黙々と，前提や仮定から結論を導きだすコンピュータのような作業が，私達（生徒）のする全てになる．記号論理使用者である限り，日常言語など使ってはならない．

日常言語（ordinary language）とは，今読んでいる，ふつうの言語を言う．日本語，英語，…… みんなそうだ．自然言語（natural language）とも呼ばれる．

これに対して記号論理の言語は，人工言語（artificial language）と呼ばれる．形式言語（formal language）とも言う．

人工という名からわかるように，これから，自然でない，人工的，形式的な言語をイチから創造する．そう取ってもらって構わない．

§11　命題論理の語彙

メタ言語の視点から，対象言語として，記号論理を創造する．この視点で，以下の文章を読んでもらおう．イメージとしては，板書しながら先生が生徒に，記号論理とは何か伝えている．そんな感じである．

3　語彙（形成規則）

① 「p」，「q」，「r」…… は原子文を表す．

② 「¬」は否定（～ということはない）を表す論理接続詞である．

③ 「∧」は連言（かつ）を表す論理接続詞である．

④ 「∨」は選言（あるいは）を表す論理接続詞である．

⑤ 「→」は条件法（もし～ならば…）を表す論理接続詞である．

⑥ 「(　)」は作用域を表す補助記号である．

⑦ 「[　]$_i$」は仮定を表す．

⑧ 「{　}」は集合を表す（*ZF* 集合論でのみ使われる）．

これが文法である．使ってよい表現（語彙）が枚挙されている．カギ括弧内の表現だけが，記号論理使用者に許される．①～⑧は皆，メタ言明（メタ言語の文）である．

①について．原子文は，変数表現のようなものでなく，定まった表現と考える．

具体的に言えば，図式文字（schematic letter）である（§23）．

②～⑤の論理接続詞は，次章で説明する．

⑥について．記号論理では句読点の代わりに括弧を使うのだが，本書では一貫して丸括弧「(　)」に限定する．作用域（scope）については練習問題で学ぶのがよいだろう．とりあえず§23まで読み進めてもらいたい．

§12　文の定義

英文法などと混同しないよう，記号論理で文法は，形成規則（formation rule）と呼ばれる．今みた①～⑧は形成規則である．まだ続く．今度は，与えられた語彙から，文が定義される．

4　文（形成規則）

⑨　原子文は，文である．

⑩　φが文であるとき「$\neg\varphi$」も文だと言ってよい．

⑪　φとψが文であるとき「$\varphi\wedge\psi$」も文だと言ってよい．

⑫　φとψが文であるとき「$\varphi\vee\psi$」も文だと言ってよい．

⑬　φとψが文であるとき「$\varphi\rightarrow\psi$」も文だと言ってよい．

これで命題論理の文すべてが定義される．芋づる式に伸びてゆくもので，再帰的定義（recursive definition）と呼ばれる．

再帰的定義が何かは追って理解すればよい[3]．ここでは，こう考えてほしい．pは文である（①⑨）．なので$\neg p$も文になる（⑩）．なので$p\wedge\neg p$も文になる（⑪）……．芋づる式に伸びてゆく，つまり文が，継起的に生産されるのがわかる．この感覚だけ摑んでもらいたい．

§13　メタ変項

文の定義（4）で出てきたφ（ファイ），ψ（プサイ），χ（カイ），……といったギリシア語も説明しておきたい．それらは，メタ変項（meta-variable）と呼ばれる．メタ言語特有の表現である．

初学者向けに言うと，メタ変項とは，記号論理の文を一般的に代表するものである．例えばφは，pでもqでも$p\wedge q$でも……文と呼ばれるものすべてを代表する．

ただ，注意してほしい．φと，p，q，$p\wedge q$……の関係は代入（substitution）ではない．つまり，数学におけるxと1，2，3……のような関係ではない．

[3] ずっと後，完全性定理の証明あたりで理解される（§242）．

レベルが違う．メタ変項 φ は，p や q や $p \wedge q$ に対し超越的，メタ的な視点で語る．p や q や $p \wedge q$ を見下ろすのだ．

この意味で，メタ変項 φ に代入されるのは，厳密に言うと p や q や $p \wedge q$ そのものでなく，言及されたもの，すなわち「p」，「q」，「$p \wedge q$」……でなければならない[4]．

φ や ψ といったメタ変項は，メタ言語特有の，文法などを述べるためだけの表現である．対象言語（具体的には証明図）では絶対，使ってはならない．

§14　追加形成規則

命題論理の文法として，後ふたつ，論理接続詞を追加したい．それらは原始記号（primitive symbol）ではないが[5]，便宜上，定義を介して導入される．

5　新記号追加（形成規則）

⑭　φ と ψ が文であるとき「$\varphi \longleftrightarrow \psi$」で「$(\varphi \rightarrow \psi) \wedge (\psi \rightarrow \varphi)$」を表す．

⑮　φ と ψ が文であるとき「$\varphi \triangledown \psi$」で「$(\varphi \vee \psi) \wedge \neg(\varphi \wedge \psi)$」を表す．

双条件法 $\longleftrightarrow$ が ⑭ で定義され，排他的選言 $\triangledown$ が ⑮ で定義されている．それらの定義にある $(\varphi \rightarrow \psi) \wedge (\psi \rightarrow \varphi)$ といった複合文は，読むというより意味から取った方がよい．次章で説明する．

証明などで多用されるので，以後，双条件法の定義 ⑭ を Def $\leftrightarrow$，排他的選言の定義 ⑮ を Def $\triangledown$ と呼ぶことにする．特に Def $\leftrightarrow$ は証明で多用されるので忘れないでもらいたい．

第3章　論理接続詞

命題論理の文法を学んだ．早速 $p \wedge \neg q$ といった文を書く練習をしてもらいたいところだが，その前にあと少し，論理接続詞の特徴を説明させてほしい．

§15　混合文体

第2章で命題論理の表現は出揃った．あとは特徴を，直感的に摑んでもらいたい．ここで重宝されるのが混合文体（amalgam）である．

混合文体とは，$\neg$(太郎は善人である)　のように記号論理と日常言語が混ざった表現のことだ．正式な文法では許されない．許されないが，しかし，論理接続詞を説明

[4] ゆえに例えば「$\neg\varphi$」などは，厳密には「$\neg$」$^\frown$「φ」のように，記号 $^\frown$ を使い，言及された個々の表現が連結（concatenation）されていることを明示しなければならない．だがこういった厳密さは目下の話に必要とならないので省略する．詳しくは金子 2019, sec.34 参照．

[5] 形成規則 3 に枚挙されたのが原始記号である．

するのに重宝される．なので非公式にだが，しばらくそれを使わせてもらいたい．

§16　否定

混合文体を使い，論理接続詞を説明しよう．語彙（3）に従い，ひとつひとつ拾ってゆく．

まず $\neg$ だ（3②）．否定（negation）を表す．読み方を，次の形で覚えてほしい．

> 6　**$\neg p$ の読み方**　It is not the case that p.

あえて英語で書いた．p ということはない，と読む．

英語で書いた理由は，ふたつある．ひとつ目は，否定が文 p 全体にかかわる，ということを示すためだ．太郎は善人でない，と言ったとき「ない」は，善人という単語にかかわっているようにみえる．だがそうでなく，太郎は善人である，という文全体にかかわるのである[6]．

もうひとつの理由は，接続詞であることを示すためである．英語表現でのみ従属接続詞 that が現れ，否定が接続詞であるのがわかる．ちなみに It is a case ではダメだ．be the case で「本当である」を意味するのだから．It is not that もダメである．それだと It が形式主語でなく，人称代名詞として前出内容を受け「それは……ということではない」を意味してしまう．

$\neg$ を，ない（not），と訳すことはたやすい．それでは，しかし，否定が文全体にかかわる，という洞察が失われてしまう．

§17　連言

次に $\wedge$ を見てみよう（3③）．連言（conjunction）である．英語の and で理解するのがよい．日本語なら「かつ」だろう．

> 7　**$p \wedge q$ の読み方**　p かつ q

語呂から「そして」を使いたくなる．だが「そして」は時間的推移を含むから好ましくない．例えば，連言では $p \wedge q$ から $q \wedge p$ を導きだしてよい．いわゆる交換法則だ．しかし「朝起き，そして歯を磨いた」から「歯を磨き，そして朝起きた」は導きだせ

---

[6] 述語論理に入ると $\forall x \neg Fx$ といった形で，文の中に否定が使われるのを見るだろう．だが，充足条件からわかる通り（127①④⑧），その形でさえ，変数 a に一定の解釈（付値）をした上で，Fa という論理式全体が否定されている．具体的に言えば $\eta_j(a) \notin I_i(F)$，つまり $\neg(\eta_j(a) \in I_i(F))$．このため，否定が全体にかかわる，という視点は述語論理でも変わらないのである．

ない.「そして」に含まれる時間的推移が邪魔して，交換法則が成立しないのである．こういった事情から「かつ」が勧められる．

ちなみに連言 $p \wedge q$ において p や q を連言肢（conjunct）と言う．厳密には $\varphi \wedge \psi$ において φ と ψ が連言肢と呼ばれる．

§18　選言

次に $\vee$ を見てみよう（3④）．選言（disjunction）である．

8　$p \vee q$ の読み方　　p あるいは q

英語の p or q がベストである．日本語では「あるいは」だ．「または」,「か」でもよい．いずれにせよ，それらは両立的選言（inclusive disjunction）と呼ばれる．p と q 両方成立してよいからだ．

例えば，前期論理学あるいは後期論理学の単位を取らなければならない，と言ったとき,「あるいは」は両立的選言になっている．

ちなみに連言 $p \vee q$ において p や q を選言肢（disjunct）と言う．厳密には $\varphi \vee \psi$ において φ と ψ が選言肢と呼ばれる．

§19　排他的選言

大抵「あるいは」と言ったとき，しかし，両立的選言は考えられていない．例えば Beef or fish?と飛行機で聞かれたときがそれだ．

先の定義 Def $\triangledown$ は，このためにある（5⑮）．排他的選言（exclusive disjunction）と呼ばれる．読み方というより，取り方（意味）で理解してもらおう．

9　$p \triangledown q$ の意味　　$p \vee q$ だが p と q 両方成立することはない

Def $\triangledown$ に従い，$p \triangledown q$ を $p \vee q \wedge \neg(p \wedge q)$ と崩したとき，連言肢 $\neg(p \wedge q)$ が，両方成立することはない，という所を表す．

§20　条件法

今度は $\to$ に進もう（3⑤）．条件法（conditional）である．

10　$p \to q$ の読み方　　もし p ならば q

英語の if p, then q が元になっている（then は無くてもよい）．

ちなみに $p \to q$ の p を前件（antecedent），q を後件（consequent）と言う．

§21　必要条件，十分条件

条件法には，必要条件（necessary condition）と十分条件（sufficient condition）が重ねられる．

11　$p \to q$　十分条件 → 必要条件

つまり，前件 p が十分条件，後件 q が必要条件になる．

高校数学で，こんな問題をやったとおもう．任意の数 x と y について，$x = y$ は，$x^2 = y^2$ の必要条件か，それとも十分条件か．

記号論理では，まず条件法を組む．$x = y \to x^2 = y^2$ は成立する．しかし $x^2 = y^2 \to x = y$ は成立しない（$x = -1$，$y = 1$ が反例）．あとは $x = y$ の位置をみる．11 に従い，$x = y$ は $x^2 = y^2$ の十分条件だとわかる．

§22　双条件法

十分条件，必要条件と来たなら，次は必要十分条件（sufficient and necessary condition）である．

先の定義 Def ↔ は，これを表している（5⑭）．双条件法（biconditional）と呼ばれる．読み方は iff で覚えてもらいたい．

12　$p \longleftrightarrow q$ の読み方　q iff p

声に出して読みたかったら p if and only if q と読めばよい．つまり iff は if and only if の短縮形である．

ただし，この読み方では q iff p の順番を変えてしまった．では逆に尋ねるが，なぜ 12 では q iff p という順番にしたのか．それを知るには，以下を辿ればよい．

13　$p \longleftrightarrow q$	$\Longleftrightarrow$	$p \to q \land q \to p$	[Def ↔]
	$\Longleftrightarrow$	If p, then q, and if q, then p.	[10, 7 参照]
	$\Longleftrightarrow$	q if p, and q only if p.	[if の文法]
	$\Longleftrightarrow$	q if and only if p.	[短縮]

最後 q iff p となり 12 の読みになる．

ひとつ補足するなら only if だろう．二行目から三行目の第二連言肢で if q, then p

が q only if p に切り替る．ここでは，only if が必要条件を表す，という論理的文法が使われている．

only if p q' で[7]，p は q の必要条件を表す．これをひっくり返して q only if p．これが，三行目の第二連言肢になる．

only if が必要条件になるのは，if が十分条件になるのと対照的である．if q, then p ⇢ only if p q' ⇢ q only if p. これが二行目から三行目の第二連言肢で行われている操作である．

§23　練習問題へ

以上で論理接続詞の説明を終える．理屈っぽくてわからなかった，というひともいるだろう．練習問題を用意したので，自分で手を動かし，理解を深めてもらいたい．

これは日常表現を記号論理に移し変えるような作業になり，形式的に言うと，翻訳（translation）である．

記号論理は，文集合（明日の予定や，数学の命題が，集合ごとに住み分けられている）を日常言語から写し取り，推論を析出する営みである．

p や q は，推論の目的に応じ，日常言語から文「明日ピクニックに行く」や「1+1=2」を写し取り，論理接続詞だけを浮かび上がらせる．この意味で記号論理は，日常言語の図式言語（schematic language）なのである．

【ここで 練習問題 1 ～ 練習問題 4 をやってもらいたい】

第 4 章　命題論理の証明

以上で文法を終える．今度は証明分野だ．はっきり言って難しい．だが，証明を投げ出してしまうなら，何のために論理学を学んだのか，という話になる．その位重要な分野である．

§24　公理系

さて，証明である．ここが記号論理を学ぶ正念場だ．何をやるのか，こんな風に説明される．

まず，少数の論理的真理[8]を選びだす．公理（axiom）と呼ばれる．誰がどう見ても自明な真理のことだ．そこから，定められた推論規則（これも或る意味，公理である）に従い，さらに論理的真理が導き出される．証明とは，まさにその導出であり，

---

[7] q' は q のなかで倒置が起こっていることを表す．Only she makes a mistake will she leave her company. このアンダーラインの所だ．詳しくは，金子 2019, sec.54 参照．

[8] これから論理的真理（logical truth）という言葉を多用するが，構文論だったら定理か推論（§45），意味論だったらトートロジー（§59）—述語論理では妥当（§153）—か論理的帰結（§61）を意味する，と取ってほしい．

結果，得られた文を定理（theorem）と言う．

14　公理系

[公理]—推論規則→[定理]—推論規則→[定理]→…

こうしてできる体系を，公理系（axiomatic system）と呼ぶ．

§ 25　命題論理の公理

ただ実際には，そんなスッキリ話は進まない．まず，これから見る公理は，推論規則と住み分けられていない．推論図（inference figure）と呼ばれる．

推論規則が公理の位置を陣取るのである．このため文としての公理なしに，推論規則だけで証明が始められる．どんな風になるだろうか．まずは，推論図そのものから見てもらおう．

15　連言

① **導入則**

$$\frac{\varphi \quad \psi}{\varphi \wedge \psi}\ \wedge\text{-Intro}$$

② **除去則**

$$\frac{\varphi \wedge \psi}{\varphi}\ \wedge\text{-Elim} \qquad \frac{\varphi \wedge \psi}{\psi}\ \wedge\text{-Elim}$$

16　選言

① **導入則**

$$\frac{\varphi}{\varphi \vee \psi}\ \vee\text{-Intro} \qquad \frac{\psi}{\varphi \vee \psi}\ \vee\text{-Intro}$$

② **除去則**

$$\frac{\begin{array}{c}[\varphi]_1 \\ \vdots \\ \chi\end{array} \quad \begin{array}{c}[\psi]_2 \\ \vdots \\ \chi\end{array} \quad \varphi \vee \psi}{\chi}\ \vee\text{-Elim.1,2}$$

17　条件法

① **導入則**

$$\frac{\begin{array}{c}[\varphi]_1 \\ \vdots \\ \psi\end{array}}{\varphi \to \psi}\ \to\text{-Intro.1}$$

② **除去則**

$$\frac{\varphi \quad \varphi \to \psi}{\psi}\ \to\text{-Elim}$$

18　否定

①　導入則

$$\dfrac{\begin{array}{c}[\varphi]_1\\ \vdots \\ \psi\land\neg\psi\end{array}}{\neg\varphi}\ \neg\text{-Intro.1}$$

②　除去則

$$\dfrac{\neg\neg\varphi}{\varphi}\ \neg\text{-Elim}$$

論理接続詞は四つあった．∧，∨，→，¬ である（3②～⑤）．それぞれに導入則 Intro（①），除去則 Elim（②）を設ける．そうすれば八つの推論図ができる．これが命題論理の公理になる．

§26　これからやること

推論図 15～18 は，ゲンツェン（Gerhard Gentzen 1909-1945）が開発したもので，自然演繹，*NK*（エヌカー）と呼ばれる[9]．この公理（推論図）から，命題論理の体系は，こう展開される．

19　*NK*

［推論図］→［派生規則，定理］―（派生規則，定理）→［派生規則，定理］→…

最初，推論図だけで証明し，証明された推論規則（派生規則と呼ばれる）や定理から，さらに次が証明される……．そんな具合だ．

§27　証明図

証明（proof）とは，では何か．実物を先に見てしまおう．

20　$\{p\land q\}\vdash q\land p$

$$\dfrac{\dfrac{p\land q}{q}\ \land\text{-Elim}\qquad \dfrac{p\land q}{p}\ \land\text{-Elim}}{q\land p}\ \land\text{-Intro}$$

これは §17 で触れた交換法則（commutative law）の証明である．

[9] 他の公理系，歴史的背景などは，金子 2019, sec.58-sec.62 で論じた．自然演繹には，もうひとつ，直観主義の体系 *NJ*（エヌヨット）があるが，本書では割愛する．金子 2019, sec.75-sec.79 参照．

まず20の横にある $\{p \wedge q\} \vdash q \wedge p$ を見てほしい[10]．証明されるところの交換法則を表している．推論（inference ／ reasoning）と呼ばれる．

推論は $\vdash$（と）記号の前後に分けられる．前の $p \wedge q$ を前提（premise）と言う．後ろの $q \wedge p$ を結論（conclusion）と言う．$p \wedge q$ から $q \wedge p$ が推論される，と読めばよい．

ひとによっては推論を，演繹（deduction）と呼ぶだろう．また $\vdash$ 記号は，証明可能（provable）とも読まれる．いずれにせよ，推論そのものは，メタ言語の表現である．

前提は，集合｛　｝に入れられる[11]．これは前提が複数あってよく，しかも序列無いことを表す．それに対し，結論はたったひとつだ．このため｛　｝に入れる必要がない．

推論の下に描かれたのが証明であり，*NK* ではこれを，証明図（proof figure）と言う．これこそ，私達（記号論理使用者）の言語になるものだ．対象言語と呼ばれていたのは，まさにこれである（§10）．

§28　フィッチ式

証明を見てもらった．証明図なのであるが，何をやっているかイマイチわからないだろう．では，こんな風に書けばどうか．

21　フィッチ式

①	$p \wedge q$	前提より
②	q	①に $\wedge$-Elim
③	p	①に $\wedge$-Elim
④	$q \wedge p$	②③に $\wedge$-Intro ■

■は証明終了を表す．以後，多用するので覚えてもらいたい．

さて，証明図20と，この縦書き証明21を対応づけながら（両者は同じ証明である）理解してもらいたい．どうだろう．縦書き証明（21）なら何を言っているか，わかるのではないか．

これ（21）を，フィッチ式（Fitch format）と言う．ゲンツェン式証明図を説明するために，フィッチ（Frederic Brenton Fitch 1908-1987）が開発した．

[10] 厳密には，言及（§7）を使い｛「$p \wedge q$」｝$\vdash$「$q \wedge p$」と書かねばならない．だが見た目の悪さから，こうしたカギ括弧は省略する．

[11] この｛　｝はメタ言語の表現である．3⑧で言及された対象言語（*ZF* 集合論）の記号とは異なる．

§29　フィッチ式は採用しない

フィッチ式（21）を見たひとは，ゲンツェン式（20）など使わず，ずっとフィッチ式で説明してもらいたい，と思うだろう．だが，その方針は採らない．

理由は，たくさんある．ひとつ挙げるなら，フィッチ式だとゴマカシが利いてしまうことだ．21 をもう一度，見てもらいたい．②と③で，前提①が二度使われている．違和感なく，スッと通過できてしまう．だが，それだと，前提を二回以上使ってよいのか，という疑問が生じないのだ．ゲンツェン式だと，証明図 20 の通り左右の始式で，しっかり前提が二回使われ，疑問が生じるようになっている．

こういった不便さ，おせっかいさは，論理を学ぶ際，欠くことのできないものである．上級者とか初学者とか，そういった問題ではなく，ゴマカシ無く学んでゆくため，ゲンツェン式を採用すべきなのである．

§30　証明図の説明

そういうワケでゲンツェン式を採用する．言葉を重ねるより，実践で，手を動かしながら学んでもらいたい．

証明図の各部位を説明しよう．20 を見てもらいたい．左右始めにある文 $p \wedge q$ を，始式（beginning formula）と言う．一番下にある文 $q \wedge p$ を，終式（end formula）と言う．

証明とは，始式から終式にいたる一連の導出[12]の積み重ねである．そのステップひとつひとつを確保するのが推論図だ．横線が，証明を構成する導出を表すのだが，各横線でどういう導出が行われたか，短い記号で示される．ほとんどの場合，それは推論図 15〜18 のいずれかになる．

横線の上にある文を，上式（じょうしき）（upper formula）と言う．下にある文を，下式（かしき）（lower formula）と言う．

終式から始め，左に遡る $q \wedge p \dashrightarrow q \dashrightarrow p \wedge q$ を，左の糸（fibre）と言う．右に遡る $q \wedge p \dashrightarrow p \dashrightarrow p \wedge q$ を，右の糸と言う．

§31　連言導入則 ∧-Intro

では，推論図（15〜18）を，ひとつひとつ見てゆこう．

まずは，連言導入則 ∧-Intro を取りあげよう．φ と ψ から，連言 $\varphi \wedge \psi$ を導き出してよい，と言っている（15①）．

当り前の推論である．これを受け入れることに，さして問題は無かろう．むしろ思

---

[12] 導出（derivation）の実態は，推論である．突き詰めて考えると，証明と推論の境界線は消え去る（金子 2019, sec.55）．

い出してもらいたいのは，メタ変項の使い方だ．例えば（∧-Intro を使った）次の証明が，すぐにわかるだろうか．

22　$\{\neg p\wedge q,\ p\rightarrow q\}\vdash(\neg p\wedge q)\wedge(p\rightarrow q)$

$$\frac{\neg p\wedge q \qquad p\rightarrow q}{(\neg p\wedge q)\wedge(p\rightarrow q)}\ \wedge\text{-Intro}$$

メタ変項は文を一般的に代理する（§13）．φ は p だけ，ψ は q だけ，というワケではない．φ ひとつで $\neg p\wedge q$ を，ψ ひとつで $p\rightarrow q$ を代理できる．

こういったメタ変項の特徴を理解しているだろうか．次の問題を解いてもらいたい．

23　$\{p, q, r\}\vdash p\wedge q\wedge r$

①　正解

$$\frac{\dfrac{p \quad q}{p\wedge q}\ \wedge\text{-Intro} \qquad r}{p\wedge q\wedge r}\ \wedge\text{-Intro}$$

②　誤答

$$\frac{p \quad q \quad r}{p\wedge q\wedge r}\ \wedge\text{-Intro}$$

メタ変項 φ は $p\wedge q$ のように，ひと続きの文なら代理できるが，p, q と区切られてしまうと代理できない．従って②は誤りになる．p, q, r の三つを，二つのメタ変項 φ, ψ で代理する術は無い．

§32　連言除去則 ∧-Elim

連言除去則に進もう．∧-Elim と記される．連言 $\varphi\wedge\psi$ から連言肢 φ，ψ いずれを導き出してもよい，と言っている（15②）．

ふたつ推論図を挙げているが，交換法則が証明された暁には，その区別はなくなる．すでに交換法則は証明されているので（20），以後 ∧-Elim の二種類は区別しない．

さて，連言除去則でチェックしたいのは，上掲 22 と同じ問題である．

$$24\quad \{p\wedge q\wedge r\}\vdash q$$

① **正解**

$$\dfrac{\dfrac{p\wedge q\wedge r}{p\wedge q}\ \wedge\text{-Elim}}{q}\ \wedge\text{-Elim}$$

② **誤答**

$$\dfrac{p\wedge q\wedge r}{q}\ \wedge\text{-Elim}$$

$\wedge$-Elim では，$p\wedge q$ を φ とみなすか，p を φ とみなすしかない．q を跨いで $p\wedge r$ を φ とみなすことはできない．従って②は誤答である．

§33 選言導入則 $\vee$-Intro

次に，選言導入則である．$\vee$-Intro で記される．$\varphi\vee\psi$ は，左の選言肢 φ から導出してもよいし，右の選言肢 ψ から導出してもよい，と言っている（16①）．

だが実際のところ，この推論図で身につけてほしいのは，選言のイイ加減さである．例えば $1+1=2$ から，無関係な $x=y$ を持って来て，$(1+1=2)\vee(x=y)$ と組んでしまってよい．このイイ加減さが，選言にはある[13]．

さて，選言についても交換法則が成立する．このため $\vee$-Intro の二種類も破棄される．但し，その証明には $\vee$-Elim が必要になるので§37 まで待ってほしい．代わりに，ここでは次を証明しよう．

$$25\quad \{p\}\vdash(p\vee q)\wedge(p\vee r)$$

$$\dfrac{\dfrac{p}{p\vee q}\ \vee\text{-Intro}\qquad \dfrac{p}{p\vee r}\ \vee\text{-Intro}}{(p\vee q)\wedge(p\vee r)}\ \wedge\text{-Intro}$$

p に，無関係な q や r が突発的にくっつけられている．選言のイイ加減さが，よく出ている．

§34 前提は何度使ってもよい

さて 25 を見たところで，前提の特徴をひとつ押さえておきたい．（§29 で一度触れたことであるが）前提は，何度使ってもよい．つまり $\{\varphi_1, \cdots, \varphi_n\}\vdash\psi$ という推論が

[13] だからと言って，まったく無関係でよいワケではない．§23 で触れたが，論理学の対象になる文集合は，それなりに同じジャンルに属していると想定される．なので例えば，$(1+1=2)\vee$(It is fine today) といった組合せは，やはりおかしい．

証明されるとき，前提 $\varphi_1, \cdots, \varphi_n$ を何度引合いに出してもよい．今見た証明が，それである (25)．左右で二回，同じ前提 p が使われている．証明図 20 でも，そうだった．

なぜ，そんなことをしてよいのか．これは，公理（§24）の感覚から摑んでもらいたい．後にペアノ公理系（155）や ZF 集合論（168）を学べばわかることだが，公理は普通，推論図でなく，文である．論理的に言うと，それは前提の位置を占める．そして証明で何度使ってもよい．公理（疑われない自明の真理）だからである．証明における前提には，この公理のような確固たるイメージを持ってほしい．

§35　選言除去則 ∨-Elim

さて次は，選言除去則である（16 ②）．これが一番難しい．下の図を使い，論理を辿ってもらいたい．

26

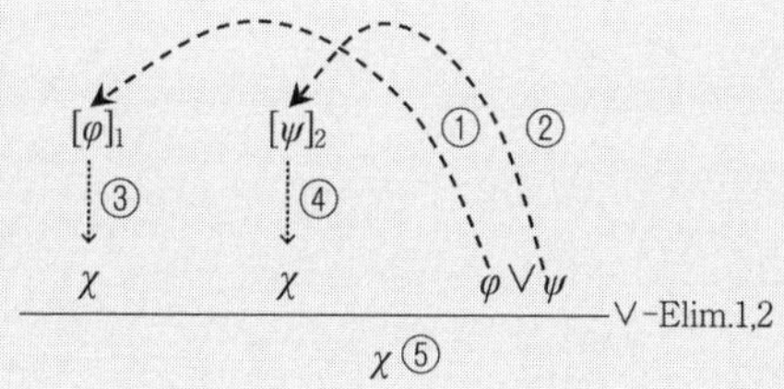

∨-Elim の出発点は右下の $\varphi \vee \psi$ にある．まずそこに意識を向ける．実践でも初めに $\varphi \vee \psi$ を書き込む．そこから破線①，②のように，各選言肢をポーン，ポーンと仮定に飛ばす．これが $[\varphi]_1$，$[\psi]_2$ になる．

論理そのものは，こう説明される．$\varphi \vee \psi$ が成立していたとする．このとき最悪の場合でも，φ か ψ か，どちらか成立すると言える（両方成立もあろうが，それはラッキーすぎる）．そこで最悪の場合として，φ だけ成立していたとしよう（①）．それでも，そこから χ を導き出せたとする（③）．では，ψ だけ想定したらどうなるか（②）．やはり，χ を導き出せた（④）．ということは，いかに最悪の場合でも，$\varphi \vee \psi$ が成立する限り，χ を言ってよい（⑤）．

こうして $\varphi \vee \psi$ から χ が導き出される．他の推論規則と違い，$\varphi \vee \psi$ から，φ か ψ ではなく，まったく別の文 χ が導き出される．これが特徴である．$[\varphi]_1$，$[\psi]_2$ の仮定の下得られた χ と（③④），結論として得られた χ（⑤）との区別を，しっかりつけてもらいたい．

§36　仮定とはなにか

選言除去則で初めて，仮定（hypothesis）という概念が登場する．これも説明しておきたい.

仮定は前提と違う. 前提は $\{\varphi_1, \cdots, \varphi_n\} \vdash \psi$ という推論で $\varphi_1, \cdots, \varphi_n$ と明示され, 証明で何度使ってもよい (§27, §34). 仮定はそうでない. 仮定は, 証明図で即興に投入され, 必ず解除 (discharge) されねばならない. その解除こそ, まさに推論規則 (推論図) の適用箇所であり, 選言除去則なら ∨-Elim.1,2 の 1,2 と記された所 (横線) になる. そこで, 仮定 $[\varphi]_1$, $[\psi]_2$ が解除されますよ, と宣言されているのだ.

解除された仮定は, 推論図の下式に組み込まれる. ∨-Elim だったら χ である.

§37　選言の交換法則

∨-Elim は難しい. 実践で身につけてもらおう. 次など, 格好の練習台になろう.

27　$\{p\lor q\} \vdash q\lor p$

$$\dfrac{\dfrac{[p]_1}{q\lor p}\,\lor\text{-Intro}\qquad \dfrac{[q]_2}{q\lor p}\,\lor\text{-Intro}\qquad p\lor q}{q\lor p}\,\lor\text{-Elim.1,2}$$

選言の交換法則である. ∨-Intro もふり返り (§33), この証明図を, 先の 26 に重ね合わせてもらいたい. 何も見ずに, これを書けるようになるのが理想である.

§38　派生規則

あまり厳密に示す必要もないが[14], 交換法則が証明されることで, ∧-Elim (15②) や ∨-Intro (16①) にあった, ふたつの種類は破棄される.

ここで押えるべきなのは, むしろ高々, 原子文 p, q について証明された交換法則が一般性を持つ, ということだろう. つまり $\{p\land q\}\vdash q\land p$, $\{p\lor q\}\vdash q\lor p$ は, そのまま $\{\varphi\land\psi\}\vdash \psi\land\varphi$, $\{\varphi\lor\psi\}\vdash \psi\lor\varphi$ を意味する.

それを理解するには, 推論図がメタ変項で書かれたことをふり返ればよい. メタ変項を介す限り, 証明 20 は, あくまで象徴でしかなく, 同じ証明で, $\{\neg p\land\neg q\}\vdash \neg q\land\neg p$, $\{(p\to q)\land(p\lor q)\}\vdash (p\lor q)\land(p\to q)$, …… と無限に, 推論が量産的に証明されるのがわかる.

こうして, 対象言語で証明された推論は, 公理の推論図 (§25) と同等の地位を持つようになる. これを, 派生規則 (derived rule) と呼ぼう. 20, 24, 25, 27 は皆, 派生規則である.

---

14 演繹定理 (64) と外延置換原理 (57) を身につければ, 証明図に, 例えば $p\land q$ が現れたら, そつなく $q\land p$ に交換できるようになる.

§39 仮定は解除後使ってはならない

話を仮定（§36）に戻そう．そのルールを幾つか補足しておきたい．ひとつは既に述べた．仮定は必ず解除しなければならない（§36）．ルールは，あとふたつある．

ひとつは，仮定は解除後，決して使ってはならない，というルールである．これを破った例として，次を見てもらいたい．

$$28 \quad \{p \vee q\} \vdash (q \vee p) \wedge p \quad [証明不可]$$

$$
\cfrac{
\cfrac{
\cfrac{[p]_1}{q \vee p} \vee\text{-Intro} \qquad
\cfrac{[q]_2}{q \vee p} \vee\text{-Intro} \qquad
p \vee q
}{q \vee p} \vee\text{-Elim.1,2}
\qquad [p]_1
}{(q \vee p) \wedge p} \wedge\text{-Intro}
$$

仮定 $[p]_1$ と $[q]_2$ は，$\vee$-Elim.1,2 が適用され $q \vee p$ が導出された時点で，解除され，$q \vee p$ に組み込まれる．この時点で，それ以上，つまり $\vee$-Elim.1,2 より下では，使ってはならない．従って右下の $[p]_1$ は許されない．

§40 解除前なら仮定は何度使ってもよい

では解除前なら，仮定は何度使ってもよいのか．そう問われれば，答えはイエスである．次など，識別眼を養うのによい例だろう．

$$29 \quad \{(p \wedge q) \vee (p \wedge r)\} \vdash p \wedge (q \vee r)$$

$$
\cfrac{
\cfrac{
\cfrac{[p \wedge q]_1}{p} \wedge\text{-Elim} \quad
\cfrac{\cfrac{[p \wedge q]_1}{q} \wedge\text{-Elim}}{q \vee r} \vee\text{-Intro}
}{p \wedge (q \vee r)} \wedge\text{-Intro}
\quad
\cfrac{
\cfrac{[p \wedge r]_2}{p} \wedge\text{-Elim} \quad
\cfrac{\cfrac{[p \wedge r]_2}{r} \wedge\text{-Elim}}{q \vee r} \vee\text{-Intro}
}{p \wedge (q \vee r)} \wedge\text{-Intro}
\quad (p \wedge q) \vee (p \wedge r)
}{p \wedge (q \vee r)} \vee\text{-Elim.1,2}
$$

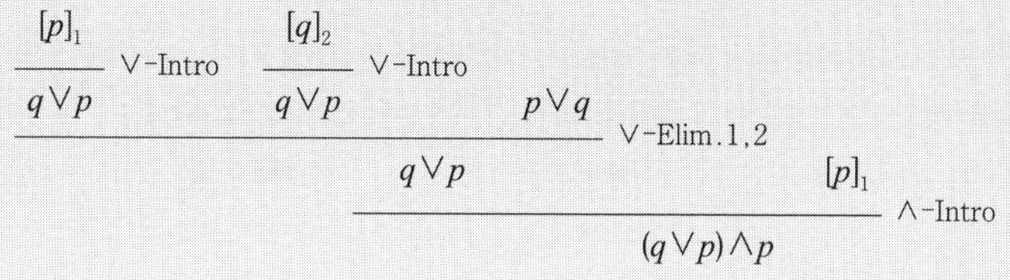

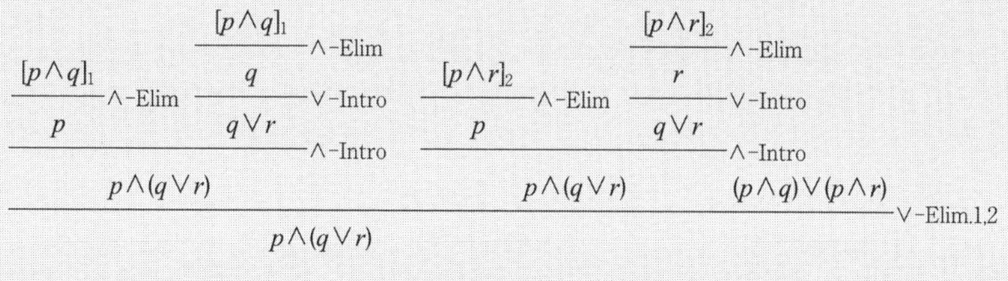

仮定 1,2 つまり $[p \wedge q]_1$ と $[p \wedge r]_2$ は，最後 $\vee$-Elim.1,2 で解除されるまで各二回使われている．

§41 条件法除去則 →-Elim

さて次は，条件法である．便宜上，先に →-Elim，条件法除去則を説明する．

$\varphi\to\psi$ が成立しているとき，φ が言えるなら，ψ を導きだしてよい，と言っている（17 ②）．

前件肯定式（羅 modus ponens（モードゥス ポーネンス））という有名な推論形式でもある．次の例で学んでもらいたい．

30 $\{\neg p\to(q\to r),\ \neg p,\ q\}\vdash r$

$$\dfrac{\dfrac{\neg p \qquad \neg p\to(q\to r)}{q\to r}\ \to\text{-Elim} \qquad q}{r}\ \to\text{-Elim}$$

この証明図を理解するのは難しくないだろう．

§42　条件法導入則 →-Intro

次は，条件法導入則である．→-Intro で記される．φ を仮定し，ψ が導きだされたなら（φ の仮定を解除した上で，φ の仮定なしに）条件法 $\varphi\to\psi$ を言ってよい（17 ①）．

既に学んだ →-Elim と組み合わせ，仮言三段論法（hypothetical syllogism）を証明してみよう．

31 $\{p\to q,\ q\to r\}\vdash p\to r$

$$\dfrac{\dfrac{\dfrac{[p]_1 \qquad p\to q}{q}\ \to\text{-Elim} \qquad q\to r}{r}\ \to\text{-Elim}}{p\to r}\ \to\text{-Intro.1}$$

さして理解に困難はあるまい．仮定 $[p]_1$ を巡り，r で →-Intro が適用される所に推論図 17 ① の論理が浮かび上がる．

§43　否定導入則 ¬-Intro

最後に，否定の推論図である．まず導入則を扱う．¬-Intro で記される．否定導入則と呼ばれるが，要は，背理法（羅 reductio ad absurdum（リダクチオ アド アブシュルデム））のことだ．

推論図 18 ① を見てもらいたい．$[\varphi]_1$ と仮定する．背理法を使う場合，この φ は大抵，成立しないものと考えられる．そして，ソラみたことか，矛盾 $\psi\wedge\neg\psi$ が導かれたじゃないか，と言って φ を否定する．これが背理法の論理だ．

矛盾（contradiction）について語って来なかったけれども，論理学では $\psi\wedge\neg\psi$ で表される[15]．これは，ほぼ常識である．メタ変項を使っているため $p\wedge\neg p$ でも，$(p\to p)\wedge\neg(p\to p)$ でも …… みんな矛盾の表現となる．

¬-Intro を使った例として，次を見てもらいたい．

32　$\{p\to q,\ p\to\neg q\}\vdash\neg p$

$$\dfrac{\dfrac{\dfrac{[p]_1 \quad p\to q}{q}\ \to\text{-Elim} \qquad \dfrac{[p]_1 \qquad p\to\neg q}{\neg q}\ \to\text{-Elim}}{q\wedge\neg q}\ \wedge\text{-Intro}}{\neg p}\ \neg\text{-Intro.1}$$

q，$\neg q$ であることを運命づけられた p を選べば矛盾を来す．そんな論理である．

§44　否定除去則 ¬-Elim

ようやく最後，否定除去則である．¬-Elim で記される．18 ② に明らかな通り，これは，二重否定律（the law of double negation）である．φ でないことはない，だから φ.

よく耳にする言い回しだが，ここでは立派な論理とみなされる．例題は，ほとんど先の 32 の続きで済ませよう．

33　$\{\neg p\to q,\ \neg p\to\neg q\}\vdash p$

$$\dfrac{\dfrac{\dfrac{\dfrac{[\neg p]_1 \quad \neg p\to q}{q}\ \to\text{-Elim} \qquad \dfrac{[\neg p]_1 \qquad \neg p\to\neg q}{\neg q}\ \to\text{-Elim}}{q\wedge\neg q}\ \wedge\text{-Intro}}{\neg\neg p}\ \neg\text{-Intro.1}}{p}\ \neg\text{-Elim}$$

15　推論図は，各論理接続詞に，操作的意味（構文論的に説明された用法）を与えている，と言われることがある（金子 2019, sec.80）．この観点からすると，¬-Intro だけ ¬ 以外の要素，すなわち ∧ が紛れ込んでいるので好ましくない，そう思うひとが出てくるだろう．そういうひとは，矛盾式 $\psi\wedge\neg\psi$ の代わりに $\perp$ を使うのだが，本書ではこの考え方は採用しない．金子 2019, sec.75, sec.80 参照．

§ 45　派生規則と定理

これで命題論理の公理（推論図）を全部見終えた．ここまで証明されたのはすべて派生規則である（§38）．

派生規則とは推論（§27）のことなのだが，論理学で証明されるものには前提 $\varphi_1, \cdots, \varphi_n$ を持つ推論の他に，前提のない定理（theorem）がある．整理しておこう．

34	**推論**	$\{\varphi_1, \cdots, \varphi_n\} \vdash \psi$
35	**定理**	$\vdash \psi$

見ての通り，推論の前提がなくなったのが，定理である．前提なしに証明できる文，と言ってもいい．定理は，公理系で一度説明したが（§24），以後，この形（35）で考えてほしい．

練習問題では，代表的な派生規則（推論）と，定理を証明してもらう．

【ここで 練習問題5 ～ 練習問題6 をやってほしい．】

第Ⅱ部　命題論理の意味論

以上で構文論を終える．全体像に一旦，戻ろう（1）．構文論が終ったら，次は意味論だった．
別個の論理学として，新たに，それを学んでみたい．

第1章　真理関数と真理表

意味論を学ぶのに，構文論を知る必要はない．確かに文法は必要だが，対象言語とメタ言語の区別が曖昧になる．これから踏み入れるのは，そんな領域の話である．

§46　解釈

さて，意味論である．論理の学習としては再スタートになる．その発想は，こう説明される．

$p \to p$ という文がある．それが論理的真理だと言うのに，どう考えればよいだろうか．ほとんどのひとが，実際に文を当てはめ，(太郎は人間である) → (太郎は人間である) …… ああ正しいな，そう考えるだろう．

意味論は，この考え方を踏襲する．解釈（interpretation）と言う．

§47　真理値

論理的真理を追究するのに，しかし，p を 太郎は人間である と解釈する必要はない．解釈の根っこにあるのは，p に，正しい，実際に成立している文を入れる，そういう考え方だけだ．つまり突き詰めると，解釈は，真（true）と偽（false）だけで充分になる．

p には，太郎は人間である といった具体的な文でなく 1（真），0（偽）という解釈だけが与えられる．これを，真理値（truth value）と言う．

§48　解釈関数

文の意味は，論理を考える際，真か偽さえ，わかればいい．これが意味論の考え方だ．

この考え方を意味論では，解釈関数（interpretation function）で表す．

36　**解釈関数**　$I_i(p) = 1/0$

I_i が解釈関数である．原子文 p が，1（真）か 0（偽）に解釈される，ということが表されている．下つき i で一般化しているけれども，これが具体的な数字になり I_1 などといった具体的な数字になると，本当にバイアスのかかった解釈となる．例えば $I_1(p)=1$ といった感じだ．これを，真理値配分（truth assignment）と言う．

§49　関数について

文系のひとは 36 の表記に戸惑うだろう．関数（function）という概念が背景にある．中学で一次関数 $y=ax+b$ を習っているのだが，ピンと来ていないひとが多いみたいである．

関数とは，数を入れると，ひとつだけ数を返す，ブラックボックスのようなものだ．

37　関数　$1 \longrightarrow \boxed{\;f\;} \longrightarrow 3$

一般に $f(x)$ と書かれる．一次関数 $2x+1$ など，関数はまとめて $f(x)$ と表される．そこで $2x+1$ に 1 を代入すると $2\times1+1=3$ となり 3 が返される．図 37 は，この有様を表している．1 を引数（argument），3 を値（value）と言う．100 円入れる（引数）とコーラが出てきて（値），200 円入れるとコーヒーが出てくる，ボタン無しの自動販売機．そんなのを想像してもいいかもしれない．

§50　真理関数

関数 I_i によって原子文 $p, q,$ …… を解釈する．これが意味論の出発点になる．では，複合文 $\neg p, p\wedge q,$ …… の解釈はどうなるのか．

ここで，論理接続詞に対し，独自の見方が取られる．真理関数（truth function）である．

意味論において，論理接続詞は，原子文を直接つなげるのではなく，$I_i(p)$ と解釈された原子文を引数（argument）にした関数になる．それは $I_i(p)$ の解釈を待って，自分自身も 1（真）か 0（偽）を返す関数になる．こんな風に表される．

38　真理関数

① $\neg p \quad \rightarrow \quad f_{\neg}(I_i(p)) = 1／0$

② $p\wedge q \quad \rightarrow \quad f_{\wedge}(I_i(p), I_i(q)) = 1／0$

③ $p\vee q \quad \rightarrow \quad f_{\vee}(I_i(p), I_i(q)) = 1／0$

④ $p\rightarrow q \quad \rightarrow \quad f_{\rightarrow}(I_i(p), I_i(q)) = 1／0$

意味論で否定は，もはや ¬ という記号そのものとして使われない．代わりに$f_\neg$という関数とみなされる．この移行を 38 の破線矢印 ⇢ で表した．他の論理接続詞も同様である．

§51　合成関数

数学では，一次関数 $2x+1$ の引数に，別の関数 $(x+1)^2$ を持って来て，新たな関数 $2(x+1)^2+1$ を作る．合成関数（composite function）と言うのだが，真理関数で行われているのは（38），まさにそれだ．

真理関数$f_\wedge$などは，解釈関数 I_i による原子文 p, q への真理値配分を待って値を返す合成関数なのである．

§52　真理表

ここまで読んで，随分とっつきにくい話になった，とおもうひとがいるだろう．そこは安心してもらいたい．ここまでの話は，最終的に表で一目瞭然になる．その表を，真理表（truth table）と言う．38 の関数機能は，次の表で一括して把握される．

39　真理表

① 否定

p	$\neg p$
1	0
0	1

② 連言

p	q	$p \wedge q$
1	1	1
1	0	0
0	1	0
0	0	0

③ 選言

p	q	$p \vee q$
1	1	1
1	0	1
0	1	1
0	0	0

④ 条件法

p	q	$p \to q$
1	1	1
1	0	0
0	1	1
0	0	1

否定の真理表（①）が$f_\neg$の機能を，連言の真理表（②）が$f_\wedge$の機能を，……　それぞれ表している．38 に対応づけ，まず目を通してもらおう．

§53　入力列

39 を見ながら真理関数の機能を学んでゆこう．真理表は，縦の二重線 ‖ を境に，左と右に分けられる．左側の列を，入力列（input column）と呼ぶ．列（column）は縦方向であるのに注意．

否定（39 ①）では，p の下が入力列である．

連言（39 ②）では，p と q ペアで考える．なので，その下にある１１をセットで，１０をセットで …… と考える．

入力列は行（ぎょう）から成り立っている．行（row）は横方向であることに注意．

否定（39①）は，1と0という二つの行から成り立っている．

連言（39②）は　1 1，1 0，0 1，0 0という四つの行から成り立っている．

§54　入力列の行数 2^n

入力列の行は固定されている．これは39②③④を見比べればわかる．それらは何を意味するのかと言えば，各原子文に対する解釈（§46）の組合せだ．39②③④の入力列では皆同じく，以下の解釈（真理値配分）を表している．

40　入力列と解釈関数との対応

p	q			
1	1	……	$I_1(p)=1$	$I_1(q)=1$
1	0	……	$I_2(p)=1$	$I_2(q)=0$
0	1	……	$I_3(p)=0$	$I_3(q)=1$
0	0	……	$I_4(p)=0$	$I_4(q)=0$

解釈とは原子文に1か0を割り当てることだった（§48）．文がp, qふたつある場合$p<^1_0$　$q<^1_0$　で計四通りの解釈が生まれる．これを反映したのが40だ．

樹形図の考え方で，$p, q, r,$ ……と原子文がn個あった場合，入力列の行の数は2^n個なのがわかる．

入力列は固定されているのでテンポよく書いてほしい．pの下に1, 1, 0, 0と書く．すぐ右qの下に1, 0, 1, 0と書く．丁度，真理表を左から半分ずつ1と0で分割しながら埋めて行くような感じだ．

原子文が三つの場合，即ちp, q, rの場合，入力列は$2^3=8$行になる．後の47を見ればわかる．

§55　出力列

真理表39の縦の二重線‖の右側を，出力列（output column）と言う．それは，入力列の1か0に対し返す出力値を表している．例えばpが1のとき，$\neg p$は真理関数として0を返す．次頁の図で理解してほしい．

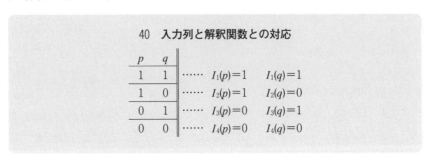

41　入力列（解釈関数）と出力列（真理関数）の関係

①　否定

p	$\neg p$	
1	0	…… $I_1(p)=1$ ⇨ $f_{\neg}(I_1(p))=0$
0	1	…… $I_2(p)=0$ ⇨ $f_{\neg}(I_2(p))=1$

④　条件法

p	q	$p \to q$	
1	1	1	…… $I_1(p)=1$　$I_1(q)=1$ ⇨ $f_{\to}(I_1(p), I_1(q))=1$
1	0	0	…… $I_2(p)=1$　$I_2(q)=0$ ⇨ $f_{\to}(I_2(p), I_2(q))=0$
0	1	1	…… $I_3(p)=0$　$I_3(q)=1$ ⇨ $f_{\to}(I_3(p), I_3(q))=1$
0	0	1	…… $I_4(p)=0$　$I_4(q)=0$ ⇨ $f_{\to}(I_4(p), I_4(q))=1$

否定（39①）と条件法（39④）だけ載せた．二重線‖と⇨で，各解釈が真理関数の値にどう反映されるか，読み取ってもらいたい．

§56　空疎に真

条件法の真理表（41④）を見ると，前件 p が 0（偽）の場合，全体 $p \to q$ は必ず 1（真）になる．破線四角で囲った所だ．これが，条件法の悪名高い性格で，空疎に真（vacuously true）と呼ばれる．

なぜ悪名高いのかと言うと，そこで条件法は意味を放棄するようにみえるからである．$(1+1=3) \to$(tomorrow is the end of the world) みたいなことを言ってもよい．$1+1=3$ のようなデタラメは絶対に偽だから，後件は何を言ってもよい．明日世界の終りであってもよい．それでも条件法は成立する[16]．

これが，空疎に真，という条件法の性格なのだが，多くの場合，深く考えないでください，で済まされる．その割には，後で非常に重宝される．

どう取るべきか．こう考えてほしい．先生が，明日晴れたら遠足に行きます，と言ったとしよう．そのとき大抵の生徒は，お菓子は500円までですか，などといった遠足の内容に集中する．だが，ひとり鼻曲りの生徒がいて，先生，雨だったらどうするんですか，と質問したとする．先生は，オマエ，今そういうこと話しているんじゃないよ …… となるだろう．

空疎に真とは，この先生の感覚に近い．雨が降っても「明日晴れたら，ピクニックに行く」という予定は否定されない．つまり p が 0 でも，$p \to q$ が 1（真）であること

[16] 反実仮想（接続法条件法）は論理接続詞→そのものには考慮されない．金子 2019，sec.51 参照．

に変わりはない．これが $p \to q$ が真になる，ということの意味だ．雨天決行でも（p が 1，q が 0），そうでなくても（p が 0，q が 0），当初の予定に変更はない．

とりあえずここで，空疎に真を理解しておいてほしい．

第2章　トートロジー

意味論による命題論理の扱いを見た．話は真理表で尽きており，あれを使い，どう論理的真理を捉えてゆくか．それが次の課題になる．

§57　縮小律

真理表を学んだので，今度はそれを活用し，論理的真理を追究してゆこう．

例えば，縮小律（the law of simplification）というものがある．$p \wedge q \to p$ という文だ．構文論では簡単に，こう証明される．

42　$\vdash p \wedge q \to p$

$$\dfrac{\dfrac{[p \wedge q]_1}{p}\ \wedge\text{-Elim}}{p \wedge q \to p}\ \to\text{-Intro.1}$$

これを真理表で証明することはできないだろうか．

§58　意味論の手法

構文論で証明できることは，意味論でも証明できる．縮小律だったら，こんな風に証明される．

43　$\vDash p \wedge q \to p$

p	q	$p \wedge q$	$p \wedge q \to p$
1	1	1	1
1	0	0	1
0	1	0	1
0	0	0	1

①　$p \wedge q \to p$ を見る．原子文が p, q ふたつなので，入力列は $2^2=4$ 行になる（§54）．p の下に 1, 1, 0, 0．q の下に 1, 0, 1, 0．リズミカルに書いてほしい．

②　まず前件 $p \wedge q$ の真理値を出す．これは，連言の真理表（39 ②）そのものになる．

③　②で出した前件$p \wedge q$の真理値と，後件pの真理値（pの入力列）の組合せを，条件法の真理表に照合し，$p \wedge q \rightarrow p$の真理値を出す．前件$p \wedge q$が1のとき，後件pも1ならば，$p \wedge q \rightarrow p$も1……といった具合である（39④）．

④　こうして$p \wedge q \rightarrow p$の真理値が出る．この場合すべて1になる．これが論理的真理であることの証明になる．

①〜④にまとめた．丁度，論理接続詞の真理表（39）を右に延長させる仕方で真理値が出される．すべて1になれば証明成功になる．

§59　トートロジー

このようにして意味論の方法で証明される真理を，トートロジー（tautology）と言う[17]．

44　トートロジー　　$\vDash \varphi$

構文論において定理を$\vdash \varphi$と書いたことに対応している（35）．今みた真理表による証明（43）を踏まえ，トートロジーを定義すると，こうなる．

45　$\vDash \varphi$　$\Longleftrightarrow_{\text{def.1}}$　真理表においてφの下が，みんな1（真）になる．
　　　　　$\Longleftrightarrow_{\text{def.2}}$　どんな解釈I_1, I_2……を取っても，φは真になる．

メタ言語で語られている．$\Longleftrightarrow$は高々，双条件法である．対象言語の$\longleftrightarrow$と区別しているだけで，内容は同じになる．

$\Longleftrightarrow$を定義として使うとき$\Longleftrightarrow_{\text{def}}$と書く．論理的機能は変わりない．

定義45は，二行目（どんな解釈……）が本命になる．「φは真になる」は$I_i(\varphi)=1$で書き換えられない．解釈関数は原子文にしか，かかわらないからだ（§48）．

§60　構文論か意味論か

トートロジーを見たところで，実践に入ってもらおう．練習問題6で，同一律$p \rightarrow p$，排中律$p \vee \neg p$，矛盾律$\neg(p \wedge \neg p)$を証明した．あれらを意味論のやり方，すなわち43①〜④の方法で証明してほしい．

【ここで練習問題7をやってほしい】

17　トートロジーは直訳すると同語反復だが，その訳にはこだわらない方がよいだろう．

第3章　論理的帰結

トートロジー $\vDash \varphi$ を学んだ．定理 $\vdash \varphi$ に対応するのだが，構文論では，推論 $\{\varphi_1, ..., \varphi_n\} \vdash \psi$ もあった．あれに対応する概念はあるだろうか．

§61　論理的帰結

定理 $\vdash \varphi$ に対応する概念として，トートロジー $\vDash \varphi$ を学んだ．だが構文論で主に扱ったのは，推論 $\{\varphi_1, ..., \varphi_n\} \vdash \psi$ だった（§45）．あれに対応するものは意味論にないだろうか．確かに，ある．論理的帰結（logical consequence）と呼ばれる．

46　**論理的帰結**　$\{\varphi_1, ..., \varphi_n\} \vDash \psi$

推論と同じく $\varphi_1, ..., \varphi_n$ を前提，ψ を結論と呼ぶ（§27）．前提 $\varphi_1, ..., \varphi_n$ の下，ψ が論理的に帰結する，と読む．

§62　仮言三段論法

論理的帰結も，真理表を使い証明される．構文論で仮言三段論法 $\{p\to q, q\to r\} \vdash p\to r$ を扱ったが（31），あれを真理表で証明してみよう．

47　$\{p\to q, q\to r\} \vDash p\to r$

	p	q	r	$p\to q$	$q\to r$	$p\to r$
1行目	[1	1	1]	⟨1	1⟩	[1]
	1	1	0	1	0	0
	1	0	1	0	1	1
	1	0	0	0	1	0
5行目	[0	1	1]	⟨1	1⟩	[1]
	0	1	0	1	0	1
7行目	[0	0	1]	⟨1	1⟩	[1]
8行目	[0	0	0]	⟨1	1⟩	[1]

① まず前提 $p\to q, q\to r$ と結論 $p\to r$ すべてに出力列を作る．

② その内，前提がすべて1（真）になる行を〈　〉で括る．この場合1行目，5行目，7行目，8行目．［　］は§63で説明する．

③ ②と同じ行で，結論 $p\to r$ も1（真）になっているか確かめる．ひとつひとつ□で括って明示するのがよい．すべての□が1になったら，論理的帰結の証明成功になる．

①〜③にまとめておいた．トートロジー（43）より複雑な証明になる．

§63　定義

47の背後にある考え方は，こう定式化される．

48　$\{\varphi_1, ..., \varphi_n\} \vDash \psi \Longleftrightarrow_{\text{def.}}$　I_i が $\varphi_1, ..., \varphi_n$ を真にする $\Rightarrow$ I_i が ψ を真にする．

論理的帰結の定義だと言ってもよい．$\Longleftrightarrow_{\text{def.}}$ で左辺と右辺に分かれる．

右辺の ⇒ は，ただの条件法である．メタ言語の表現であるため，対象言語の → と区別するために ⇒ と書いているだけである．

I_i はどんな解釈関数であってもよい．いわゆる，任意の I_i，である[18]．しかし何でもよい，というワケではなく48右辺前件で言われる通り，前提 $\varphi_1, ..., \varphi_n$ を真にするものに絞り込まれる．先の真理表47において［　］で括られた行がそれで，解釈関数で言うと I_1, I_5, I_7, I_8 になる．定義48で言う，任意の I_i は，これらに絞り込まれる．

§64　なぜ前提真なのか

論理的帰結 $\{\varphi_1, ..., \varphi_n\} \vDash \psi$ では，解釈関数が，前提 $\varphi_1, ..., \varphi_n$ を真にするものに絞り込まれる．なぜ，任意の I_i，つまり解釈関数すべて，ではダメなのか．前提が偽になるケースを考えてもよいのではないか．

その答えは，定義48の条件法 ⇒ の性質にある．空疎に真を覚えているだろうか（§56）．条件法では，前件偽だと全体が真になってしまう（41④）．つまり，条件法全体の成否を問うとき，前件偽のケースでは自動的に（空疎に）真になってしまう．

これでは，条件法成否のテストとして役に立たない．論理的帰結は，48右辺を見る限り，ひとつの条件法である．だから，その成否を問うのに，前件偽のケースを考えるのは意味がない．自動的に（空疎に）真になってしまうからだ．真偽を識別するために，前件真のケースだけを考える必要がある．解釈関数が，前提 $\varphi_1, ..., \varphi_n$ を真にするものに絞り込まれるのは，このためである．

§65　練習問題へ

それでは練習問題をやってもらおう．やり方としては47①〜③に倣えばよい．前提を〈　〉，結論を□で囲い，論理的帰結成立を示すのを忘れないでほしい．

【ここで 練習問題8 をやってもらいたい】

---

[18] 任意の（for any）という言い回しは，述語論理の ∀ を念頭に置いている．すべての（all），いかなる（every），という意味である．§93で説明する．

第4章　反例モデル

ここまで学んだのは，構文論の代わりとしての意味論である．だが意味論でしか証明できないこともある．それが，論理的真理でないことの証明である．

§66　論理的真理でない

適当に作った文，例えば$p \wedge p$を，論理的真理でない，と言うためには，どうしたらよいだろうか．ここまで扱って来たのは，実は，論理的真理であることが保証されたものばかりだった．

ひとつ例外として$\{p \vee q\} \vdash (q \vee p) \wedge p$がある（28）．では実際，あれが論理的真理でないことを証明するには，どうしたらよいか．

§67　反例モデル

構文論では，論理的真理でないことを証明できない．このことは実を言うと，ずっと伏せてきた．

では，どうすればいいのか．そう問われたとき，意味論の真骨頂が発揮される．やはりここでも真理表を使う．$\{p \vee q\} \vdash (q \vee p) \wedge p$でやってみよう．

49　$\{p \vee q\} \vDash (q \vee p) \wedge p$　[不成立]

p	q	$p \vee q$	$q \vee p$	$(q \vee p) \wedge p$		
1	1	⟨1⟩	1	$\boxed{1}$	…… $I_1(p)=1$　$I_1(q)=1$	
1	0	⟨1⟩	1	$\boxed{1}$	…… $I_2(p)=1$　$I_2(q)=0$	
0	1	⟨1⟩	1	$\boxed{0}$	…… $I_3(p)=0$　$I_3(q)=1$	[反例モデル]
0	0	0	0	0	…… $I_4(\mathrm{p})=0$　$I_4(q)=0$	

やり方は論理的帰結の証明と同じである（47）．この場合，しかし，三行目で結論が0（偽）になっている．だから$\{p \vee q\} \vDash (q \vee p) \wedge p$は成立しない．あっけないかもしれないが，これで，論理的真理でないことが証明される．

他方，トートロジーでないことを示したいなら，その文の下一列が全部1でないことを見て取ればよい．

こうして，論理的真理でないことの証明が果される．例49で言うと，三行目が証明の要になる．解釈関数として，それはI_3で表される．このI_3を，反例モデル（counter model）と呼ぶことにしよう．

§68　対偶，逆，裏

意味論による反証（論理的真理でないことの証明）が効果を発揮する例として，対偶，逆，裏を取りあげよう．条件法についての有名な議論で，以下のように図示される．

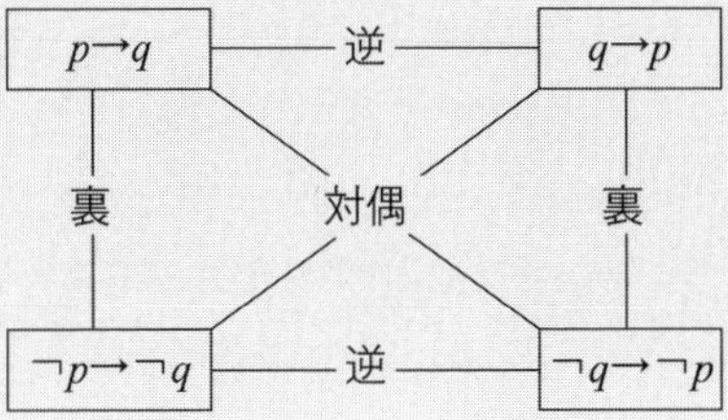

50　対偶，逆，裏

対偶は成立するが，逆，裏は成立しない．これを練習問題で確認してもらおう．

【ここで 練習問題 9 ～ 練習問題 10 をやってほしい】

第Ⅲ部　メ　タ　論　理

以上で意味論を終える．これで命題論理は，ひと区切りついたと言ってよい．
最後，もう一段上の話，メタ論理に入っておきたい．

第1章　二　値　原　理

命題論理のメタ論理で扱うのは，外延置換原理と，エルブランの演繹定理である．以後の議論で重宝される．下準備から始めよう．

§69　メタ論理の必要性

命題論理としてここまで学んだのは，あくまで対象言語，証明図の話である．しかし，それでは手の届かない一般性が求められることもある．メタ定理（meta-theorem）と呼ばれるもので，命題論理では，次のふたつが代表的だ．

51　外延置換原理

φ と ψ が同値だったとする．すなわち $\varphi \longleftrightarrow \psi$．このとき $(\cdots\varphi\cdots)$ が成立するなら，$(\cdots\psi\cdots)$ も成立する．

52　エルブランの演繹定理

推論と条件法は本質的に変わりない．すなわち $\{\varphi\} \vdash \psi \Longleftrightarrow\ \vdash \varphi \to \psi$．

これらを証明するには，対象言語を超えた所で証明する必要がある．それがメタ論理になる．

§70　メタ論理とはなにか

メタ論理（meta-logic）とは，メタ言語で語られる論理である．$\Longleftrightarrow$（§59）や $\Rightarrow$（§63）を見たが，あれらはメタ論理の一部だ．そういう風に一部記号化しながら，日常言語で展開される．それが，メタ論理である．

日常言語で展開されるけれども，その本質は記号論理に他ならない．例えば *NK* で →-Intro をやったように，メタ論理でも ⇒-Intro が使われる．具体的には後に，擬似フィッチ式として見るだろう（§78～）．

§71　双条件法

メタ論理に入る前に準備すべき点を幾つか補っておきたい．まず，双条件法の真理表である．

53　**双条件法**

p	q	$p \to q$	$q \to p$	$(p \to q) \wedge (q \to p)$
1	1	1	1	1
1	0	0	1	0
0	1	1	0	0
0	0	1	1	1

Def ↔ に従い $(p \to q) \wedge (q \to p)$ と崩し，あとはトートロジーの要領で作った（43）．当り前だが $(p \to q) \wedge (q \to p)$ はトートロジーでない．

§72　二値原理

双条件法の真理表（53）で理解してほしいのは，いかなる文でも 1（真）か 0（偽）になる，ということだ．トートロジーにはならないけれども $(p \to q) \wedge (q \to p)$ の下は必ず 1 か 0 になっている．ここに注目しよう．それは解釈関数に帰せられる性質で，二値原理（the principle of bivalence）と呼ばれる．

54　**二値原理**

どんな文 φ にも解釈関数 I_i は真偽判定をする．つまり φ は I_i のもと，真になるか，あるいは偽になる．

本当は，$I_i(\varphi)=1$ あるいは $I_i(\varphi)=0$，とシャープに書きたいところだが，解釈関数は原子文にしかかかわらないので（§48），それはできない．二値原理は，メタ言語で述べられた排中律とみなされる[19]．

§73　同値

双条件法の真理表に即し，同値（equivalence）の概念を押えておきたい．これは結局，双条件法と同じなのだけれども，意味論的な議論で重宝される．

---

[19] 直観主義（§200）という立場で問題になるのだが，本書では扱わないでおく．金子 2019, p.257 付録 3 参照．

55 同値

φとψが同値であるとは，真理表においてφの出力列とψの出力列が一致する，ということである．トートロジーとして$\vDash \varphi \longleftrightarrow \psi$と書く[20].

例で説明しよう．

56 $\vDash p \rightarrow q \longleftrightarrow \neg p \vee q$ ［条件法の言い換えⅠ］

p	q	$p \rightarrow q$	$\neg p$	$\neg p \vee q$
1	1	$\boxed{1}$	0	$\boxed{1}$
1	0	$\boxed{0}$	0	$\boxed{0}$
0	1	$\boxed{1}$	1	$\boxed{1}$
0	0	$\boxed{1}$	1	$\boxed{1}$

出力列が一致する，という55の文言を□で明示しておいた．練習問題を解くときも，この□は書いてほしい．

56により$p \rightarrow q$と$\neg p \vee q$は同値だ，と言えるようになる．構文論で証明しようとするととても難しい．こういったことも含め，練習問題で学んでもらいたい．

【ここで 練習問題11 ～ 練習問題12 をやってほしい】

第2章　外延置換原理

以上がメタ論理に入る準備になる．そこで学んだ考え方から，まず，外延置換原理（51）を証明しよう．

§74　ExRe.I

外延置換原理（the extensional replacement theorem）はExRe.Iという名の推論図として，こう定式化される．

57 外延置換原理

$$\frac{\varphi \longleftrightarrow \psi \quad (\cdots\varphi\cdots)}{(\cdots\psi\cdots)}\ \text{ExRe.I}$$

$(\cdots\varphi\cdots)$はメタ言語特有の表現で，φの現れる複合文を表す．

[20] 出力列が一致するとき論理的帰結が双方向で成立する（47）．すなわち$\{\varphi\} \vDash \psi$かつ$\{\psi\} \vDash \varphi$．そこにエルブランの演繹定理（52）を適用すれば$\vDash \varphi \longleftrightarrow \psi$が得られる．

パッと見，用途がわからないだろう．そこで使い方を先に学んでしまおう．そこから証明に入れば，何をやっているのかわかるとおもう．

【ここで 練習問題 13 をやってほしい】

§ 75　ExRe.II

複合文のなかに入り込み，同値な文を置換できるのが外延置換原理の長所である．もし $(\cdots\varphi\cdots)$ が縮小して φ だけになると，こんな形になる[21]．

58　縮小版

$$\frac{\varphi\longleftrightarrow\psi \qquad \varphi}{\psi}\ \text{ExRe.II}$$

この証明は，これから行う ExRe.I 証明に含まれる，と考えてほしい．

§ 76　外延

外延置換原理の外延（extension）にも，少し説明を加えておきたい．外延とは，文だったら，真理値（真／偽）だけで区別し，その意味は考えない，という立場を言う．

例えば $p \to q$ と $\neg p \vee q$ は意味的に異なる[22]．だが真理値は一致する．同値（55）だということである．なので区別しない．これが，外延の立場である．

外延置換原理とは，この外延の立場で，複合文を処理する方法と言える．

§ 77　証明の戦略

それでは証明に入ろう．以下の三つのステップから成る．

59　外延置換原理証明

Step 1　強い置換原理 $\vDash (\varphi \longleftrightarrow \psi) \to \{(\cdots\varphi\cdots) \longleftrightarrow (\cdots\psi\cdots)\}$ を証明する．

Step 2　完全性定理 $\vDash \varphi \Rightarrow\ \vdash \varphi$ が証明されている，と前提する．

Step 3　完全性定理を利用し，強い置換原理を $\vdash (\varphi \longleftrightarrow \psi) \to \{(\cdots\varphi\cdots) \longleftrightarrow (\cdots\psi\cdots)\}$ に言い換える．この構文論の形を介し，ExRe.I の事例すべてが成立するのを見て取る．

21　双条件除去則なるものがあったとしても，この形にはならない（Nolt et al. 2011，p.87）．

22　第 I 部第 3 章で →，¬，∨ それぞれに与えた意味（日常言語での翻訳）を念頭に置いている．

Step 3 で証明終了になる．では，Step 1 から始めよう．

§78　擬似フィッチ式

Step 1 で見たトートロジーは，強い置換原理（strong replacement）と呼ばれる．

> 60　**強い置換原理**　$\vDash (\varphi \longleftrightarrow \psi) \to \{(\cdots\varphi\cdots) \longleftrightarrow (\cdots\psi\cdots)\}$

外延置換原理（57）と，ほとんど変わりない．

さて，これを証明するのに，擬似フィッチ式（pseudo-Fitch notation）という形式を採用する．フィッチ式を覚えているだろうか．ゲンツェン式を説明するため持ち出したものだ（21）．あれを，メタ論理で投入する．

メタ論理は日常言語で語られ，最早（*NK* の）証明図では表し切れない要素を持っている．メタ変項，（$\cdots\varphi\cdots$）といった表記が，それだ．こういったことを表すのにフィッチ式は都合がよいのである．

§79　Step 1

では，強い置換原理を証明しよう．

> **61　強い置換原理証明**
>
> ①　任意の解釈関数を考える．しかし，たとえ解釈（関数）は任意でも，二値原理より（54），$\varphi \longleftrightarrow \psi$ には真か偽，どちらかの値が言える．このため，$\varphi \longleftrightarrow \psi$ は真であるか，あるいは，$\varphi \longleftrightarrow \psi$ は偽である．これは選言になる．
>
> ②　$\varphi \longleftrightarrow \psi$ が偽だったとする．［あるいは -Elim の仮定 1］[23]
>
> ③　②の場合，条件法 $(\varphi \longleftrightarrow \psi) \to \{(\cdots\varphi\cdots) \longleftrightarrow (\cdots\psi\cdots)\}$ を考えると，前件偽だから全体は空疎に真（§56）になる．
>
> ④　今度は①で $\varphi \longleftrightarrow \psi$ が真だったとする．［あるいは -Elim の仮定 2］
>
> ⑤　④は真理表 53 で言うと，φ と ψ が同じ真理値を取った（1 行目，4 行目），ということである[24]．
>
> ⑥　$(\cdots\varphi\cdots)$ と $(\cdots\psi\cdots)$ は，いずれも論理接続詞から構成されているから，それぞれ φ と ψ を原子文と見立てた真理関数とみなせる（§50）．

---

[23] メタ論理は日常言語で語られるが，背後にあるのは対象言語と同じ記号論理である（§70）．なので②のように，対象言語で ∨-Elim と呼ばれていた推論が，あるいは-Elim という名で併用される．

[24] 真理表では p や q を使っていたが，あれは，論理接続詞の真理関数としての働きを，解釈関数から説き起こすためであり（§48），p や q を φ や ψ と交換しても問題ない．

⑦ ⑤より，φとψが同じ真理値を取るなら，残りの構成が同じ$(\cdots\varphi\cdots)$と$(\cdots\psi\cdots)$は，真理関数として当然，同じ真理値を返す．

⑧ ⑦より$(\cdots\varphi\cdots)\longleftrightarrow(\cdots\psi\cdots)$は真．

⑨ ⑤⑧より，前件真，後件真だから，$(\varphi\longleftrightarrow\psi)\rightarrow\{(\cdots\varphi\cdots)\longleftrightarrow(\cdots\psi\cdots)\}$も真．

⑩ ①に②③，④⑨より，あるいは-Elim が適用され，$(\varphi\longleftrightarrow\psi)\rightarrow\{(\cdots\varphi\cdots)\longleftrightarrow(\cdots\psi\cdots)\}$は真と言える．

⑩ ①以来，真は，任意の解釈関数で考えられているから，定義45より，それはトートロジーも意味する．すなわち$\vDash(\varphi\longleftrightarrow\psi)\rightarrow\{(\cdots\varphi\cdots)\longleftrightarrow(\cdots\psi\cdots)\}$．

■

§ 80 Step 2

強い置換原理（60）が証明された．ここで，完全性定理 $\vDash\varphi\Rightarrow\vdash\varphi$を前提する（Step 2）．完全性定理は本書後半で証明されるもので[25]，ここでは，ただ前提するだけである．これにより，強い置換原理はトートロジーから，定理$\vdash(\varphi\longleftrightarrow\psi)\rightarrow\{(\cdots\varphi\cdots)\longleftrightarrow(\cdots\psi\cdots)\}$に変わる．

§ 81 Step 3

強い置換原理が，構文論の定理になることで，外延置換原理も証明される．その証明は少し風変りである．要するに ExRe.I（57）の事例すべてが成立するのを見ておしまい，となる．次の例を使い，解説しよう．

62 $\{p\longleftrightarrow q,\ p\vee r\}\vdash q\vee r$

$$\frac{p\longleftrightarrow q \qquad p\vee r}{q\vee r}\ \text{ExRe.I}$$

外延置換原理の適用例である．練習問題 13 をやったから理解に困難はなかろう．さて，注目すべきなのは，この背後にある論理だ．

[25] 完全性定理そのものは§208 で紹介される．証明は§210～§247．

63　$\{p\longleftrightarrow q,\ p\vee r\}\vdash q\vee r$

$$\dfrac{\dfrac{\dfrac{\dfrac{p\longleftrightarrow q \qquad (p\longleftrightarrow q)\to\{(p\vee r)\longleftrightarrow(q\vee r)\}}{(p\vee r)\longleftrightarrow(q\vee r)}\ \to\text{-Elim}}{\{(p\vee r)\to(q\vee r)\}\wedge\{(q\vee r)\to(p\vee r)\}}\ \text{Def}\leftrightarrow}{(p\vee r)\to(q\vee r)}\ \wedge\text{-Elim} \qquad p\vee r}{q\vee r}\ \to\text{-Elim}$$

濃いグレーで62のパーツを浮かび上がらせている．対応づけて，まず，それを確認してもらいたい．

外延置換原理を適用する際，常に63のような論理が反復されている．それは62に限らずExRe.Iの適用例すべてにおいて見て取られる．背後の論理（63）の要は，右上の始式，強い置換原理だ．つまり，強い置換原理が証明された時点で，63のような証明図が量産されることが見て取れ，それにより，（62のような）ExRe.Iの適用例すべてが裏づけられる．これによって，外延置換原理は証明されたことになる．■

第3章　エルブランの演繹定理

外延置換原理が証明された．今度は，エルブランの演繹定理（52）を証明しよう．

§82　エルブランの演繹定理

φを前提してψを導きだすこと（推論）と，φを仮定してψを導きだすこと（条件法）は変わりないようにみえる．演繹定理（deduction theorem）は，この洞察を具現化したもので，エルブラン（Jacques Herbrand 1908-1932）により証明された．

64　エルブランの演繹定理

$$\{\chi_1, \ldots, \chi_n,\ \varphi\}\vdash\psi \iff \{\chi_1, \ldots, \chi_n\}\vdash\varphi\to\psi$$

先程（52）と違う形にしている．こちらの方が一般的である．

例として$\{p\to q,\ q\to r\}\vdash p\to r$を取りあげよう（31）．64左辺で言うと$\{\chi,\ \varphi\}\vdash\psi$となっているのがわかる．$p\to q$が$\chi$，$q\to r$が$\varphi$，$p\to r$が$\psi$だ．ここから64の右辺に移れば$\{p\to q\}\vdash(q\to r)\to(p\to r)$が得られる．これが演繹定理の使い方になる．

§83　読み方

証明について注意してもらいたいのは次の二点である．一点目．エルブランの演繹定理そのものは，条件法の推論図，すなわち →-Intro（17①）と →-Elim（17②）に既に組み込まれている．だから証明は，ごく簡単なもので済まされる．

二点目．証明するのは 64 そのものでなく，以下のふたつにする．

65　$\{\varphi\} \vdash \psi \;\Rightarrow\; \vdash \varphi \to \psi$

66　$\vdash \varphi \to \psi \;\Rightarrow\; \{\varphi\} \vdash \psi$

双条件法 ⟺ を解体している．演繹定理（64）において前提 $\chi_1, \cdots, \chi_n$ は補助でしかない．$\chi_1, \cdots, \chi_n$ は残され，φ だけが移動する．だから $\chi_1, \cdots, \chi_n$ は省略し，証明対象だけシンプルに取りだす．すると 65 と 66 になる．

§84　証明

まず 65 から証明しよう．擬似フィッチ式を使う（§78）．

67　$\{\varphi\} \vdash \psi \Rightarrow \vdash \varphi \to \psi$

① $\{\varphi\} \vdash \psi$ という推論が成立したとする．[⇒-Intro 仮定]
② ①は，$\{\varphi\} \vdash \psi$ を派生規則として使ってよい，ということだ（§38）．
③ $[\varphi]_1$ を仮定した証明図を考える．
④ その証明図に $\{\varphi\} \vdash \psi$ を適用する．すると即座に ψ が得られる．
⑤ ③④ に →-Intro.1 で $\vdash \varphi \to \psi$.
⑥ ①⑤ に ⇒-Intro より，こうして $\{\varphi\} \vdash \psi \Rightarrow \vdash \varphi \to \psi$ が証明された．■

続けて 66 を証明する．

68　$\vdash \varphi \to \psi \Rightarrow \{\varphi\} \vdash \psi$

① $\vdash \varphi \to \psi$ という定理が成立したとする．[⇒-Intro 仮定]
② そのとき $\{\varphi\} \vdash \psi$ を言えるだろうか．それを証明するため，φ を前提する．φ を証明図のどこかに置く，そうイメージしてほしい．
③ ①の定理を引用し $\varphi \to \psi$ を，②の証明図で φ の隣に置く．
④ ③で →-Elim を適用すれば，即座に ψ が得られる．
⑤ ②③ より $\{\varphi\} \vdash \psi$ が証明された．
⑥ ①⑤ に ⇒-Intro より，こうして $\vdash \varphi \to \psi \Rightarrow \{\varphi\} \vdash \psi$ が証明された．■

§ 85　用途

これで証明は終りである．用途だが，演繹定理は，メタ論理や，述語論理で $\{\forall xFx\} \vdash \exists xFx$ から $\vdash \forall xFx \to \exists xFx$ を得るときなどに使う．なので命題論理で練習問題を設ける必要はないだろう．

第Ⅳ部　述語論理の構文論

命題論理を終えた．次に学ぶのは，もう一歩進んだ論理，述語論理である．

第1章　述語論理の文法

命題論理で文 p, q …… は固い原子のように考えられていた．それをパカッと割り内部構造に入れるようにしたのが述語論理である．なぜそんなことをする必要があるのか．まずは，そこから，説明することにしよう．

§86　三段論法

これまで p は不可分なものとみなされて来た．だが，それで済まされないのが論理学の難しいところである．

69　三段論法

すべての人間は死すべきものである．
ソクラテスは人間である．

∴ ソクラテスは死すべきものである．

三段論法（syllogism）という有名な推論である．仮言三段論法を学んだけれども(31)，よく目にするのは，この形（69）だろう．ゆえに（∴）が使われているが，こえは推論の一種である（§27）．

§87　アリストテレス

三段論法は，アリストテレス（Aristotle ／希 Ἀριστοτέλης 384-322 B.C.）が開発した．彼の立場は，名辞論理学（term logic）と呼ばれる．色々あるけれども本書では扱わない．記号論理から見ると，やはり古い論理学，今では使われない論理学だからである．

§88　文の内部構造へ

では，現代論理学たる記号論理では，三段論法 69 をどう処理するのか．命題論理で処理できないのは $\{p, q\} \vdash r$ という形からわかる．固い殻に入ったような p, q, r の間では論理的連関を見出しようもない．そこで，論理的要素を剥き出しにするため，内部構造に立ち入るのである．

70　内部構造

三段論法		命題論理		述語論理
すべての人間は死すべきものである	→	p	→	$\forall x(Fx \rightarrow Gx)$
ソクラテスは人間である	→	q	→	Fc
ソクラテスは死すべきものである	→	r	→	Gc

こう分析することで三段論法（69）が，次の通り証明される．

71　$\{\forall x(Fx \rightarrow Gx),\ Fc\} \vdash Gc$

$$\cfrac{\cfrac{\forall x(Fx \rightarrow Gx)}{Fc \rightarrow Gc}\ \forall\text{-Elim} \qquad Fc}{Gc}\ \rightarrow\text{-Elim}$$

§89　述語

これが述語論理（predicate logic）である．証明図 71 が，どのような発想で書かれているか，それを把握することから始めよう．根幹にあるのは，述語（predicate）という見方だ．内部構造で q の行を見てほしい（70）．そこでは，こんな分析がなされている．

72　述語論理

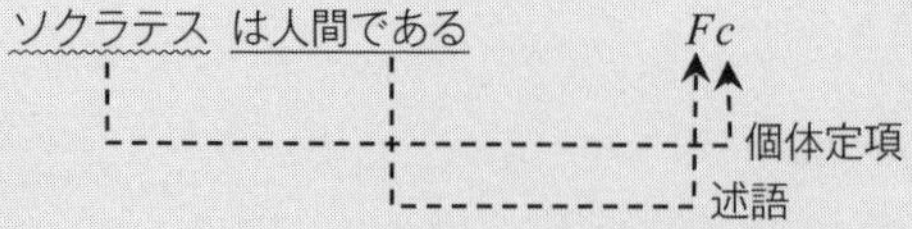

文から「　は…… である」という部分を析出し述語 F として前置する．主語「ソクラテス」は個体定項と呼ばれ c として述語に後置される．これが，述語論理の見方になる．

§90　個体定項

Fc のような表現を，単称文（singular sentence）と言う．単称文では，述語に個体定項が後置される.

個体定項（individual constant）だが，これは，固有名詞（proper name）みたいなものだと取ればいい．一般に c で表す．複数必要な場合は c_1, c_2 …… と下つき文字で区別する．

§91　一項述語，二項述語

Fc のように，個体定項をひとつしか受け入れない述語を，一項述語（one-place predicate）と言う．「　は死すべきものである」，「　は人間である」が代表だ．

ふたつ個体定項を受け入れられる述語を，二項述語（two-place predicate）と言う．「　は　の父親である」，「　は　を愛している」が代表だ．Rc_1c_2 と表す．二項述語は，関係（relation）とも呼ばれる．

一項述語は F, G で表す．二項述語は R で表す．

§92　論理式

ところで「　は人間である」という言い方をしたとき，どうして「a は人間である」と書かないのか，と不思議に思ったひとがいるだろう．だが「　は人間である」と「a は人間である」は大違いなのである．前者は F と書かれ，述語と呼ばれる．後者は Fa と書かれ，論理式（formula）と呼ばれる．

論理式は，述語というより，文に近い．これを理解することが述語論理を学ぶひとつの山場になるだろう．

§93　全称量化子

論理式に現れる a を自由変項（free variable）と言う．何にも束縛されていない，という意味だ．では，束縛されるとどうなるか．これは x で表される．束縛変項（bound variable）と言う．

変項を束縛するのは，量化子（quantifier）である．先に $\forall x(Fx \rightarrow Gx)$ という表現を見たが (70)，∀ が量化子になる．全称量化子（universal quantifier）と呼ばれる．All の A をひっくり返した形で，all（すべての），every（いかなる），any（任意の），色々な読み方をしてよい．

$\forall xFx$ で，すべての x は F である，と読む．

全称量化子は ∀ 単独というより，元々 $\forall x$ で不定代名詞 everybody（誰も／みんな），everything（あらゆるもの）を表していた．この点は第 3 章で学ぶ．

§94　存在量化子

量化子には，もうひとつ，存在量化子（existential quantifier）がある．Exist の E

をひっくり返した形で，∃ と表される．不定冠詞 a ／ an を念頭に置きつつ，或る，と読めばよい．

$\exists xFx$ で，或る x は F である，と読む．

存在量化子は ∃ 単独というより，元々 $\exists x$ で不定代名詞 somebody（誰か），something（或るもの）を表していた．この点は第 3 章で学ぶ．

∃ にまつわる存在の問題だが，これは論じるのに非常に高度な知識を必要とするので，後回しにしたい（第Ⅶ部第 1 章）．

§ 95　全称文，特称文

全称量化子と存在量化子について，まず覚えてもらいたいのは，全称文（universal sentence）と，特称文（particular sentence）である．

述語論理による構造分析は，結局のところ，単称文（§ 90），特称文，全称文に分けられる．

全称文は $\forall xFx$ で済まされない．同様に，特称文は $\exists xFx$ で済まされない．すべての x が …… と言った所で，何がすべてか，わからないからである．或る x が …… と言った所で何が，或るなのか，わからない．それらをはっきりさせると，こうなる．

73　**全称文**　すべての F は G である　→　$\forall x(Fx \rightarrow Gx)$
74　**特称文**　或る F は G である　→　$\exists x(Fx \wedge Gx)$

これが述語論理における全称文と特称文の定型表現になる．

§ 96　解説

全称文，特称文は F, G という名辞（名詞）を中心に述べられている．これは名辞論理学の影響である（§ 87）．三段論法もそうだが（§ 86），記号論理は，決して，過去から断絶して生まれたのではない．

それにしても，なぜ，全称文や特称文は，あのように構造分析されるのだろうか．すべての F が …… という全称文は，条件法 → で分析されている（73）．或る F が …… という特称文は，連言 ∧ で分析されている（74）．この問いには，集合論の観点から答えられる．

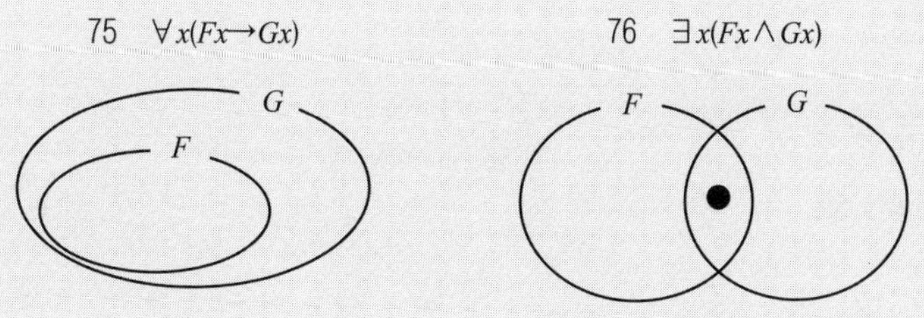

全称文の → は，集合論の包含関係 ⊂ に重ね合わされる．特称文の ∧ は，共通部分 ∩ に重ね合わされる．$F \subset G$ が $Fx \to Gx$ に，$F \cap G$ が $Fx \wedge Gx$ に重ね合わされるとイメージすればよい[26]．

【ここで 練習問題 14 をやってもらいたい】

第 2 章　述語論理の文法つづき

述語論理の基本を学んだ．文法という形で，それをまとめておこう．

§ 97　述語論理の語彙

述語論理とはどういうものか，軽く見てもらった．今度は厳密に，それを定式化してゆこう．形成規則（§ 12）と呼ばれるものだ．

77　語彙

① 命題論理の形成規則 3 ②～⑧ を，そのまま受け継ぐ．
② 「c」は個体定項を表す．「c_1」，「c_2」…… という表記も使う．
③ 「a」と「b」は自由変項を表す．「a_1」，「a_2」…… という表記も使う．
④ 「x」，「y」，「z」は束縛変項を表す．「x_1」，「x_2」…… という表記も使う．
⑤ 「F」，「G」は一項述語を表す．「F_1」，「F_2」…… という表記も使う．
⑥ 「R」は二項述語を表す．「R_1」，「R_2」…… という表記も使う．
⑦ 「∀」は全称量化子（すべての ～）を表す．
⑧ 「∃」は存在量化子（或る ～）を表す．

このルールから外れた表現は認められない．例えば，命題論理の p は最早使われない．

[26] これは論理の意味論的＝代数的分析（金子 2019, sec.9），また ZF 集合論に基づくもので（§186），ここでは，そういうものだ，で済ませてよい．

§ 98　原始文，原始論理式

次に，文形成の基本にある原始表現を定める．

78　原始文，原始論理式

⑨　一項述語の後ろに個体定項をひとつ置いた表現，例えば「Fc」を原始文と言う．

⑩　二項述語の後ろに個体定項をふたつ置いた表現，例えば「Rc_1c_2」を原始文と言う．

⑪　原始文は文である．

⑫　一項述語の後ろに自由変項をひとつ置いた表現，例えば「Fa」を原始論理式と言う．

⑬　二項述語で自由変項がひとつでも現れている「Rab」や「Rca」を原始論理式と言う．

⑭　原始論理式は論理式である．

原始（primitive）は，原子（atomic）との語呂合せだが，述語論理には，もう原子文は存在しない．ただ基礎として，原子文に似た働きをするので，そう名づけたまでである．

§ 99　複合表現

原始表現から複合表現への構成をみてみよう．

79　複合表現

⑮　φ が文であるとき「$\neg\varphi$」も文になる．

⑯　φ が論理式であるとき「$\neg\varphi$」も論理式になる．

⑰　φ も ψ も文であるとき「$\varphi\wedge\psi$」，「$\varphi\vee\psi$」，「$\varphi\rightarrow\psi$」も文になる．

⑱　φ か ψ が論理式であるとき「$\varphi\wedge\psi$」，「$\varphi\vee\psi$」，「$\varphi\rightarrow\psi$」は論理式とみなされる．

ここら辺の発想は，命題論理（4）と同じである．

§ 100　量化表現

最後に量化子の文法である．論理式にある自由変項を一様に束縛するのだが，形式的に述べると非常にわかりにくい．そこで，厳密ではないが Φ というメタ変項を導入しよう．Φa で Fa や $Fa\wedge Rab$ といった自由変項 a の現れる論理式を代表させる．

80　**量化表現**

⑲　全称量化子 ∀ は，論理式 Φa に現れている自由変項を束縛し，$\forall x\Phi x$ という風に使う．

⑳　全称量化子 ∃ は，論理式 Φa に現れている自由変項を束縛し，$\exists x\Phi x$ という風に使う．

㉑　$\forall x\Phi x$ にせよ $\exists x\Phi x$ にせよ，Φ に自由変項がみつかるなら論理式，そうでないときに限り文と言える．

⑲と⑳は「量化子は前に置くんですよ」と言っているだけである．もちろん自由変項は a である必要はない．

以上の話は，正直，あんまり深刻に取ってほしくない．習うより慣れろで，述語論理をさんざんやった後，自然に習得されるものだ．試運転も兼ね，練習問題を用意したから，様子見程度でやってもらいたい．

【ここで 練習問題 15 をやってほしい】

第3章　多　重　量　化

文法を見たついでに，多重量化にも触れておこう．取り沙汰されるほど深刻な問題でないのだが，どうして量化子を前に置くようになったのか，それを知る機会くらいにはなる．

§101　関係

アリストテレスの時代に比べると，関係（relation）を扱えるようになった，この点で記号論理は大きく前進したと言える．関係とは，親子関係，能動と受動の関係……そういったものである．

81　政男は太郎の父親である．［父親関係］

82　太郎は花子を愛している．［能動］

述語論理では，二項述語を使い，これらの関係を，こう表現する．

83　R_1（政男，太郎）

84　R_2（太郎，花子）

この表記が便利なのは，次の関係も一括して表せるからである．

85　太郎は政男の子供である．　［子供関係］
86　花子は太郎に愛されている．［受動］

父親関係（81）も子供関係（85）も一括してR_1で表せる（83）．能動（82）も受動（86）も一括してR_2で表せる（84）．これは便利だ，そう考えられた．

§102　不定代名詞

順風満帆にみえた述語論理だったが，意外な所に落とし穴はあった．不定代名詞（indefinite pronoun）である．誰も（everybody），誰か（somebody），そういった不定代名詞を，関係述語に入れた途端に問題が生じた．

87　R_1(誰も，誰か)
①　誰もが誰かの父親である　［父親関係］
②　誰かがみんなの（誰もの）[27]子供である　［子供関係］
88　R_2(誰も，誰か)
①　誰もが誰かを愛している　［能動］
②　誰かがみんなに（誰もから）愛されている　［受動］

先ほどR_1で一括して表していた関係（81，85）が，不定代名詞を入れるや否や，異なったことを意味してしまう．誰もが誰かの父親である（87①）というのは，健全な社会みたいな話だ．それに対し，誰かがみんなの子供である（87②）というのは，遺伝子的にあり得ない話である．

同じく，先ほどR_2で一括して表していた関係（82，86）も，不定代名詞を入れるや否や，異なったことを意味してしまう．誰もが誰かを愛している（88①）というのは，健全な社会みたいな話だ．それに対し，誰かがみんなに愛されている（88②）というのは，人気者だ，という意味である．

§103　量化子登場

このように不定代名詞で，関係の扱いは問題に直面した．それに対し述語論理が採った解決策は，恐ろしく頑固である．$R_1(x, y)$，$R_2(x, y)$という記号の配列は変えず，

[27] 「みんな」という翻訳は誤解がない時に限り使うのが許される．例えば87①を「みんなが誰かの父親である」と訳してしまうと，政男，和也，……が一極集中で，太郎の（＝誰かの）父親になる，といった誤解を生みかねない．そうではなく，政男が太郎の父親であり，和也が次郎の父親である，……と87①は言っているのである．

外に出した量化子で，意味の違いを表現しようとしたのだ．こうなる．

89	誰もが誰かの父親である	[87 ①] →	$\forall x \exists y R_1(x, y)$
90	誰かがみんなの子供である	[87 ②] →	$\exists y \forall x R_1(x, y)$
91	誰もが誰かを愛している	[88 ①] →	$\forall x \exists y R_2(x, y)$
92	誰かがみんなに愛されている	[88 ②] →	$\exists y \forall x R_2(x, y)$

頑固に $R_1(x, y)$，$R_2(x, y)$ という記号の配列は変えず，外に出した量化子の順序だけで関係の違いを表現している．

§104　読み方のコツ

読み方のコツだが，こんな風にまとめられる．

93　$R_1(x, y)$ を「x は y の父親である」で固定する．

① x の量化子 $\forall x$，$\exists x$ が先行しているなら，そのまま父親関係として読む．

② y の量化子 $\forall y$，$\exists y$ が先行しているなら，関係をひっくり返し子供関係「y は x の子供である」で読む．

ぜひ 89 と 90 で，この読み方を試してほしい．

94　$R_2(x, y)$ を「x は y を愛している」で固定する．

① x の量化子 $\forall x$，$\exists x$ が先行しているなら，そのまま能動で読む．

② y の量化子 $\forall y$，$\exists y$ が先行しているなら，受動「y は x に愛されている」で読む．

ぜひ 91 と 92 で，この読み方を試してほしい．

【ここで 練習問題 16 をやってもらいたい】

第 4 章　述語論理の証明

以上で文法を終える．次は証明に入ろう．命題論理の *NK* を受け継ぐことになる．それに量化子の規則が，四つ追加される．

§105　*NK*

述語論理でも証明は，命題論理と同じ考え方をする．つまり，公理を選び，そこから他の論理的真理を証明する（19）．使われるのも同じ *NK* という公理系だ（§26）．

論理接続詞 ∧, ∨, →, ¬ についての推論図は，命題論理のものを流用する(15〜18)．命題論理で証明された定理なども，適切にアレンジして受け継ぐことにする[28]．

§106　述語論理の公理

述語論理の公理を紹介しよう．全称量化子 ∀ と存在量化子 ∃ それぞれに導入則，除去則を設ける．

95　全称量化子

①　導入則

$$\frac{\Phi\alpha}{\forall x\Phi x}\ \forall\text{-Intro}$$

α は固有変数で以下の制限条件が課される

I　$\forall x\Phi x$ に α は現れてはならない．

II　$\Phi\alpha$ が依存する前提に α は現れてはならない．

III　$\Phi\alpha$ が依存する仮定に α は現れてはならない．

②　除去則

$$\frac{\forall x\Phi x}{\Phi\alpha}\ \forall\text{-Elim}$$

α は個体定項か自由変項

[x は一様に α に変える]

96　存在量化子

①　導入則

$$\frac{\Phi\alpha}{\exists x\Phi x}\ \exists\text{-Intro}$$

α は個体定項か自由変項

②　除去則

$$\frac{\begin{array}{cc}[\Phi\alpha]_1 & \\ \vdots & \\ \varphi & \exists x\Phi x\end{array}}{\varphi}\ \exists\text{-Elim}.1$$

α は固有変数で以下の制限条件が課される

I　$\exists x\Phi x$ のなかに α は現れてはならない．

II　φ に α は現れてはならない．

III　φ が依存する前提に α は現れてはならない．

IV　φ が依存する $\Phi\alpha$ 以外の仮定に α は現れてはならない．[x は一様に α に変える]

量化子の規則は，∀ だと除去則，∃ だと導入則が簡単である．なので，先に ∀-Elim と ∃-Intro を説明し，章を改め，残りの推論図を説明しよう．

---

[28] p, q といった表現は述語論理にないが（§97），それらについて証明されたこと，例えば $\{p\wedge q\}\vdash q\wedge p$ は一般性を持つため（§38），$\{\varphi\wedge\psi\}\vdash\psi\wedge\varphi$ という形で述語論理に受け継がれる．金子 2019, sec.136 も参照してほしい．

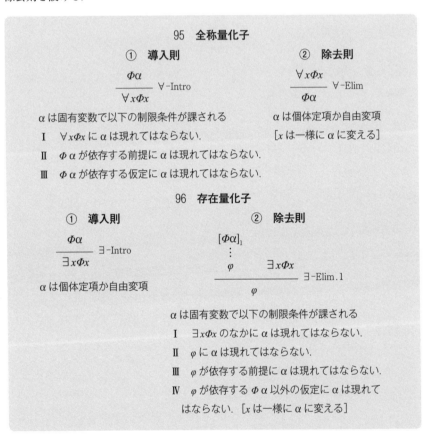

§107　全称例化 $\forall$-Elim

まず $\forall$ の除去則から説明しよう．全称例化（universal instantiation）とも呼ばれる，有名な推論だ．

$\forall x\Phi x$ から，Φc という単称文，ないし Φa という論理式を導出してよい，と言っている（95②）．

Φ は形成規則の所でみた論理式のメタ変項（§100）．束縛変項 x の現れているタイプのものを考えればよい すなわち Φx で Fx や $Fx\wedge Rxb$ を代表する．

推論図 95② に現れている α（アルファ）は初登場であるが，$\forall$-Elim に限って言うと，個体定項 c か自由変項 a の代わりをするメタ変項にすぎない．特に，自由変項 a（エー）と区別すること．

§108　例題

$\forall$-Elim の用例は，既にみた三段論法の証明でいい（71）．今や，あれを理解できる段に来たのだ．もうひとつ，例題をやってみよう．

97　$\{\forall x\forall yRxy\}\vdash Rca$

$$\dfrac{\dfrac{\forall x\forall yRxy}{\forall yRcy}\ \forall\text{-Elim}}{Rca}\ \forall\text{-Elim}$$

簡単だろう．量化子は常に外からはずすこと．

§109　存在汎化 $\exists$-Intro

次に $\exists$ の導入則を紹介しよう．存在汎化（existential generalization）という有名な推論である．

Φc という単称文，ないし Φa という論理式から $\exists x\Phi x$ を導出してよい，と言っている（96①）．Φ や α については $\forall$-Elim と同様に理解してほしい（§107）．

例題をやってみる．

98　$\{\forall xFx\}\vdash\exists xFx$

$$\dfrac{\dfrac{\forall xFx}{Fa}\ \forall\text{-Elim}}{\exists xFx}\ \exists\text{-Intro}$$

中段の Fa は Fc でもよい.

第5章　全称汎化 ∀-Intro

∀ の除去則, ∃ の導入則を学んだ. ∀ の導入則 (95①) と ∃ の除去則 (96②) は難しいので, ひとつずつ章を設けて解説したい. まず, ∀-Intro を取りあげる. 全称汎化 (universal generalization) と呼ばれる, 有名な推論である.

§110　固有変数の制限条件

∀-Intro と ∃-Elim を理解できるかどうか, それがカギになるとおもってほしい. まずは, ∀-Intro である.

95① を見てもらいたい. 推論図の下にⅠ～Ⅲが加えられている. 固有変数の制限条件 (独 Variablenbedingung（ヴァリアーブレンベディングング）) と呼ばれる.

固有変数 (独 Eigenvariable（アイゲンヴァリアーブル）) とは ∀-Intro の推論図にある α（アルファ） のことだ (95①). その制約が, 対象言語では述べられない仕方で, 日常言語すなわちメタ言語で規定される. これが制限条件である.

§111　手垢のついていない表現

なぜ固有変数 α には制限条件が課されるのか. これは, ∀-Intro のアクロバチックな性格からうかがえる.

∀-Intro では $\Phi\alpha$ から一気に $\forall x\Phi x$ にジャンプする. これは, よくよく考えると, おかしな話である. 太郎は人間である $\Phi\alpha$. ゆえに, すべてのものは人間である $\forall x\Phi x$. そんなワケがない.

だが, もう少し考えてみよう. それがおかしいのは, 太郎に余計な情報を読み込んでいるからだ. 太郎は人間である, と言われたとき, そこに具体的な人間像を重ねてしまう. そんな個人から, すべてのものについて何か言えるワケがない. なので ∀-Intro をおかしいと思う. しかし, もし, 太郎が, ただのたとえでしかなかったらどうなるか. 例えば, 探偵が「仮に, 犯人を太郎と名づけましょうか……」と言う, そんなときの「太郎」だ. この抽象化された「太郎」なら, 全称汎化 ∀-Intro を言ってもおかしくない. 固有変数の制限条件が求めているのは, まさにそれなのである.

§112　使用例

固有変数の制限条件は, α が, いわば手垢のついていない, まっさらな表現であることを求める. 例を見てみよう.

$$
\begin{array}{c}
99 \quad \{\forall xFx\} \vdash \forall xFx \\
\dfrac{\dfrac{\forall xFx}{Fa}\ \forall\text{-Elim}}{\forall xFx}\ \forall\text{-Intro}
\end{array}
$$

∀-Intro だけ見てほしい．証明自体はどうでもいい（RE を使えばすぐ証明できる）．中段 Fa から終式 $\forall xFx$ にかけ ∀-Intro が使われている．ここで自由変項 a は全称性から例化 ∀-Elim されることで一般性を獲得している．これが，固有変数の求める抽象化の典型例，或る意味，ベタな例である．

§113　$\forall x\Phi x$ に α が現れた場合

固有変数の制限条件について何となくわかっただろう．ここから気を引き締めてほしい．通常，制限条件は，それが破られた事例で学んでゆく．

早速，制限条件Ⅰ（95①）が破られたケースから見てみたい．

$$
\begin{array}{c}
100 \quad \{\forall xR_2(x, x)\} \vdash \forall xR_2(x, c) \quad [\text{不成立}] \\
\dfrac{\dfrac{\forall xR_2(x, x)}{R_2(c, c)}\ \forall\text{-Elim}}{\forall xR_2(x, c)}\ \forall\text{-Intro}
\end{array}
$$

あえて第 3 章の話を引っ張ってきた（§101〜§104）．$R_2(x, y)$ で，x が y を愛している（94），c で太郎が，それぞれ表される．

仮に，この推論（100）が成立したら，誰もが自己愛者である $\forall xR_2(x, x)$ から，誰もが太郎を愛している $\forall xR_2(x, c)$ が導き出されてしまう．これはおかしい．誰もが，ただ自分を愛している，と前提は言っているだけなのだから．

推論が誤りなら，それを証明する 100 も間違っているはずだ．では，どこで間違っていたのか．

∀-Intro の適用箇所である．推論図 95①の $\forall x\Phi x$ に対応するのが 100 では $\forall xR_2(x, c)$ になっている．そこに，固有変数である個体定項 c が現れてしまっている．これは，制限条件Ⅰ（95①）違反である．

§114　制限条件の学び方

なぜ，それだとダメなのか，つまり制限条件Ⅰ（95①）に違反してはならないのか．これを説明するのは難しい．ひとつ言えるのは，上式にあった固有変数 α が下式に現れると，翻って，α が下式の情報 Φ を予め持っていたことになってしまう．

先の例だと，上式 $R_2(c, c)$ で c で表される太郎は，高度に抽象化された「太郎」なのだが，下式 $\forall xR_2(x, c)$ に現れてしまうと「みんなに愛されている太郎」という余計な情報を押しつけられてしまう．これは固有変数が，まっさらな，手垢のついてない表現であることを損なわせる（§111）．

以下の話では，しかし，こういった理屈の話は省略させてほしい．技術的なことだと割り切って，制限条件違反を見抜く目だけを養ってもらいたい．なぜ，それが違反になるのかは，後に付値関数などを理解したとき，ふり返って理解される．

§115　$\Phi\alpha$ が依存する前提に α が現れた場合

では次に，制限条件Ⅱ（95①）違反を見てみたい．

101　$\{Fa\} \vdash \forall xFx$　[不成立]

$$\frac{Fa}{\forall xFx}\ \forall\text{-Intro}$$

この証明が正しいか否か，素人目には判断しにくい．自由変項 a の理解がアヤフヤだからだ．

これ（101）は成立しない．Fa の依存する前提，というより Fa そのものが[29]，固有変数 a を含んでしまっているからだ．意味的には，まっさらなはずの a を（§111），前もって F が意味づけてしまう形になる．それは許されない．

§116　$\Phi\alpha$ の依存する仮定に α が現れた場合

最後に，固有変数の制限条件Ⅲ（95①）を説明する．

[29] $\Phi\alpha$ の依存する（§117）前提が $\Phi\alpha$ そのものだ，ということは制限条件Ⅱを適用する障害にならない．RE で $\Phi\alpha$ を前提と，そこから導出される文（か論理式）に分けてしまえばよい．後の証明図 106 が，それをやっている．

$$102 \quad \{\forall x(Fx{\to}Gx)\} \vdash Fa{\to}\forall xGx \quad [不成立]$$

$$
\cfrac{
  \cfrac{
    \cfrac{
      \cfrac{\forall x(Fx{\to}Gx)}{Fa{\to}Ga} \; \forall\text{-Elim} \qquad [Fa]_1
    }{Ga} \; {\to}\text{-Elim}
  }{\forall xGx} \; \forall\text{-Intro}
}{Fa \to \forall xGx} \; {\to}\text{-Intro.1}
$$

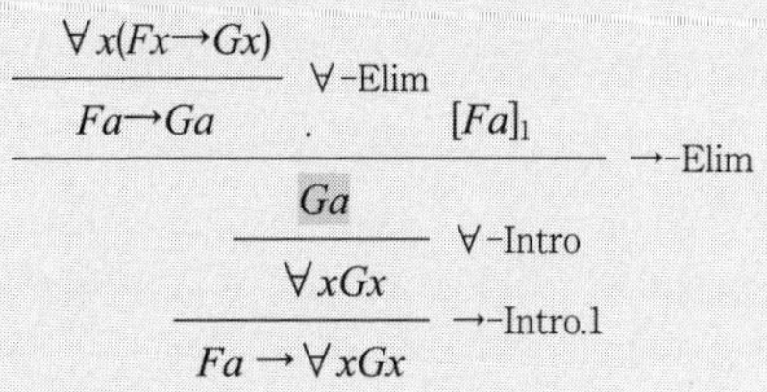

推論は意味不明だが，証明図は教訓的である．濃いグレーにした Ga が，$\forall$-Intro の $\Phi\alpha$ に対応する（95①）．このため固有変数は自由変項 a になる．

　Ga は $\to$-Elim の適用において $Fa{\to}Ga$ を介し，仮定 $[Fa]_1$ に依存している．$[Fa]_1$ に固有変数 a が現れてしまっているから，これは，制限条件Ⅲ違反になる．

§117　依存する

　さて，ここまで読んできて，依存する，という言葉が耳についたかもしれない．はっきりさせておこう．

　依存する（depend on）は，$\Phi\alpha$ を起点にし，左右に枝分かれして上った始式にのみ言われる．途中にある文（か論理式）は考えない．例えば，証明図 102 だったら，グレーの Ga は，始式 $\forall x(Fx{\to}Gx)$ と $[Fa]_1$ にのみ依存する．途中にある $Fa{\to}Ga$ には依存していない．

第6章　存在例化 ∃-Elim

　最後に ∃ の除去則（96②）を扱おう．存在例化（existential instantiation）とも呼ばれる，有名な推論図だ．

§118　固有変数の制限条件

　さて，∃-Elim である（96②）．これが一番難しい．まず，図を使い，何をするのか解説してみよう．

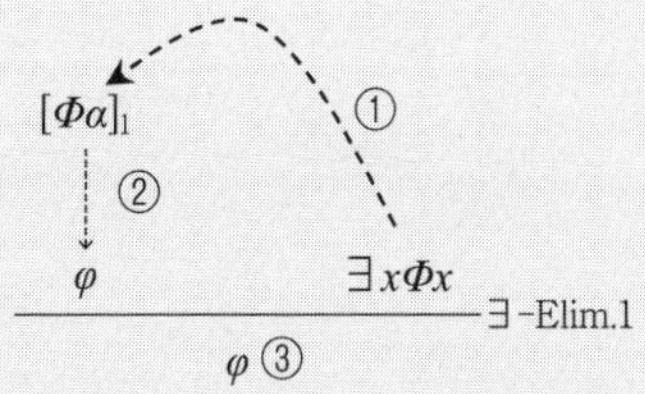

模範となるのは ∨-Elim である（26）．あれにかなり似ている．

∃-Elim の出発点は，右下 $\exists x\Phi x$ になる．何はともあれ，それを書きこむ[30]．

そこから破線①のように $\exists x\Phi x$ の論理式部分 Φ をポーンと仮定に飛ばす．仮定にしたとき $\Phi\alpha$ の α は，個体定項 c でも自由変項 a でもよい．この α が固有変数になる．続けて ↓② の通り $[\Phi\alpha]_1$ から，それとは異なる文（ないし論理式）φ を導き出す．そして ∃-Elim.1 を適用し，最後に φ を独り立ちさせる（③）．これが，∃-Elim の論理だ．

§ 119　使用例

∃-Elim の正しい用例を見てみよう．

104　$\{\exists xFx\} \vdash \exists x(Fx \lor Gx)$

$$\dfrac{\dfrac{\dfrac{[Fa]_1}{Fa \lor Ga}\ \lor\text{-Intro}}{\exists x(Fx \lor Gx)}\ \exists\text{-Intro} \qquad\qquad \exists xFx}{\exists x(Fx \lor Gx)}\ \exists\text{-Elim.1}$$

比較的すっきり推論図 103（96②）に納められる．男が居るなら $\exists xFx$，男であるか女である者が居る $\exists x(Fx \lor Gx)$．妥当な推論だ．

§ 120　$\exists x\Phi x$ に α が現れた場合

∃-Elim にも ∀-Intro と同じように，固有変数 α の制限条件がある．96②の下にあるⅠ～Ⅳが，それだ．固有変数の捉え方は ∀-Intro と同じでよい（§110～§111）．

∀-Intro と同じように，∃-Elim の制限条件も，それに違反した例から学ぶことになる．早速，制限条件Ⅰ（96②）違反から見てゆこう．

105　$\{\forall y\exists xR_2(x, y)\} \vdash \exists xR_2(x, x)$　［不成立］

$$\dfrac{\dfrac{[R_2(a, a)]_1}{\exists xR_2(x, x)}\ \exists\text{-Intro} \qquad \dfrac{\forall y\exists xR_2(x, y)}{\exists xR_2(x, a)}\ \forall\text{-Elim}}{\exists xR_2(x, x)}\ \exists\text{-Elim.1}$$

30 もちろん，そうでない場合もある．つまり $\exists x\Phi x$ が上式から導き出されるケースだ．後の 105 が，それに当たる．

難しい証明図である．103（96②）に重ね合わせ，まず，それぞれの配置を確めてほしい．濃いグレーにした $\exists x R_2(x, a)$ が $\exists x \Phi x$ に対応する．$[\Phi\alpha]_1$ に対応するのが $[R_2(u, u)]_1$ で，φ 役が $\exists x R_2(x, x)$ になる．

第3章の例で理解しよう（§101〜§104）．94の取り決めに従い $\forall y \exists x R_2(x, y)$ を読んでもらいたい．誰もが誰かに愛されている，そう読めるはずだ．これは，太郎であろうと，次郎であろうと，本人でなく，他の誰かに愛されている，ということを意味し得る．自己愛は一切なくてよい（可能性としてである）．なのに105では，そこから，自己愛のひとが居る $\exists x R_2(x, x)$ と断言されている．これは，おかしい．

証明図105は，どこが間違っているのだろうか．それは右の糸 $\exists x R_2(x, a)$ そのものだ．そこに，上式 $[R_2(a, a)]_1$ の a が現れてしまっている．これが，制限条件Ⅰ（96②）違反なのである[31]．

§121　φ に α が現れた場合

他の制限条件が破られたケースを見てみよう．

106　$\{\exists x Fx\} \vdash Fa$　［不成立］

$$
\dfrac{\dfrac{[Fa]_1}{Fa}\,\text{RE} \qquad \exists x Fx}{Fa}\ \exists\text{-Elim.1}
$$

これは制限条件Ⅱ（96②）を破ったケースになる．濃いグレーにした Fa が推論図 ∃-Elim の φ に相当する．そこに固有変数 a が現れてしまっているので，この証明は認められない．

REを使わないで濃いグレーの位置に $[Fa]_1$ に持って来てもダメである．むしろ，逆に，なぜそれがダメかを示すため，わざわざREで Fa を下に落したのである[32]．

§122　φ の依存する前提に α が現れた場合

他の制限条件違反を見てみよう．

---

[31] §112と，この話を峻別してほしい．証明図99に対応させると，$\exists x R_2(x, a)$ の a が固有変数になる．そしてそれは ∀-Introの制限条件を犯していない（証明図105では，そもそも ∀-Introを使わないけれども）．しかし，そこに問題はない．目下の話（105）で固有変数になるのは $R_2(a, a)$ の a だ．$\exists x R_2(x, a)$ の a ではない．$R_2(a, a)$ の a が $\exists x R_2(x, a)$ に現れてしまっている．これが ∃-Elim（∀-Introではない）の制限条件違反になる．

[32] それをやらなかった，つまりREで落とさないのが ∀-Introで見た事例101である（注29）．

107　$\{\exists xGx, Fa\} \vdash \exists x(Fx \wedge Gx)$　[不成立]

$$\dfrac{\dfrac{\dfrac{Fa \quad [Ga]_1}{Fa \wedge Ga}\ \wedge\text{-Intro}}{\exists x(Fx \wedge Gx)}\ \exists\text{-Intro} \qquad \exists xGx}{\exists x(Fx \wedge Gx)}\ \exists\text{-Elim.1}$$

濃いグレーにした $\exists x(Fx \wedge Gx)$ が推論図 103（96②）における φ になる．$\exists xGx$ が $\exists x\Phi x$ 役，$[Ga]_1$ は $[\Phi\alpha]_1$ 役だ．なので，この場合（107），固有変数は自由変項 a になる．

a が $[Ga]_1$ に現れているのは制限条件に違反しない[33]．そこではなく問題は Fa だ．これは $\exists x(Fx \wedge Gx)$ が依存する前提であり，そこに固有変数 a が現れてしまっている．この点で証明図 107 は，制限条件Ⅲ（96②）違反になる．

§123　φ の依存する仮定に α が現れた場合

最後に，制限条件Ⅳ違反を見よう（96②）．

108　$\{\exists xGx\} \vdash Fa \rightarrow \exists x(Fx \wedge Gx)$　[不成立]

$$\dfrac{\dfrac{\dfrac{\dfrac{[Fa]_1 \quad [Ga]_2}{Fa \wedge Ga}\ \wedge\text{-Intro}}{\exists x(Fx \wedge Gx)}\ \exists\text{-Intro} \qquad \exists xGx}{\exists x(Fx \wedge Gx)}\ \exists\text{-Elim.2}}{Fa \rightarrow \exists x(Fx \wedge Gx)}\ \rightarrow\text{-Intro.1}$$

証明図 107 とほとんど同じだが，Fa が今度は仮定 $[Fa]_1$ になっている．そこに証明図 107 と同じ仕方で φ 役である $\exists x(Fx \wedge Gx)$ が依存する．証明図 107 とまったく同じ論理で，今度は，前提 Fa でなく，仮定 $[Fa]_1$ に固有変数 a が現れているからダメ．ここで制限条件Ⅳ（96②）違反になる．

§124　練習問題へ

これで推論図を全部見た．もっとも説明を読んだだけでは全然わからないだろう．

---

33 $[Ga]_2$ は $\exists$-Elim.1 の推論に組み込まれた仮定であり，そもそもそこで固有変数が決定するから，$[Ga]_2$ に固有変数が現れるのは全然おかしくない．

まず，ここまでの事例 99～108 を素でみて，どの制限条件違反か，自分で言えるまでテストしてもらいたい．それができたら，練習問題にチャレンジしてほしい．

【ここで 練習問題 17 ～ 練習問題 18 をやってほしい】

第V部　反　　証　　図

述語論理の構文論を終えた．もっとも，証明は手に負えなかっただろう．
命題論理では意味論，つまり真理表があったから乗り切れた．
あれに相当する方法は，述語論理にないのだろうか．

第1章　命題論理の反証図

反証図は，述語論理の方法である．だが論理接続詞のルールがあるため，命題論理から入らなければならない．

§125　ドモルガンの法則

述語論理の証明をやってもらった．かなり難しかっただろう．この先すべて，あれで証明しろと言われると気が滅入る．例えば，以下の定理を証明せよ，と言われたら，どうするか．

109	**ドモルガンの法則Ⅲ**[34]	$\vdash \neg \exists xFx \longleftrightarrow \forall x\neg Fx$
110	**ドモルガンの法則Ⅳ**[35]	$\vdash \neg \forall xFx \longleftrightarrow \exists x\neg Fx$
111	**Ⅳの系**[36]	$\vdash \forall xFx \longleftrightarrow \neg \exists x\neg Fx$
112	**Ⅲの系**[37]	$\vdash \exists xFx \longleftrightarrow \neg \forall x\neg Fx$

命題論理のドモルガン（練問 12）同様，これらの定理も外延置換原理を介し多用される．

§126　反証図

ドモルガンの法則を真正面から証明せよと言われても気が滅入るだろう．そこで助け舟になるのが，反証図（refutation tree）である．

構文論と意味論のあいの子になる方法で，正直，論理としては邪道なのだが，証明の難しさを考えると，欠かせない方法と言える．

[34] 金子 2019, p.216 練習問題 24 に構文論による証明がある．
[35] 金子 2019, p.214 練習問題 25 に構文論による証明がある．
[36] 金子 2019, p.215 練習問題 24 コメント 4 参照．
[37] 金子 2019, p.213 練習問題 25 コメント 3 参照．

§127　命題論理のルール

反証図は論理接続詞のルールと量化子のルールに分かれる．論理接続詞のルールは命題論理の反証図として学んだ方がよいだろう．まず，そこから話を始めたい．

113　論理接続詞のルール

R¬¬　¬¬φはレを入れ，レを入れた行を引用しながら下にφを書け．

R∧　$\varphi \wedge \psi$はレを入れ，レを入れた行を引用しながら下に縦並びでφとψを書け．

R∨　$\varphi \vee \psi$はレを入れ，その下のどこでもいいから二股の線／＼を引き，その両端に，レを入れた行を引用しながらφとψを書け．

R→　$\varphi \rightarrow \psi$はレを入れ，その下のどこでもいいから二股の線／＼を引き，その両端に，レを入れた行を引用しながら¬φとψを書け．

R¬∧　¬($\varphi \wedge \psi$)はレを入れ，その下のどこでもいいから二股の線／＼を引き，その両端に，レを入れた行を引用しながら¬φと¬ψを書け．

R¬∨　¬($\varphi \vee \psi$)はレを入れ，レを入れた行を引用しながら下に縦並びで¬φと¬ψを書け．

R¬→　¬($\varphi \rightarrow \psi$)はレを入れ，レを入れた行を引用しながら下に縦並びでφと¬ψを書け．

R↔　$\varphi \longleftrightarrow \psi$はレを入れ，その下のどこでもいいから二股の線／＼を引き，その両端に縦並びで（つまり二行を使って），レを入れた行を引用しながら，一方の枝にφとψ，もう一方の枝に¬φと¬ψと書け．

R¬↔　¬($\varphi \longleftrightarrow \psi$)はレを入れ，その下のどこでもいいから二股の線／＼を引き，その両端に縦並びで（つまり二行を使って），レを入れた行を引用しながら，一方の枝にφと¬ψ，もう一方の枝にψと¬φと書け．

見るひとが見ればわかることだが，二股線／＼は選言∨を，縦並びは連言∧を代理している．条件法の言い換え（56，練問12①），ドモルガンの法則（練問12②③）といったテクニックが背景にある．

§128　用例

例題で使い方を学ぼう．反証図の基本にあるのは，背理法である．反証図を作り進め，矛盾を引き起こせたら勝ち（論理的真理と認められる），起こせなかったら負け

(論理的真理でない).

✓を入れるのはリストからの消去を意味する．後は，習うより慣れろだ．例題で学んでもらおう．

仮言三段論法 $\{p \to q,\ q \to r\} \vdash p \to r$ を反証図で証明してみよう．

114　1. $p \to q$
　　2. $q \to r$
　　3. $\neg(p \to r)$

これが出だしになる．1 と 2 が前提，3 が結論で，結論のみ否定されることで背理法が開始されている[38]．このように縦に，文あるいは論理式を，番号を振りながら並べたものを，リスト（list）と呼ぶ．続きを見よう．

115　1. $p \to q$
　　2. $q \to r$
　　3. $\neg(p \to r)$　✓
　　4. p　　[3.　R$\neg\to$]
　　5. $\neg r$　[3.　R$\neg\to$]

[　] 内に，適用されたルールが，行を引き合いにしつつ書かれる．✓を付けられた文はリストから消去される．続けよう．

116　1. $p \to q$　✓
　　2. $q \to r$
　　3. $\neg(p \to r)$　✓
　　4. p　　[3. R$\neg\to$]
　　5. $\neg r$　[3. R$\neg\to$]
　　6. $\neg p$ [1. R$\to$]　　　q　[1. R$\to$]
　　7. ×　[4, 6]

ここでは 1 の条件法に手を出している．注意しなければならないのは，／＼は 5 から伸びているが 5 とは関係ない，ということだ．／＼は実質的に 1 から伸びている．

[38] ここには意味論の論理的帰結（§61）が絡められている．§64 も参照．

反証図を見たり作ったりする際，ここを勘違いしないこと．続けて 7 で × が付けられている．これは，その右 [　] 内で言われる通り，4 行目と 6 行目を突き合わせ，矛盾が生じたからだ．よってこの枝はここで背理法成立，終了になる．続けよう．

117

1.	$p \to q$ ✓		
2.	$q \to r$ ✓		
3.	$\neg(p \to r)$ ✓		
4.	p [3. R¬→]		
5.	$\neg r$ [3. R¬→]		
6.	$\neg p$ [1. R→]	q [1. R→]	
7.	× [4, 6]		
8.		$\neg q$ [2. R→]	r [2. R→]
9.		× [6, 8]	× [5, 8]

7 行目で左の枝が終了したので（重複を避けるため 1 行飛ばし）8 行目に，2 行目を引用する形で（注意せよ ／＼ が伸びている 6 行目の q は関係ない），ルール R→ が適用されている．その結果，9 行目の [　] 内にある組合せで矛盾が起こる．こうして逃げ場なく背理法が成立し，$\{p \to q,\ q \to r\} \vdash p \to r$ が証明された．■

【ここで 練習問題 19 をやってほしい】

第 2 章　述語論理の反証図

命題論理の範囲で反証図を学んだ．今度は，述語論理の反証図を紹介する．

§ 129　述語論理の反証図

命題論理（113）に続いて，今度は，述語論理の反証図のルールを見よう．

118　量化子のルール

R∀　$\forall x Fx$ といった全称文には ✓ を入れ，リスト上方に既に α_i という対象[39]が現れていたなら，それにワザと合わせ $F\alpha_i$ と下に書け．それ以外の場合，好きな α を選び $F\alpha$ と下に書け．

---

[39] この α（アルファ）だが § 107 に反して，メタ変項ではない．後に γ（ガンマ）で表される，意味論で述べられた対象でもない（§ 132）．反証図そのものが，構文論と意味論のあいの子であることに由来する（§ 126），それ特有の表現だとしか言いようがない．

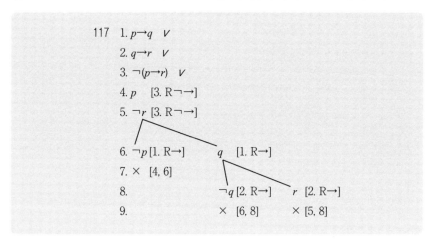

R∃　$\exists xFx$ といった存在文には ✓ を入れ，リスト上方のどこにも現れていない対象 α_j を選び，$F\alpha_j$ と下に書け．

R¬∀　$\neg\forall xFx$ といった全称文には ✓ を入れ，下に $\exists x\neg Fx$ と書け．

R¬∃　$\neg\exists xFx$ といった存在文には ✓ を入れ，下に $\forall x\neg Fx$ と書け．

下に書き込む場合，✓ を入れた行を引用すること．論理接続詞のルール（113）と合わせることで，こうして，反証図のルールが完成する．

§130　用例

反証図を使い，早速，ドモルガンの法則を証明してみよう．まず $\vdash \neg\exists xFx \longleftrightarrow \forall x\neg Fx$ を証明する（109）．定理なので，否定から始める．一気に証明しよう．

119　　1. $\neg(\neg\exists xFx \longleftrightarrow \forall x\neg Fx)$

2. $\neg\exists xFx$　[1. R¬↔]　✓	$\forall x\neg Fx$　[1. R¬↔]　✓
3. $\neg\forall x\neg Fx$　[1. R¬↔]　✓	$\neg\neg\exists xFx$　[1. R¬↔]　✓
4. $\forall x\neg Fx$　[2. R¬∃]　✓	$\exists xFx$　[3. R¬¬]　✓
5. $\exists x\neg\neg Fx$　[3. R¬∀]　✓	$F\alpha_2$　[4. R∃]
6. $\neg\neg F\alpha_1$　[5. R∃]　✓	$\neg F\alpha_2$　[2. R∀]
7. $F\alpha_1$　[6. R¬¬]	×　[5, 6]
8. $\neg F\alpha_1$　[4. R∀]	
9. ×　[7, 8]	

これで証明終了．■

次に $\vdash \neg\forall xFx \longleftrightarrow \exists x\neg Fx$ を証明する（110）

120　　1. $\neg(\neg\forall xFx \longleftrightarrow \exists x\neg Fx)$

2. $\neg\forall xFx$　[1. R¬↔]　✓	$\exists x\neg Fx$　[1. R¬↔]　✓
3. $\neg\exists x\neg Fx$　[1. R¬↔]　✓	$\neg\neg\forall xFx$　[1. R¬↔]　✓
4. $\exists x\neg Fx$　[2. R¬∀]　✓	$\forall xFx$　[3. R¬¬]　✓
5. $\neg F\alpha_1$　[4. R∃]	$\neg F\alpha_2$　[2. R∃]

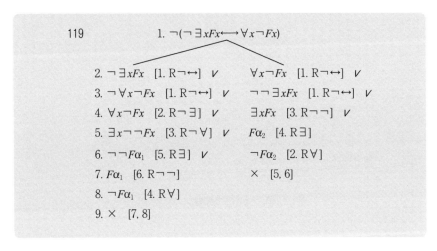

6. $\forall x \neg\neg Fx$ [3. R¬∃] ✓ $F\alpha_2$ [4. R∀]

7. $\neg\neg F\alpha_1$ [6. R∀] ✓ × [5, 6]

8. $F\alpha_1$ [7. R¬¬]

9. × [5, 8]

これで証明終了. ■

やっていてわかるとおもうが, リストの順序, つまり行の順番は, ひとによって変わるだろう.

残り（111, 112）は, 練習問題で証明する.

【ここで 練習問題 20 ～ 練習問題 21 をやってほしい】

自由変項と個体定項についてのルールがなかったので追加する.

R*a* Fa_1 といった論理式は, 反証図に入れるとき, 他の記号（自由変項 $a_2, a_3, \ldots$, 個体定項 $c_1, c_2, \ldots$）と区別できるように対象 α_j を選び, リストに書き込め.

R*c* Fc_1 といった単称文は, 反証図に入れるとき, 他の記号（自由変項 $a_1, a_2, \ldots$, 個体定項 $c_2, c_3, \ldots$）と区別できるように対象 α_j を選び, リストに書き込め.

ひとつだけ問題を解いてみよう.

例 $\{Fc_1\} \vdash Fc_1 \vee Ga_1$

1. $F\alpha_1$	[R*c*]
2. $\neg(F\alpha_1 \vee G\alpha_2)$	[R*c*; R*a*] ✓
3. $\neg F\alpha_1$	[2. R¬∨]
4. $\neg G\alpha_2$	[2. R¬∨]
8. ×	[1, 3]

第VI部　述語論理の意味論

以上で構文論を終える．反証図は一部，意味論に首を突っ込んでいたが，
本物の意味論は，これから学ぶ，充足の理論である．

第1章　充　　　足

述語論理の意味論とは何かと問われれば，それは，充足の理論だと答えたい．なのでまず，この最重要概念，充足を捉えることにしよう．

§131　タルスキとウィトゲンシュタイン

対象言語とメタ言語という区別があったが（§6），命題論理の意味論では，ほとんど意識されなかった（第II部）．だが述語論理の意味論では，その区別が，生命線になる．

違いは開発者に遡る．命題論理の意味論を考え出したのは，ウィトゲンシュタイン（Ludwig Wittgenstein 1859-1951）だ[40]．述語論理の意味論を考え出したのは，タルスキ（§9）である[41]．意味論の開発者が，そもそも違うのである．

§132　対象

タルスキが対象言語とメタ言語を区別したとき，メタ言語で述べられることが，言語外のものとして，強く意識されるようになった．そこに想定されたのが，対象（object）である．

対象といっても，今あなたが見ている消しゴムみたいなものではない．感覚的対象ではなく，文字で書かれた，東京，大阪…… こういった表現が，使用されることで対象を表す，というか，対象になる．

（メタ言語としての）日常言語で書かれた固有名詞が使用され，対象そのものになる．これを一般に γ（ガンマ）で表すことにしよう．

§133　論理式と対象

それにしても，どうして，対象が想定されるようになったのだろうか．

こう考えてほしい．論理式というものがある．文法で定義した通りだ（78〜80）．

---

40 金子 2019, par.III ch.2-ch.3 参照.

41 金子 2019, par.I ch.1, par.V ch.1-ch.3.

Fa で「a は人間である」を表す．この Fa は果して，どう成立するのか．

例えば，ソクラテスを意味する個体定項 c を Fa に代入すればよいのか．だが，ソクラテスという名を知らない場合，どうなるのか．論理式を充たす表現（個体定項）を知らない，なんてことは，いくらでもあり得る．「a は殺人犯である」が典型例だろう．

論理式が成立するのは，それが述べられる所，すなわち（対象）言語とは違った領域にある対象によってである．「a は人間である」が言語で述べられる．これが言語外の（つまり，メタ言語で述べられる）対象によって，充足される．

§134　充足

こうして，対象という言語外の存在者が要請されると共に，充足（satisfaction）という観念が導入される．

充足が活躍するのは，量化文の意味論においてだ．形成規則（80）を見ればわかる通り，量化文 $\forall xFx$，$\exists xFx$ の元になるのは，論理式 Fa である．論理式の充足を通して，量化文の意味論が確立される．これが以下に見る，意味論なのである．

第 2 章　モデル論的意味論

充足の概念を知った．そこから充足条件に進むワケだが，その前に，モデルについても説明しておきたい．

§135　タルスキの過ち

述語論理の基礎表現は，論理式 Fa である．その意味論が，充足によって与えられる．ポイントは，言語外の対象を認めるところだ．

ここまで，タルスキの発想は天才的だった（§132〜§134）．だが彼には，ひとつだけ見逃していた点があった．解釈を，まったく考えていなかったのである[42]．

解釈（interpretation）は，意味論の基本的な手法だ．図式化された表現を，様々に解釈することで，論理的真理が浮かびあがる（§46〜）．だが，タルスキに，この発想はなかった．

§136　モデル

解釈の欠落は，タルスキ自身によって補足された[43]．今日それは，モデル（model）と呼ばれている．$M_i = \langle D_i, I_i \rangle$ という順序対で表される．

42　金子 2019, p.195 n.5 参照．

43　ヴォート（Robert Lawson Vaught 1926-2002）との共同研究によってだと言われている（金子 2019, p.173 n.18-n.19）．

順序対（ordered pair）とは，順番を固定した集合のことであり，この場合，他のモデルと区別し，どれがどれかをはっきりさせるための表現形式だと取ればよい．

モデルの内，D_i は，対象領域（universe of discourse）と呼ばれる．文字通り，対象（§132）の集合である．D_1＝{太郎，花子，ポチ} などと書かれる．

モデルの内，I_i は解釈関数である．すでに命題論理で見たもの（§48）が細分化される．つまり，文 Fc 全体に 1 ／ 0（真／偽）を与えるのではなく，述語 F と個体定項 c，それぞれが解釈される．

§ 137　概略

解釈関数の細分化について説明しよう．まず，述語の解釈には，対象領域の一部，つまり部分集合が与えられる．

121　**述語の解釈**　$I_1(F)$＝{太郎，花子}＝{X | X は人間である} $\subset D_1$

$X, Y,$ …… はメタ言語で使われる束縛変項．$x, y,$ …… が既に対象言語で使われているので（77 ④），仕方なく採用した．

次に，個体定項だが，これには，対象そのものがあてがわれる．

122　**個体定項の解釈**　$I_1(c)$＝太郎 $\in D_1$

総じて全体像を描くと，次のようになる．

123 述語論理における解釈

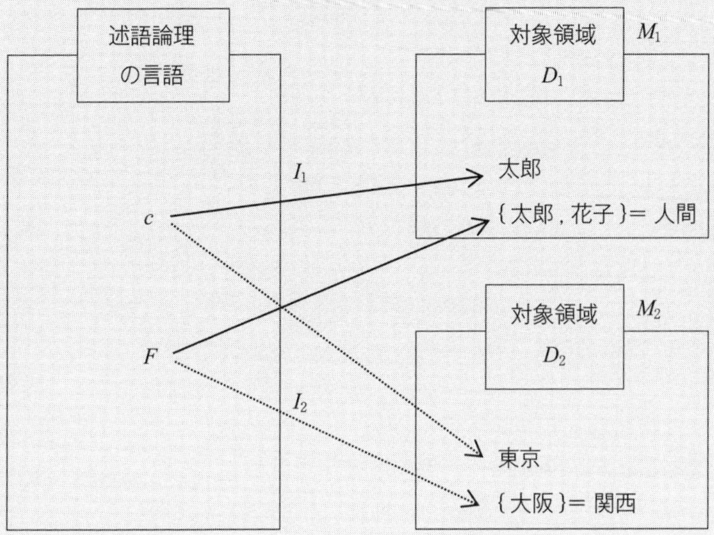

言語というのは，文法（77～80）で規定された，対象言語のことだ．それを解釈するのが，関数 I_1, I_2 になる．

例えば c という個体定項（対象言語の表現）は，解釈 I_1 では，太郎 という対象に解釈される．解釈 I_2 では，東京 というまったく違った対象に解釈される．

モデル $M_1 = \langle D_1, I_1 \rangle$，$M_2 = \langle D_2, I_2 \rangle$ は，このように様々な解釈を代弁していると考えてほしい．

第3章　充　足　条　件

充足と，モデルによる解釈を，それぞれ学んだ所で，いよいよ充足条件に進もう．ここにおいて，述語論理の意味論は完成する．

§138　付値関数

タルスキの充足概念（第1章）は，モデルで補完される（第2章）．だが方向性の違いが，両者の統合を容易なものにしないだろう．

124	**充足**	言語（論理式）	←	対象	[§132～§134]
125	**モデル**	言語	→	対象	[§136～§137]

充足は，言語外に置いた対象から，論理式へお迎えに来る，そんな方向で考えられる（124）．それに対し，モデルは，言語から表現を，様々な対象へ向かって積極的に解釈してゆく（125）．

この違いを補正しなければならない．そのために開発されたのが，付値関数（evaluation）である．η_j（エータ）で表される．下つき文字が j なのは，下つき文字 i で表されるモデル $M_i = \langle D_i, I_i \rangle$ と区別するためだ．つまり，付値関数はモデルから独立している．

付値関数 η_j は，対象 γ のラインナップが D_i で確定するのを待って，事後的に，自由変項 a をあてがう．記号化すると $\eta_j(a) = \gamma$ で，個体定項の解釈（122）と変わりないようにみえる．だが，大違いである．付値関数では $\gamma \to \eta_j(a)$ という後づけ解釈しかされない．具体的には，後の例まで待ってもらおう（135）．

§139　三項述語としての充足

以上の補正を経て，述語論理の意味論にとって根底的な見方が，定式化される．

> 126　**充足**　$M_i \vDash_{\eta_j} Fa$

「モデル M_i の下，論理式 Fa は，付値関数 η_j によって充足される」と読む．「モデル M_i の下，付値関数 η_j が，論理式 Fa を充足する」と読んでもよい[44]．

いずれにせよ充足とは，モデルの座[45] X，付値関数の座 Y，論理式[46]の座 Z の三つから成る三項述語 $X \vDash_Y Z$ と定式化される．$\vDash$ は論理的帰結（46）とは，まったく関係ないことにも注意してほしい．

§140　充足条件

命題論理では，解釈関数（36）から始めて，真理関数（38）に進んだ．述語論理では，充足（126）から始め，充足条件に進む．以下の通りになる．

> 127　**充足条件**
>
> 任意の文か論理式 φ，ψ（Fa などは直接例示）が，（任意の）$M_i = \langle D_i, I_i \rangle$，（任意の）$\eta_j$ で充足される条件を，以下の通り規定する．
>
> ①　$M_i \vDash_{\eta_j} Fa \Longleftrightarrow \eta_j(a) \in I_i(F)$.
>
> ②　$M_i \vDash_{\eta_j} Fc \Longleftrightarrow M_i \vDash Fc \Longleftrightarrow I_i(c) \in I_i(F)$.

[44] 厳密には，付値関数の値となる対象 $\eta_j(a) = \gamma$ が，論理式を充足する（§133）．

[45] 座（place）とは n 項述語を個体定項などが占める場所を指定する用語である（§91）．

[46] 厳密には「Fa」と言及されていなければならない（§7）．

③ $M_i \vDash_{\eta_j} Rc_1c_2 \Longleftrightarrow M_i \vDash Rc_1c_2 \Longleftrightarrow \langle I_i(c_1),\ I_i(c_2)\rangle \in I_i(R)$.

④ $M_i \vDash_{\eta_j} \neg\varphi \Longleftrightarrow M_i \nvDash_{\eta_j} \varphi$.

⑤ $M_i \vDash_{\eta_j} \varphi\wedge\psi \Longleftrightarrow M_i \vDash_{\eta_j} \varphi$ かつ $M_i \vDash_{\eta_j} \psi$.

⑥ $M_i \vDash_{\eta_j} \varphi\vee\psi \Longleftrightarrow M_i \vDash_{\eta_j} \varphi$ あるいは $M_i \vDash_{\eta_j} \psi$.

⑦ $M_i \vDash_{\eta_j} \varphi\rightarrow\psi \Longleftrightarrow M_i \nvDash_{\eta_j} \varphi$ あるいは $M_i \vDash_{\eta_j} \psi$.

⑧ $M_i \vDash_{\eta_j} \forall x\Phi x \Longleftrightarrow M_i \vDash \forall x\Phi x \Longleftrightarrow$ Ⅰ Φa を作る，
Ⅱ η_j である必要のない η_k すべてを考える，
Ⅲ $M_i \vDash_{\eta_k} \Phi a$ を言う.
$\Longleftrightarrow$ 任意の η_k により，$M_i \vDash_{\eta_k} \Phi a$.

⑨ $M_i \vDash_{\eta_j} \exists x\Phi x \Longleftrightarrow M_i \vDash \exists x\Phi x \Longleftrightarrow$ Ⅰ Φa を作る，
Ⅱ η_j である必要のない η_k を少なくともひとつ考える，
Ⅲ $M_i \vDash_{\eta_k} \Phi a$ を言う.
$\Longleftrightarrow$ 或る η_k があって，$M_i \vDash_{\eta_k} \Phi a$.

意味論の話なのに，文法（77～80）のように見えるだろう．これは，再帰的定義（§12）を使っているからである．

§141　若干の補足

表記法について若干補足しておきたい．充足（126）がそうだったように言及（§7）のカギ括弧は省略される．例えば127①は厳密には，$M_i \vDash_{\eta_j}$「Fa」$\Longleftrightarrow$ η_j(「a」)$\in I_i$(「F」)と書かねばならないが，見た目がよくないので，カギ括弧を省略している．

$\eta_j(a)$ は§138に従い理解してもらいたい．$I_i(c)$，$I_i(F)$ は§137で説明した．

127②が，図123で示したことに対応している．

127③に出てくる〈　〉は順序対である．モデルと同じように，順番を固定するものとだけ理解すればよい（§136）．

127④に出てくる $\nvDash$ は「$\vDash$ ということはない」の短縮表現である．$\in$ の否定が $\notin$ と書かれるのと同様に，こういったテクニックは実践で不可欠になる．

127⑦右辺は，$M_i \vDash_{\eta_j} \varphi \Rightarrow M_i \vDash_{\eta_j} \psi$ でもよかった．条件法の言い換え（56）を，メタ言語レベルで適用しているだけである．

127⑧と⑨においてⅠ～Ⅲは，それぞれ連言で結ばれている．但し，文面そのものは記号論理化できない．ここにメタ言語，日常言語特有の論理を認めてよいだろう．

最後に127③に一言加えておく．関係述語の充足条件，意味論は非常に難しいので，本書では割愛させてもらう[47]．

§142　具体例

充足条件が出揃ったところで，具体例を使い，理解してゆこう．まず，解釈する言語（language）を用意しなければならない．図123で言う，左側だ．

128　**個体定項**　c_1, c_2.　[77②に相当]
述語　F, R.　[77⑤⑥に相当]

大したことはやっていない．この言語（128）では，個体定項に c_1, c_2 ふたつだけ，述語に一項述語 F ひとつだけ，二項述語 R ひとつだけしかありませんよ，と言っている．残りは形成規則77～80に従う．

§143　モデルの例

言語128に対し，ふたつの解釈を考えてみよう．

129　$\boldsymbol{M_1} = \langle \boldsymbol{D_1}, \boldsymbol{I_1} \rangle$

$D_1 = \{$太郎，花子，ポチ$\}$.

$I_1(F) = \{$太郎，花子$\} = \{X \mid X$は人間である$\}$,

$I_1(R) = \{\langle$太郎，花子$\rangle\} = \{\langle X, Y\rangle \mid X$は$Y$を愛している$\}$.

$I_1(c_1) =$ 太郎，$I_1(c_2) =$ 花子.

130　$\boldsymbol{M_2} = \langle \boldsymbol{D_2}, \boldsymbol{I_2} \rangle$

$D_2 = \{$東京，大阪$\}$.

$I_2(F) = \{$大阪$\} = \{X \mid X$は関西にある$\}$,

$I_2(R) = \{\langle$東京，大阪$\rangle\} = \{\langle X, Y\rangle \mid X$は$Y$の東にある$\}$.

$I_2(c_1) =$ 東京，$I_2(c_2) =$ 大阪.

付値関数は解釈に含まれない．対象領域 D_i に後づけされる形で得られる[48]．話の進行に応じて付け加えることにしよう．

---

[47] 充足条件127③以外のケース，例えば $\forall x \exists y Rxy$ といった多重量化を念頭に置いている．金子2019, par.V ch.4参照．

[48] *Rab* といった二項述語が出て来ると，付値関数は組合せ論的に決定される．ただ，この話は本書では割愛する．金子2019, par.V，ch.4参照．

§ 144　単称文

言語（128）の単称文 Fc_1 が解釈 M_1（129）で充足される有様を見てみよう．

131　$M_1 \vDash_{\eta_j} Fc_1 \Longleftrightarrow M_1 \vDash Fc_1 \Longleftrightarrow I_1(c_1) \in I_1(F)$　[127 ②]

$\Longleftrightarrow$ 太郎 $\in$ {太郎，花子}　[129]

太郎 は {太郎，花子} に属する．なのでモデル M_1 で Fc_1 は充足される．

§ 145　真理定義

M_1 で Fc_1 は充足される，と今言った．だが充足するのは付値関数だから（126），この言い方はおかしい（M_1 と Fc_1 だけ言われて，付値関数 η_j にまったく触れていない）．

その一方で，しかし，上の充足条件（131）で，付値関数が，まったく必要なかったのも確かである．F と c_1 の解釈だけで充分なのだ．ここから，充足とは別の概念が要求される．それは，真（true）と名づけられる．

132　**真**　$M_i \vDash \varphi \Longleftrightarrow$ 任意の η_j によって $M_i \vDash_{\eta_j} \varphi$.

左辺 $M_i \vDash \varphi$ は「文 φ がモデル M_i において真になる」と読む．場合によっては「M_i が φ のモデルになる」と読んでもよい．

右辺（定義項）で「任意の η_j によって」と言われているが，これは，付値関数 η_j は無視していいですよ，という意味だ．それにより，充足 $X \vDash_Y Z$ の Y の座が抜かされ，$X \vDash Z$ という二項述語が生まれる．あっけないかもしれないが，これが，真（true）の定義になる[49]．

§ 146　関係文

今度は関係文，つまり二項述語を使った文の充足条件を見てみたい．

133　$M_2 \vDash_{\eta_j} Rc_1c_2 \Longleftrightarrow M_2 \vDash Rc_1c_2 \Longleftrightarrow \langle I_2(c_1),\ I_2(c_2)\rangle \in I_2(R)$　[127 ③]

$\Longleftrightarrow$ 〈東京，大阪〉$\in$ {〈東京，大阪〉}　[130]

49　以上の話は，タルスキの真理定義（the definition of truth）として非常に有名な話である（金子 2019, par. V ch.1–ch.2）．これに対し，命題論理の真概念は淡泊，解釈そのものであり，配分されるものでしかなかった（§48）．開発者の違いが，如実に反映されている（§131）．

言語 127 の文 Rc_1c_2 をモデル M_2 で解釈している．〈東京，大阪〉は{〈東京，大阪〉}に属する．ゆえに Rc_1c_2 はモデル M_2 で成立する．真になる，ということだ．

§147　論理式の充足条件

ここまでの話を読み（§144〜§146），どうして論理式（127 ①）が飛ばされたのか，不思議におもったひとがいるかもしれない．だが，そもそも充足理論が何のために作られたのか思い出してほしい．

充足は，量化文 $\forall x\Phi x$，$\exists x\Phi x$ のためにあった（§134）．それらの意味論のため，論理式 Φa の充足，というモチーフが生まれたのである．だから量化文を扱う文脈で，論理式の充足条件（127 ①）を考えなければ意味がない．

§148　全称文の充足条件

そういうワケで以下では，全称文の充足条件から，論理式の充足条件を説明してゆきたい．言語 128 で，全称文 $\forall xFx$ が，解釈 M_1 で充足されるか，考えてみよう．

134　$M_1 \vDash \eta_j \forall xFx \Longleftrightarrow M_1 \vDash \forall xFx \Longleftrightarrow$　Ⅰ　Fa を作る，
Ⅱ　η_j である必要のない η_k すべてを考える，
Ⅲ　$M_1 \vDash \eta_k Fa$ を言う．
$\Longleftrightarrow$ 任意の η_k により，$M_1 \vDash \eta_k Fa$.

充足条件 127 ⑧ を使っている．Ⅱ の時点で元々指定されていた付値関数 η_j が反故にされる．これは，全称文に関していえば（特称文においても同様），どんな付値関数を前もって指定しても意味がない，ということだ．つまり，話は充足でなく，真（132）に移行し，$M_1 \vDash \forall xFx$ で考えられる．

§149　付値関数

充足条件 134 を続けて見てゆこう．元々指定されていた付値関数 η_j は反故にされるが，付値関数がまったく考えられないワケではない（ここが，同じ真でも，単称文と違うところだ．§144 で見た通り，単称文では付値関数がまったく考えられなかった）．

134 を見ると，$M_1 \vDash \eta_j \forall xFx$ と書いてあるが，そもそも指定されている η_j はモデル M_1 に記載されていない（129）．実際，それでよい．$M_1 \vDash \forall xFx$ に移行することで，そんな前指定は，必要なかったと言えるからだ（つまり，量化文では真から入ればよい）．

しかし量化文では，付値関数が無視されるワケではない．むしろ全称文 $\forall xFx$ なんかの場合（充足条件 134 II に記されている通り），付値関数全部が考えられる．全部である．モデル M_1 で考えられる付値関数のすべては，どうやって把握されるのか．

答えは，対象領域 D_1 のメンバーにある．そこから翻って，付値関数を特定すればよい．D_1 ＝{太郎，花子，ポチ} だったら，次の通り．

135　**M_1 の付値関数**　　$\eta_1(a)$＝太郎，$\eta_2(a)$＝花子，$\eta_3(a)$＝ポチ．

これで全部である．自由変項も a である必要はない．134 I（127 ⑧ I）で Fa を Fb としても，これ（133）と同じ付値が与えられる．自由変項には，そもそも個体定項のような固有の意味はない（あくまで論理記号ということだ）．

§150　全称文つづき

最後に，充足条件 134 が成立するか，見てみよう．134 II で言われる付値関数すべては η_1，η_2，η_3 だった（135）．ここから，$M_1 \vDash_{\eta_1} Fa$，$M_1 \vDash_{\eta_2} Fa$，$M_1 \vDash_{\eta_3} Fa$ を言えば，$M_1 \vDash \forall xFx$ が成立する．

後回しにされていた（§147），論理式の充足条件（127 ①）が，ここで活躍する．モデル M_1 を見ながら（129），以下を辿ってもらいたい．

136　$M_1 \vDash_{\eta_1} Fa \Longleftrightarrow \eta_1(a) \in I_1(F) \Longleftrightarrow$ 太郎 $\in$ {太郎，花子}
137　$M_1 \vDash_{\eta_2} Fa \Longleftrightarrow \eta_2(a) \in I_1(F) \Longleftrightarrow$ 花子 $\in$ {太郎，花子}
138　$M_1 \vDash_{\eta_3} Fa \Longleftrightarrow \eta_3(a) \in I_1(F) \Longleftrightarrow$ ポチ $\notin$ {太郎，花子}

138 が不成立．このため，充足条件 134 全体も不成立．つまり，$M_1 \nvDash_{\eta_j} \forall xFx$．モデル M_1 で全称文 $\forall xFx$ は成立しない，つまり，真にならないし，充足もされない．

これで全称文（127 ⑧），それと共に論理式の充足条件（127 ①）を見終えた．残り，特称文 $\exists xFx$ も含め，練習問題でやってもらおう．

【ここで 練習問題 22 をやってほしい】

第4章　論理的真理

充足条件を立てたところで，述語論理の意味論は，ひとまず完成する．だが論理学としては，論理的真理を解明できねば意味がない．そこに向け，さらに話を進めよう．

§151　論理的真理へ

充足（126），モデル（129，130），充足条件（127），真（132）．ここまで学んだ意味論は，いわば解釈の仕方である．しかし，何のための解釈か．様々な解釈を通じ，論理的真理をあぶり出すためである．ならば，そこに向け，意味論を展開しなければならない．

§152　妥当

論理的真理は，充足（126）→真（132）という意味論概念の延長に見出される．

139　**妥当**　$\vDash \varphi \Longleftrightarrow_{\text{def.}}$ 任意の M_i の下，任意の η_j によって，$M_i \vDash_{\eta_j} \varphi$.

これが論理的真理の定式化になる．妥当（valid）と言う．$\vDash \varphi$ と書く．

構文論の定理 $\vdash \varphi$ に対応している（35）．命題論理で，トートロジーと呼ばれていたものにも対応する（44）．

§153　充足，真，妥当

充足→真→妥当は，きれいに並べて理解できる．まず，充足→真で，付値関数の指定が外れる（132），次に，真→妥当で，モデルの指定が外れる（139）．まとめてみよう．

140 **充足**		$M_i \vDash_{\eta_j} \varphi.$	[126]
→**真**	任意の η_j によって	$M_i \vDash_{\eta_j} \varphi \Longleftrightarrow M_i \vDash \varphi.$	[132]
→**妥当**	任意の M_i の下，任意の η_j によって，	$M_i \vDash_{\eta_j} \varphi \Longleftrightarrow \vDash \varphi.$	[139]

広がりの末端に論理的真理（妥当）がある．

§154　論理的帰結

妥当は，命題論理のトートロジーに対応する．では，命題論理にあった，論理的帰結（46）に対応する概念はあるのか．

確かに，ある．述語論理でも，それは，論理的帰結と呼ばれる．

$\{\varphi_1, \cdots, \varphi_n\} \vDash \psi$ と書く．$\varphi_1, \ldots, \varphi_n$ が前提，ψ が結論だ（§61）．定義が少し難しい．

141　$\{\varphi_1, \ldots, \varphi_n\} \vDash \psi$

$\Longleftrightarrow_{\text{def.1}}$ 前提 $\varphi_1, \ldots, \varphi_n$ すべてを充足する M_i と η_j は皆，結論 ψ も充足する，すなわち $M_i \vDash_{\eta_j} \psi$.

$\Longleftrightarrow_{\text{def.2}}$ 任意の M_i，任意の η_j について，$M_i \vDash_{\eta_j} \varphi_1$ かつ……かつ $M_i \vDash_{\eta_j} \varphi_n \Rightarrow M_i \vDash_{\eta_j} \psi$.

ふたつ定義を立てた．命題論理と同じく（§64），論理的帰結では，すべての解釈を考えるのではなく，前提を充足する解釈に制限される．

定義1（def.1）における「前提$\varphi_1, \cdots, \varphi_n$すべてを充足する$M_i$と$\eta_j$は」，定義2（def.2）における「$M_i \vDash_{\eta_j} \varphi_1$かつ……かつ$M_i \vDash_{\eta_j} \varphi_n$」という箇所で，その解釈制限が示されている．

第5章　反例モデル

述語論理の意味論における論理的真理は何かまでを説明した．続けて，それらにどうアプローチするかを見てゆこう．

§155　任意の……

妥当（139）と論理的帰結（141）を学んだ．それらが述語論理の意味論における論理的真理になる．定義を読んだとき，しかし，厄介な点に気づいたのではないか．

任意の……と書いてある．すべての……という意味だ．つまり，妥当や論理的帰結を判定するには，無数に考えられるモデル，無数の付値関数（D_iの対象数に依存するが）すべてを調査しなければならない．そんなこと，どうやってするのか．

§156　捉え方

命題論理の場合，組合せ論でうまく行った．つまり2^n個の解釈だけ考えればよかった（§54）．だが，述語論理では，それはできない．

結局ここで，話は反証図に戻される（第V部）．

反証図を使い，論理的真理であることが証明されたとしよう．妥当（139）だったら，先に見た119や120が，それに当たる．あれらで，$\vDash \neg \exists xFx \longleftrightarrow \forall x \neg Fx$（119），$\vDash \neg \forall xFx \longleftrightarrow \exists x \neg Fx$（120）が証明された．

それをもって，無数のモデル，無数の付値関数の検討も済んだと考えるしかない．実際にはどうかわからない．ただ観念的に，任意の，つまり，すべてのモデルと付値関数が検討された，と考える．論理的帰結も，そう考える[50]．

§157　論理的真理でない

こうして，せっかく学んだのに悪いが，モデルや付値関数は，論理的真理の判定に引き合いに出されない．使われないのだ．反証図だけで話は済まされる．

では，まったく役に立たないことを学んだのかと言えば，そうではない．反証図だ

[50] ひとつ，それ以外の方法として，注126，注128で参照される論法も採用できる（金子2019, p.210練習問題30〜32）．だが，やってみればわかる通り，それは，完全性定理証明や健全性定理証明で展開される論理，つまりメタ論理そのものと言える．意味論に期待されるような簡易さを実現していないのである．よって本書では採用しない．

けで話が済まされるのは，論理的真理「である」場合のみだ．論理的真理「でない」場合，モデルや付値関数は必要とされる．それらを使い，反例モデル（counter model）が作られる．

§158　具体例

反例モデルは，命題論理で一度作った（§67）．あれの手の込んだものを作るとおもってほしい．具体例で見てみよう．

142　$\{\forall xFx \to \forall xGx\} \vDash \forall x(Fx \to Gx)$

論理的帰結（141）であるが，まず，論理的真理「でない」ことを確かめる．これには反証図を使う．

143

1. $\forall xFx \to \forall xGx$　✓
2. $\neg \forall x(Fx \to Gx)$　✓
3. $\exists x \neg (Fx \to Gx)$　[2. R¬∀]　✓
4. $\neg (F\alpha_1 \to G\alpha_1)$　[3. R∃]　✓
5. $F\alpha_1$　[4. R¬→]
6. $\neg G\alpha_1$　[4. R¬→]

7. $\neg \forall xFx$　[1. R→]　✓	$\forall xGx$　[1. R→]　✓
8. $\exists x \neg Fx$　[7. R¬∀]　✓	$G\alpha_1$　[7. R∀]
9. $\neg F\alpha_2$　[8. R∃]	×　[6, 8]

ルールは 113 と 118 を見てほしい．9 行目の左で反証図は未完になる．従って背理法不成立．142 は論理的真理「でない」ことになる．

§159　反例モデルの作成

厳密に論理学的な見方をすれば，反証図 143 は，論理的帰結 142 が成立「しない」ことの証明にはならない．そう（論理的真理でない）とわかるだけである．証明は，別の話だ．

その証明を提供するのが，これから作られる反例モデルなのである．作り方は，反証図 143 から読み取られる．

反証図 143 は「F ではあるが（リスト 5），G でない（リスト 6），そういう対象 α_1

を用意せよ．そして G についてはどうでもいいが，とにかく F ではない（リスト9），そういう対象 α_2 を用意せよ」と教えている．これに適うモデルを作ればよい．

こんなモデルを考えてみよう．世界（対象領域）には，太郎と次郎しか居ない．太郎が α_1 役，次郎が α_2 役だ．太郎は学生（F）であるが，勤勉（G）でない．次郎は学生（F）でなく，（G については，どうでもいいと言われているから）勤勉でもない，とする．これを反映させ，次のモデルを作る．

144　$\boldsymbol{M}_3=\langle \boldsymbol{D}_3, \boldsymbol{I}_3\rangle$

$D_3=\{$太郎，次郎$\}$

$I_3(F)=\{$太郎$\}=\{X \mid X$ は学生である$\}$

$I_3(G)=\phi=\{X \mid X$ は勤勉である$\}$

$\eta_1(a)=$太郎，$\eta_2(a)=$次郎

$\eta_1(b)=$太郎，$\eta_2(b)=$次郎

付値関数の情報も入れた．自由変項は a だけに統一してもよい．ϕ は要素がない，つまり空集合を意味する．

§160　検証

M_3 が実際に $\{\forall xFx \rightarrow \forall xGx\} \vDash \forall x(Fx \rightarrow Gx)$ の反例モデルになっているか確かめてみよう．論理的帰結の定義（141）より，それが不成立の場合，前提 $\forall xFx \rightarrow \forall xGx$ は M_3 で真[51]になるが[52]，結論 $\forall x(Fx \rightarrow Gx)$ は M_3 で偽になる[53]．

まずは，前提が真になることから確かめよう．

145　$M_3 \vDash_{\eta_j} \forall xFx \rightarrow \forall xGx \Longleftrightarrow M_3 \nvDash_{\eta_j} \forall xFx$ あるいは $M_3 \vDash_{\eta_j} \forall xGx$　[127⑦]

$\Longleftrightarrow$ 或る η_k があって $M_3 \nvDash_{\eta_k} Fa$，あるいは任意の η_l について $M_3 \vDash_{\eta_l} Gb$　[127⑧][54]

$\Longleftrightarrow$ 或る η_k があって $\eta_k(a) \notin I_3(F)$，あるいは任意の η_l について $\eta_l(b) \in I_3(G)$　[127①]

$\Longleftrightarrow$ 或る η_k があって $\eta_k(a) \notin \{$太郎$\}$，あるいは任意の η_l について $\eta_l(b) \in \phi$.　[144]

最後の行，第一選言肢は $\eta_k(a)$ として $\eta_2(a)$ を取れば成立する．第二連言肢は ϕ であるため，属するものは無いから即座に不成立．けれども，この不成立は気にしなくて

51　定義141では充足と言っているが $\forall xFx \rightarrow \forall xGx$ は論理式ではなく文なので，真から入ってよい（§148）．

52　前提は，ひとつしかないのに注意．

53　定義141の定義2（def.2）で，条件法の不成立を考えている（§64）．

54　第一選言肢だが，メタ言語レベルで，ドモルガンの法則Ⅳ（110）を使っている．こういった論理は，以下，断りなく使わせてもらう．

よい．なぜなら，選言は一方の選言肢が成立すれば全体として成立するからだ[55]．こうして，$\forall xFx \rightarrow \forall xGx$ は M_3 で真になる．

§161　検証つづき

次に，結論 $\forall x(Fx \rightarrow Gx)$ が M_3 で偽になるのを見る．

146　$M_3 \vDash_{\eta_j} \forall x(Fx \rightarrow Gx)$

$\Longleftrightarrow$ 任意の η_k について，$M_3 \vDash_{\eta_k} Fa \rightarrow Ga$　［127 ⑧］

$\Longleftrightarrow$ 任意の η_k について，$M_3 \nvDash_{\eta_k} Fa$ あるいは $M_3 \vDash_{\eta_k} Ga$　［127 ⑦］

$\Longleftrightarrow$ 任意の η_k について，$\eta_k(a) \notin$ {太郎} あるいは $\eta_k(a) \in \phi$.　［127 ①，144］

最終行，第二選言肢は 145 同様，即座に不成立．なので第一連言肢に焦点が合わされる．$\eta_1(a)$ を考えると，これは太郎だから，{太郎} に属してしまう．このため，任意の η_k について $\eta_k(a) \notin$ {太郎} とは言えない．ゆえに結論 $\forall x(Fx \rightarrow Gx)$ は M_3 で偽になる．

§162　まとめ

こうして M_3 が，論理的帰結 142 の反例モデルであることがわかった．ここまでやって，ようやく正式に，論理的帰結 142 が成立「しない」ことの証明，否定証明（disproof）になる．

翻って言ってしまうと，論理的真理「である」ことの証明は，述語論理の意味論では，やはり難しい（§156）．肯定証明（proof）は，述語論理の場合，構文論（§105～§124）に頼らざるを得ない．

[55] 対象言語の選言 ∨ について，真理表 39 ③ 参照．

第Ⅶ部　応用と実践

全体像（1）として見た範囲を，これで学び終えた．系統的学習は，ひと段落ついたと言ってよい．第Ⅶ部では，少し散漫になるが，周辺から，記号論理の問題を扱ってみたい．

第1章　存在の問題

応用編では，こんなことを考えてみよう．そもそも記号論理は，何のために作られたのか．そして，何を表し得るのか．まず，存在の問題からふり返ってみたい．

§163　存在文

存在量化子 ∃ を導入したとき，$\exists xFx$ は特称文で「或るものが F である」と読まれなければならない，と言った（§94）．だが，存在量化子と呼ばれるくらいだから，∃ には，存在（existence）の観念が切り離せない[56]．

例えば「太郎が存在する」は，記号論理でどう表すのか．以下では，この観点から，存在の問題を考えてみたい．

§164　太郎が存在する

「太郎が存在する」は記号論理で，どう表すのか．教科書では，こう教えられる[57]．

147　$\exists x(x = $ 太郎$)$　［厳密には 太郎 を個体定項 c に代える］

特称文読みをすると「或るひとが太郎と同一である」となる．まるで，太郎でないひとが，太郎と同一人物だ，と言っているかのようだ．

実際，この読みは記号論理に最後まで付きまとう．「或るひとが太郎と同一である」は最終的に，「太郎には殺人鬼の顔がある」になる．そして結局，147 では太郎の存在を表現できない，と結論づけられる（§169）．

§165　一意存在文

「太郎でないひとが太郎と同一人物だ」．そんな読みが $\exists x(x=$ 太郎$)$ から拭い去れない．これを避けるため，一意存在文（unique existential sentence）に訴えるひと

[56] 金子 2019, sec.112-sec.113 では，クワインの存在論的コミットメントを検討した．

[57] Nolt et al. 2011, p.159.

もいるだろう.

一意存在文とは，∃ の横に！をつけ（一意存在量化子と呼ばれる），存在対象の一意性（唯一性）を意味するものだ．こう定義される[58].

$$148 \quad \exists ! x\Phi x \longleftrightarrow_{\mathrm{def.1}} \exists x(\Phi x \wedge \forall y(\Phi y \rightarrow x=y))$$
$$\longleftrightarrow_{\mathrm{def.2}} \exists x\Phi x \wedge \forall x\forall y(\Phi x \wedge \Phi y \rightarrow x=y)$$

一意存在文の言わんとするところは，定義 2（def.2）の方がよく表している．最初の連言肢 $\exists x\Phi x$ で，或るものが存在する，と言う．次の連言肢 $\forall x\forall y(\Phi x\wedge\Phi y\rightarrow x=y)$ で，それが唯ひとつしかない，と主張される[59].

§ 166　定義の同値性

一意存在文は，定義 1（def.1）で表しても，定義 2（def.2）で表しても変わりない．両者の同値が証明できるからだ．以下，149 と 150 に分けて証明する．

$$149 \quad \{\exists x(Fx\wedge\forall y(Fy\rightarrow x=y))\} \vdash \exists xFx\wedge\forall x\forall y(Fx\wedge Fy\rightarrow x=y)$$

証明　$\{\exists x(Fx\wedge\forall y(Fy\rightarrow x=y))\}\vdash\exists xFx\wedge\exists x\forall y(Fy\rightarrow x=y))$ は明らかなので（練問 18 ①），$\{\exists x\forall y(Fy\rightarrow x=y)\}\vdash\forall x\forall y(Fx\wedge Fy\rightarrow x=y)$ だけ証明する．$\exists xFx$ は証明後，∧-Intro で付け加えればよい．

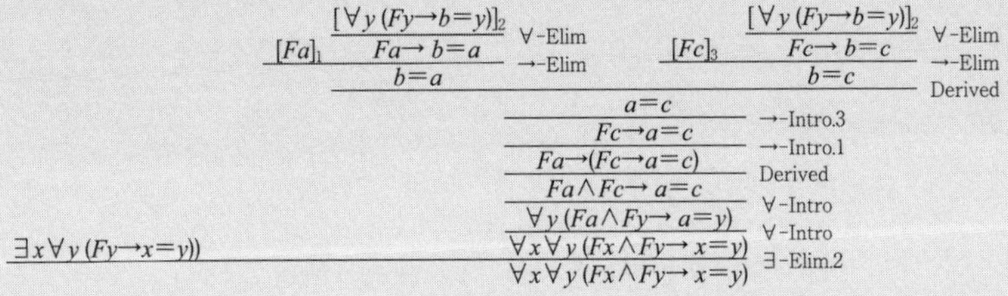

上から三行目の Derived は = の推移性（注 60 参照）．その下，真ん中あたりの Derived は $\{p\rightarrow(q\rightarrow r)\}\vdash p\wedge q\rightarrow r$ という推論を使っている（証明略）．

---

58 言明 148 は位置づけ的に 5 と同じ．だが，あえて双条件法を採用したのは，定義同士の同値性を言うためである（§ 166）．$\longleftrightarrow_{\mathrm{def.}}$ は，その双条件法が定義の位置づけを与えられることを表すだけで，機能的に ⟷ と何ら変わりない．

59 唯一性（一意性）については，付録 2 ⑥ 参照．

$$150\quad \{\exists xFx\land\forall x\forall y\,(Fx\land Fy\to x=y)\}\vdash\exists x\,(Fx\land\forall y\,(Fy\to x=y))$$

$$\dfrac{\dfrac{\exists xFx\land\forall x\forall y\,(Fx\land Fy\to x=y)}{\exists xFx}\,\land\text{-Elim}\qquad \dfrac{\dfrac{[Fa]_1\qquad \dfrac{\dfrac{\dfrac{\dfrac{[Fa]_1\quad [Fb]_2}{Fa\land Fb}\,\land\text{-Intro.}\qquad \dfrac{\dfrac{\exists xFx\land\forall x\forall y\,(Fx\land Fy\to x=y)}{\forall x\forall y\,(Fx\land Fy\to x=y)}\,\land\text{-Elim}}{Fa\land Fb\to a=b}\,\forall\text{-Elim.}\times 2}{a=b}\,\to\text{-Elim}}{Fb\to a=b}\,\to\text{-Intro.2}}{\forall y\,(Fy\to a=y)}\,\forall\text{-Intro}}{Fa\land\forall y\,(Fy\to a=y)}\,\land\text{-Intro}}{\exists x\,(Fx\land\forall y(Fy\to x=y))}\,\exists\text{-Intro}}{\exists x\,(Fx\land\forall y(Fy\to x=y))}\,\exists\text{-Elim.1}$$

推論と条件法の違いを演繹定理（64）で穴埋めすることで，149と150から，定義1（def.1）と定義2（def.2）の同値性が証明される．■

§167　一意存在文に言い逃れはできない

一意存在文の説明は，この位でよいだろう．問題は，一意存在文 $\exists!x\Phi x$ で，$\exists x\Phi x$ の不定性が解消されるか，という所にある．つまり，$\exists!x(x=$ 太郎$)$ と書けば「太郎でないひとが太郎と同一人物だ」という読みは解消されるか．

答えはノーだ．$\exists!x(x=$ 太郎$)$ は結局，$\exists x(x=$ 太郎$)$ と同値になってしまう．これを証明しよう．

$$151\quad \{\exists x(x=c)\}\vdash\exists!x(x=c)$$

$$\dfrac{\exists x(x=c)\qquad \forall x\forall y\,(x=c\land y=c\to x=y)}{\exists x(x=c)\land\forall x\forall y(x=c\land y=c\to x=y)}\,\land\text{-Intro}$$

右の始式 $\forall x\forall y\,(x=c\land y=c\to x=y)$ は同一性の推移性を表す．公理として採用してよい[60]．終式が，定義2（148）より，$\exists!x(x=c)$ を表す．

逆 $\{\exists!x(x=c)\}\vdash\exists x(x=c)$ は，定義2（148）に，$\land$-Elim より明らか．

エルブランの演繹定理（64）を使い，以上から，次の同値が導かれる．

$$152\quad \vdash\exists x(x=c)\longleftrightarrow\exists!x(x=c)$$

つまり $\exists!x\,(x=c)$ と $\exists!x\,(x=c)$ は同じ．$\exists x\,(x=$ 太郎$)$ がダメだからと言って $\exists!x(x=$太郎$)$ に逃げようとしても，元に戻されてしまうのだ．

60　$\vdash\forall x\forall y\forall z\,(x=y\land x=z\to y=z)$ の系．後のペアノ公理系参照（155　Ax.1）．

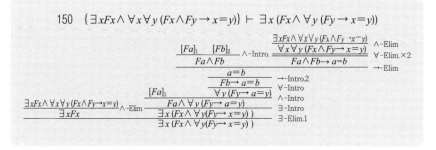

§168　世間で知られない顔

こうして話は $\exists x(x=c)$ に戻される．最後にモデルを使い，それが「太郎でない人物が太郎と同一である」を意味してしまうことを説明しよう．

もう少しわかりやすく言えば，それは「太郎には世間に知られていない顔がある」みたいな話になる．世間を騒がせている殺人鬼，実はあれが太郎だった，そんな話だ．

153　$\boldsymbol{M}_4=\langle \boldsymbol{D}_4, \boldsymbol{I}_4\rangle$

$D_4=\{$太郎，殺人鬼$\}$．$I_4(c)=$太郎

$I_4(=)=\{\langle$太郎，太郎$\rangle, \langle$太郎，殺人鬼$\rangle, \langle$殺人鬼，太郎$\rangle, \langle$殺人鬼，殺人鬼$\rangle\}$.

$\eta_1(a)=$太郎，$\eta_2(a)=$殺人鬼.

このモデルで，$\exists x(x=c)$ が充足されるさまを見てみよう．

154　$M_4 \vDash \eta_j \exists x(x=c)$

$\Longleftrightarrow$ 或る η_k があって，$M_4 \vDash \eta_k\, a=c$.　[127 ⑨]

$\Longleftrightarrow$ 或る η_k があって，$\langle \eta_k(a), I_4(c)\rangle \in I_4(=)$.　[127 ①③] [61]

$\eta_k(a)$ には，$\eta_1(a)=$太郎 と $\eta_2(a)=$殺人鬼 のふたつ候補があり，しかも $\eta_2(a)=$殺人鬼でも $\langle \eta_2(a), I_4(c_1)\rangle \in I_4(=)$ が成立する．つまり $\exists x(x=c)$ が成立する．

こうして，$\exists x(x=c)$ で「c である太郎には，η_2 で指示される殺人犯としての顔がある」が意味されてしまう．

§169　存在の問題

$\exists x(x=c)$ は「太郎が存在する」ではなく「太郎には別の顔がある」を意味してしまう．存在表現に徹し切れないのである．

どこに問題があったのだろうか．少なくとも，二点みつかる．

一点目．存在を言うだけなのに，$\exists x(x=c)$ は，その定式化に同一性を巻き込んでしまっている．存在を言うのに同一性の観念は必要か[62]．

二点目．$\exists x(x=c)$ では「　＝太郎」という形で，太郎を述語化してしまっている．だが「太郎が存在する」と言ったとき，太郎は主語として，いわば認識の先端に立たなければならない．

[61] 関係述語について充足条件は詳述して来なかった（注 41）．127 ①③ から推測してほしい．

[62] この点については，後にウィトゲンシュタインのドグマなど絡め再論する（付録 2 ⑩〜⑪）．

同一性と述語化．これが，定式 $\exists x(x=c)$ の抱える問題である．本書では，やはり $\exists x(x=c)$ では存在を表せない，という立場を採りたい．

第2章　ペアノ公理系

存在は，いわば言語哲学（philosophy of language）の問題である．だが記号論理の真骨頂は，やはり，数学にある．以下では，そこに焦点を合わせてゆきたい．

§170　数学基礎論

フレーゲ（Gottlob Frege 1848-1925）にせよ，ラッセル（Bertrand Russel 1872-1970）にせよ，ヒルベルト（David Hilbert 1862-1943）にせよ，記号論理の開発者が目指したのは，厳格な数学の構築だった．

ヒルベルトが先導した改革は，とくに有名で，ヒルベルトのプログラム（Hilbert's program），と呼ばれる．形式主義（formalism）とも言う[63]．それは，厳格な数学の基礎づけ（foundations of mathematics）を目指した．今日，数学基礎論と呼ばれる分野の源流になっている．

§171　ペアノ公理系

初期において，ヒルベルトの考えを具現化したのが，ペアノ（Giuseppe Peano 1858-1932）である．彼の作った自然数論の公理系は，数学基礎論の道しるべとなった[64]．

155　ペアノ公理系 *P*

Rule	ゲンツェンの *NK* を採用する	Ax.1	$\forall x \forall y \forall z\,(x=y \wedge x=z \rightarrow y=z)$
Ax.2	$\forall x \forall y\,(x=y \rightarrow x'=y')$	Ax.3	$\forall x\,(0 \neq x')$
Ax.4	$\forall x \forall y\,(x'=y' \rightarrow x=y)$	Ax.5	$\forall x\,(x+0=x)$
Ax.6	$\forall x \forall y\,(x+y'=(x+y)')$	Ax.7	$\forall x\,(x \times 0=0)$
Ax.8	$\forall x \forall y\,(x \times y'=(x \times y)+x)$	Ax.9[65]	$\Phi 0 \wedge \forall x\,(\Phi x \rightarrow \Phi x') \rightarrow \forall x \Phi x$

NK は 15～18（命題論理），95～96（述語論理）を使う．言語は，こんな風になる．

---

63 詳細は割愛する．Zach 2019 など参照．

64 Peano 1889．デデキント（Julius Wilhelm Richard Dedekind 1831-1916）により改変されたものを掲載する（清水 1984, p.89）．

65 数学的帰納法である．付録3 ②～③ で軽く説明する．

156　**言語 *P***

① 個体定項：0

② 述語：＝

③ 関数：( )′，＋ ，×

言語 128 と同じ要領である．

§ 172　*P* による証明

ペアノ公理系の証明は，こんな風になる．

157　$\vdash 1+1=2$

$$
\dfrac{
\dfrac{
\dfrac{\dfrac{\forall x\forall y(x+y'=(x+y)')}{\forall y(0'+y'=(0'+y)'}}{0'+0'=(0'+0)'}
\qquad
\dfrac{\dfrac{\forall x(x+0=x)}{0'+0=0'} \quad \dfrac{\dfrac{\forall x\forall y(x=y\to x'=y')}{\forall y(0'+0=y\to(0'+0)'=y')}}{0'+0=0'\to(0'+0)'=(0')'}}{(0'+0)'=(0')'}
}{0'+0'=(0'+0)' \land (0'+0)'=(0')'}
\qquad
\dfrac{\dfrac{\dfrac{\forall x\forall y\forall z(x=y\land x=z\to y=z)}{\forall y\forall z(0'+0'=y\land 0'+0'=z\to y=z)}}{\forall z(0'+0'=(0'+0)'\land 0'+0'=z\to(0'+0)'=z)}}{0'+0'=(0'+0)'\land(0'+0)'=(0')'\to 0'+0'=(0')'}
}{0'+0'=(0')'}
$$

1＋1＝2 が *NK* で証明されている．推論規則は省略した．補って読んでもらいたい（一部，以下で説明する）．

§ 173　関数

証明図 157 の終式 $0'+0'=(0')'$ で 1+1=2 が表現されている．理解しなければならないのは，そこにある関数の働き（156 ③）だろう[66]．

( )′ を，サクセッサー関数と言う．中に入れた表現の，次の数（successor）を表す．$0'$ だったら 1，$(0')'$ だったら 2 だ[67]．

注意すべきなのは，$0'$ も $(0')'$ も，文法的に言って，個体定項と同じ位置づけになるということだ．＋ や × も，そうである．0＋0 で，ひとつの個体定項のように扱われる[68]．

157 を，この観点から見直してほしい．例えば，右上の始式では *x* に ∀-Elim が適

---

66 構文論的に，つまり対象言語の表現として関数を取りあげるのは，これが初めてになる．意味論的観点から，命題論理で既に説明していた（§ 49）．

67 但し言語 *P* には 1 という表現がないので，このことは意味論で解釈されて初めてわかる．残念ながら，本書でこの点は説明できない．金子 2019, sec.209 参照．

68 厳密には，項（term）と呼ぶのだが，この点は深入りしない．

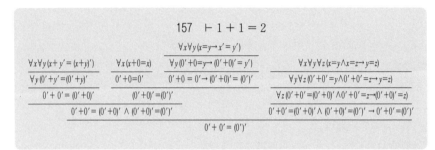

用され，$x \to 0'+0'$ という例化が起こっている．$0'+0'$ で，ひとつである．それで個体定項 c のような単位とみなされる．

§174　自然数論

技術的な話は，この位にしよう．ペアノ公理系は思想史的に重要なだけで，知っておくべきなのは，そこで扱われた自然数論である．

数論（number theory）とは，ユークリッド（Euclid ／希 *Εὐκλείδης* B.C.300 頃）が『原論（ストイケイア）』で早々に始めていた分野であり[69]，文字通り，数についての一般理論を目指す．

158　数（すう）

- 複素数
  - 実数
    - 有理数
      - 整数
        - 自然数（正の整数）：1，2，3，……
        - 0
        - 負の整数：−1，−2，−3，……
      - 整数化できない有理数：$-\frac{1}{2}$，$\frac{10}{7}$，0.333...，……
    - 無理数：$\sqrt{2}$，$-\sqrt{3}$，π，……
  - 虚数：$5-4i$，$-1+\sqrt{3}\,i$

これが，数の世界である．見ての通り，自然数は最も簡単な部類だ．自然数論（a theory of natural numbers）とは，その位，初歩的な分野なのである．

§175　ヒルベルトの光と影

1 + 1 = 2 なんかを扱うことから，自然数論は，算数（arithmetic）に重ね合わされる．だが目指すのは一般理論のため，むしろ，代数（algebra）に近い．

算数は，算術（arithmetic）とも呼ばれる．いずれにせよ，数える（counting）などという考え方は，ここでは捨て去るべきだ．やるのは，証明（157）である．小学生が指折ってやるような，計算（calculation）は関係ない．

ひどく初歩的であったが，しかし，現実の数学理論が，ペアノ公理系により，記号論理の俎上に乗ったことは，ヒルベルトの計画にとって大きな前進になったと，そうおもわれた．だが周知の通り，それは早々に，ゲーデルの不完全性定理によって打ち砕かれることになる（§256〜§291）．

---

69 Euclid 300 B.C．本書で学んだ公理系（14）の元祖もユークリッドである．中学で学ぶ合同や証明，あれが公理系の考え方であり，ユークリッド幾何学と呼ばれる．金子 2019, sec.58 参照．

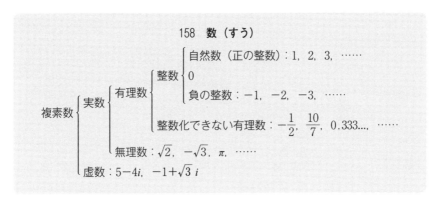

第3章　無　　　限

自然数論を見るにつけ，記号論理は，やはり数を相手にするものだということがわかる．数学者の興味を掻き立てたのは，しかし，数そのものというより，それが0, 1, 2, ……と生成してゆくさまだった．いわゆる，無限の問題である．

§176　フォンノイマンの定義

ペアノの自然数論は注目を集めたが，その後発展しなかった．時は流れ，やがて，カントール（Georg Cantor 1845-1918）の集合論が台頭して来る[70]．

ペアノは0′, (0′)′, ……という仕方で自然数を表した（§173）．集合論の観点から，そこにテコ入れしたのが，フォンノイマン（John von Neumann 1903-1957）である．

159　フォンノイマンの定義

$$\begin{array}{llll} \phi, & \{\phi\}, & \{\phi, \{\phi\}\}, & \{\phi, \{\phi\}, \{\phi, \{\phi\}\}\}, \cdots\cdots \\ \| & \| & \| & \| \\ 0, & 1, & 2, & 3, \cdots\cdots \end{array}$$

ϕは空集合である．先行者（predecessor）すべてを含むことで，後続数（successor）が定義される．

160　サクセッサーの定義[71]　$x'=x\cup\{x\}$

先行者xとそのシングルトン[72] $\{x\}$から成る和集合$x\cup\{x\}$で，後続数が定義される．これにより，先行する数すべてが含まれるよう調整されている．159を見ながら，確かめてもらいたい[73]．

§177　順序数

フォンノイマンの定義（159）は，ペアノと違い1＋1＝2を証明しようとか，そういう意図のものではない[74]．1923年に発表されたのだが[75]，当時，数学者は自然数

---

70 集合は，推論（§27），モデル論的意味論（§136）でも目にしたが，あれらはメタ言語の話である．これから取り上げる集合論は，対象言語の話になる．

71 ハイエノールト（Jean von Heijenoort 1912-1986）が指摘する通り，これは生成描写（generating procedure）であり，厳密な定義ではない（Von Neumann 1923, p.396）．

72 要素がひとつしかない集合のことである．20の前提，129の$I_1(R)$なども，シングルトンである．

73 例えば，0＝ϕだから，1＝0′＝$\phi\cup\{\phi\}$になる．ϕは空集合だから，和集合にしても無視できる．よって，1＝$\{\phi\}$．■

論に留まらない，もっと深い問題に取り組んでいた．無限（infinity）である．

ペアノが( )′という関数で表現したサクセッサー（後続数）を，フォンノイマンは見事に集合論に吸収してみせた（160）．まず，その意義を確かめておこう．

161　自然数すべての集合 ω

①	自然数	$\{0,$	$1,$	$2,$	$\cdots\cdots\} = \omega$
②	ペアノ	$\{0,$	$0',$	$(0')',$	$\cdots\cdots\} = \omega$
③	フォンノイマン	$\{\phi,$	$\{\phi\},$	$\{\phi, \{\phi\}\},$	$\cdots\cdots\} = \omega$

先の分類に反するけれども（158），以後0も自然数とする．

自然数すべての集合は慣例的に ω（オメガ）で表される．この ω について，フォンノイマンの定義が抜きん出ているのは ω も，その要素と何ら変わりがない，という所だ．

例えば③で，2を表す $\{\phi, \{\phi\}\}$ と，ω を表す $\{\phi, \{\phi\}, \{\phi, \{\phi\}\}, \cdots\cdots\}$ は何ら違いがない．ω の $\{\ \}$ だけ，その要素の $\{\ \}$ と区別するいわれはない．これは何を意味するのか．驚くべきことだが，ω も数になる，ということだ．順序数（ordinal number）と呼ばれる．

§178　無限

ω は自然数でない．自然数すべての集合である．しかし数なのである．順序数という数だ．ここに，サクセッサーの生成（160）が重なる．つまり $\omega' = \omega \cup \{\omega\}$ と，ω の次の数（サクセッサー）を考えるのに何ら歯止めが効かなくなる．こうして，無限の世界 $\omega, \omega', (\omega')', \cdots\cdots$ が開けてゆく．

第4章　カントールの対角線論法

フォンノイマンの定義は，無限の世界を切り開いて行った．ところで，彼の議論の背景にあった集合論とは何だろうか．基本的な事項を，ここで押えておきたい．

§179　素朴集合論

フォンノイマンの議論から，少し時計の針を戻そう．議論の背景にあった集合論について，基本事項を学んでゆきたい．

集合論なんて言っても，高校数学でチラッと触れたくらいだろう．あれは，しかし，論理学でひどく重要な役割を果すのである．

---

[74] やろうとおもえばできる．順序数（§177）の四則演算は，Enderton 1977, pp.79f. 参照．基数（§183）の四則演算は Enderton 1977, pp.138f. 参照．

[75] Von Neumann 1923, p.347. 先駆としてツェルメロの定義があった（Enderton 1977, p.67）．

カントールが集合論を始めたとき，記号論理の考え方はなかった．*NK* も，対象言語とメタ言語の区別も，構文論と意味論の区別も無かった．いわゆる，素朴集合論（naïve set theory）である．

§180　外延表記，内包表記

素朴集合論に数え入れられるものは何だろうか．基本的なところから，確認してゆきたい．

まず，外延表記（extensional definition）と内包表記（intensional definition）の区別である．

162　①　**外延表記**　{2，3，5，……}
　　　②　**内包表記**　$\{x \mid x$ は素数である$\}$

知っているだろう．いちいち要素をあげて集合を定義するのが外延表記，そうではなく内容を言葉で説明するのが内包表記である．ちなみに，素数（prime number）とは，1と自分自身でのみ割り切れる自然数を言う．1は素数でない．0も素数でない．

§181　対角線論法

∈（帰属）や　⊂（包含関係）[76]といった基本事項も当然，素朴集合論に含まれる．つまり当然，カントールの頭にもあった．

さて，これだけの道具立てから，しかし，カントールは重大なことを証明した．それは「実数すべての集合 $\mathbb{R}$ が，自然数すべての集合 ω より大きい」ということである．有名な，対角線論法（Cantor's diagonal argument）を使う．

いま，左に0を含めた自然数の集合{0，1，2，…}の要素を順番通りに並べ，右に実数の集合{…，−7.777...，…，0，…，0.333...，…}を好きなように並べる．

---

[76] 本書では包含関係を $F \subset G$ で表す．そして他を以下の通り定義する（便宜上 F, G で集合も表す）．

$$F \subset G \longleftrightarrow_{\text{def.}} \forall x(x \in F \to x \in G), \qquad F = G \longleftrightarrow_{\text{def.}} \forall x(x \in F \longleftrightarrow x \in G)$$
$$F \subseteq G \longleftrightarrow_{\text{def.}} F \subset G \lor F = G \longleftrightarrow F \subset G \lor G \subset F \text{［証明略］}, \quad F \subsetneq G \longleftrightarrow_{\text{def.}} F \subset G \land F \neq G$$

以上のように定義しておけば $F \subset G$（包含）と $F \subseteq G$（部分集合）を混同せずに済む．$F \subset G$ は，いわば $p \to q$ を意味する．$F \subseteq G$ は，いわば $p \to q \lor q \to p$ を意味する．$F \subset G$ つまり $p \to q$ を言ったとしても，$p \to q \lor q \to p$ つまり $F \subseteq G$ は意味されない（同値ではない，ということだ）．

163　対角線論法

0	←⋯→	1. 1 2 5 0 0 0 0 …
1	←⋯→	0. 3 3 3 3 3 3 3 …
2	←⋯→	3. 1 4 1 5 9 2 6 …
3	←⋯→	−7. 7 7 7 7 7 7 7 …
⋮	⋮	⋮

←⋯→ は一対一対応づけを表す．実際は関数 f を使い $f(0)=1.1250000\ldots$ と対応づける．

図163を見る限り，左の自然数の集合の要素0, 1, 2, 3, …… と右の実数の集合の要素 1. 1 2 5 0 0 0 0 …, 0. 3 3 3 3 3 3 3 …, 3. 1 4 1 5 9 2 6 …, − 7. 7 7 7 7 7 7 7 …, …… には仲良くペアができそうである．だが次のように対角線上に構成される実数を考えたらどうか．

164　対角線論法つづき

		0.
0	←⋯→	1. 1 2 5 0 0 0 0 …
1	←⋯→	0. 3 3 3 3 3 3 3 …
2	←⋯→	3. 1 4 1 5 9 2 6 …
3	←⋯→	−7. 7 7 7 7 7 7 7 …
⋮	⋮	⋮

整数部分は何でもよいのだが，ここでは0にした．さて，奇抜な作りをしているが，対角線上の四角枠に囲った所に認められる実数0. 1 3 1 7 … が，右側の実数の集合に現れるのは可能である[77]．そこで一手間加える．整数部分0は抜かし，アンダーラインを引いたところを次の規則によって書き換える．

その数字が7だったら，6に書き換える．その数字が7でないなら，7に書き換える[78]．

そうすると0. 7 7 7 6 … という新たな実数が出現する．果たして，この実数0. 7 7 7 6 … は左の自然数に，絶対，対応づけられない．■

[77] ⋮ と … は無限に続くから可能と言える．逆に言えば，対角線は追尾ミサイルのように，それについて行って対応づけられない実数を構成する．

[78] 無論この規則である必要はない．その数字が1だったら2に書き換える．その数字が1でないなら1に書き換える，などでもよい．整数部分を抜かす必要もない．

§182　無限の比較

以上の議論から「実数すべての集合 $\mathbb{R}$ が，自然数すべての集合 ω より大きい」ということが証明された．無限同士に大小関係があったのだ．驚くべきことではないか．

対角線論法の発想は単純である．例えば，{0, 1} と {0, 1, 2}，どちらが大きいか，と問われたら，当然，{0, 1, 2} と答えるだろう．{0, 1, 2} には，{0, 1} に無い要素 2 があるからだ．

この 2 が，対角線論法で言う 0．7 7 7 6 ... に当たる．それは $\mathbb{R}$ にのみ属する．だから $\mathbb{R}$ は ω より大きい．

§183　基数

対角線論法で見た対応づけによる集合の比較方法を，基数（cardinal number）と言う．濃度（cardinality）とも呼ばれる．基数は，集合の大きさ（size）を表す[79]．

ポイントは，一対一対応づけ（one-to-one correspondence）だ．対角線論法では ←--→ で表されていた．実は，対応づけさえできれば，中身はどうでもよい．次の例を見てほしい．

165　**基数**　文の集合 $\Gamma_i = \{\neg Fc_1,\ Fc_2\}$

$$\downarrow \qquad \downarrow$$

自然数 $2 = \{\phi,\ \{\phi\}\}$　[159 による]

$$\uparrow \qquad \uparrow$$

対象領域 $D_j = \{$太郎，次郎$\}$

中身は違えど，文の集合 Γ_i，対象領域 D_j は，自然数 2 に対応づけられる．そして自然数 2 が集合の大きさを代表し，基数になる．つまり，それらの大きさは 2 だ．

ちなみにこのとき，集合 Γ_i，D_j，2 は，相互に，対等（equinumerous）と言われる．

§184　可算無限，非可算無限

基数にまつわり，可算無限，非可算無限という概念が生まれる．

---

79 よく，順序数は集合の長さ（length）を測り，基数は集合を大きさ（size）を測る，と言われる（Enderton 1977, p.128, p.187）．その意味するところは，大きさは，集合内部の順番を気にしなくてよい，ということだ．本文でみる例の通り Γ_i や D_j で要素の順番は問われていない．これに対し，長さを測る場合，要素がきちんと並べられている，すなわち整列化（well ordered）されている必要がある．

166 ① **有限（finite）** ω の要素（自然数）に対応づけられる ［Γ_i, D_j］

② **可算無限（countable infinite）** ω そのものと一対一対応づけられる ［ω', ω'', ……］

③ **非可算無限（uncountable infinite）** ω そのものと一対一対応づけできない ［$\mathbb{R}$］

カントールの対角線論法をベースに，有限，そして無限の概念が分類されている．

165 で見た Γ_i と D_j は有限である．

ω を超えてゆくように見えた ω', $(\omega')'$, …… は（§178），次のとおり，ω と一対一対応づけされる．

167 $\omega' = \{0, 1, \cdots, \omega\} = \omega \cup \{\omega\}$

$\omega = \{0, 1, 2, \cdots\}$

だから，ω', $(\omega')'$, …… は，可算無限である．

そして何よりも，$\mathbb{R}$ は ω に一対一対応づけできない（§181）．ゆえに $\mathbb{R}$ は，非可算無限と言われる．

こういった集合論の基本概念は，構文論の前提の大きさ（§27），意味論における対象領域（§136）にも飛び火し，メタ論理を方向づけて行った．

第5章 *ZF* 集合論

素朴集合論は，やがて記号論理による形式化を受け入れ，数学者たちの探究は，ひとつ節目を迎えることになる．それは今日，*ZF* 集合論と呼ばれている．

§185 *ZF* 集合論

ラッセルのパラドクスに代表されるように，素朴集合論は独自の欠陥を孕んでいた（§195～）．

ヒルベルトの計画を受け継ぐ形で，これを解決したのが，*ZF* 集合論（Zermelo-Fraenkel set theory）である．記号論理の最も輝かしい業績と言える．

§186 *ZF* の公理

ZF 集合論は，ドイツの数学者ツェルメロ（Ernst Zermelo 1871-1953）とフレンケル（Adolf Fraenkel 1891-1965）によって開発された[80]．*NK* に代表される述語論理を

土台に，集合論を公理化することで，それは，カントールの素朴集合論からの脱却を図っていた．

168　***ZF* の公理**

① **外延性の公理**　$\forall y \forall z(\forall x(x \in y \longleftrightarrow x \in z) \to y = z)$

外延だけで集合の同一性は決まる．

② **空集合の公理**　$\exists y(\forall x(x \notin y))$　空集合 ϕ が存在する．

③ **対集合の公理**　$\forall u \forall v \exists y(\forall x(x \in y \longleftrightarrow (x = u) \vee (x = v)))$

どんな集合 u, v にも対集合 $\{u, v\}$ が作れる．

④ **和集合の公理**　$\forall u \forall v \exists y(\forall x(x \in y \longleftrightarrow (x \in u) \vee (x \in v)))$

どんな集合 u, v にも和集合 $u \cup v$ が作れる．[81]

⑤ **ベキ集合の公理**　$\forall u \exists y(\forall x(x \in y \longleftrightarrow x \subseteq u))$

どんな集合 u にもベキ集合 $\wp u$ が作れる．

⑥ **部分集合の公理**　$\forall u \exists y(\forall x(x \in y \longleftrightarrow x \in u \wedge \Phi x))$

内包表記 $y = \{x \mid \Phi x\}$ による集合創造は万能でなく，必ず $y \subseteq u$ となる集合 u がなければならない．

⑦ **無限公理**　$\exists x(\phi \in x \wedge \forall y(y \in x \to y' \in x))$　帰納的集合 x が存在する．

⑧ **置換公理**

$\forall u\,(\forall x \in u\ \forall y_1 \forall y_2\,(\Phi(x, y_1) \wedge \Phi(x, y_2) \to y_1 = y_2) \to \exists v \forall y\,(y \in v \longleftrightarrow \exists w \in u\ \Phi(x, y)\}]$

u と一対一対応のある（つまり対等な）集合 v の存在を認めてよい．

⑨ **正則性公理**　$\forall x\,(x \neq \phi \to \exists y \in x\,(\neg \exists z \in x\,(z \in y)))$

任意の集合 x について，それが ϕ でない限り，極小要素 y がある．

⑩ **選択公理**

$\forall x \exists f(f \subseteq x \times \cup x \wedge \forall y(y \in x \to \exists ! w(\langle y,\ w \rangle \in f)) \wedge \forall y((y \in x \wedge y \neq \phi) \to f(y) \in y))$

いかなる集合 x にも，自分の要素（これも集合である）y から，代表者 $w \in y$ を選び出す関数 f が存在する．

$x \notin y$ は $\neg(x \in y)$ の省略である．$\forall x \in u$ は $\forall x\,(x \in u \to \cdots$ の省略である．$\exists x \in u$ は $\exists x\,(x \in u \wedge \cdots$ の省略である．置換公理と選択公理は，以下の話では取り上げない．

---

[80] 選択公理が加わると *ZFC* と言う（倉田 1995, p.122）．また部分集合の公理は，置換公理で代理される（倉田 1995, p.121; 倉田 1996, p.10; 金子 2019, p.175 n.14）．正則性公理は，フォンノイマンに提案された（竹内 2001, p.118）．こういった微妙な違いはあるが，本書では公理的集合論（axiomatic set theory）を一括して *ZF* 集合論と呼ぶ．

[81] ここから $x \in u \cup v \longleftrightarrow (x \in u) \vee (x \in v)$ という有名な帰属条件が生まれる．ちなみに積集合は，$x \in u \cap v \longleftrightarrow (x \in u) \wedge (x \in v)$．積集合 $u \cap v$ の存在は，部分集合の公理で $\Phi x \longleftrightarrow_{\text{def.}} \forall v(x \in v)$ と置けば証明される．$\forall v$ は $\forall u$ の隣に出されると言えればよい．

§ 187 *ZF* の言語

すべて理解する必要はない．*ZF* の公理とは，述語論理まで学んだ記号論理が一体，何を目指していたのかを示す里程標だとおもってほしい．*ZF* の公理化に使われるのが，記号論理の本分なのだ．

この観点でさらに，*ZF* の言語を考えてゆきたい．ペアノの言語（156）と同じ要領で，こう組み立てられる．

169 *ZF* の言語

① **個体定項**　なし．
［但し言語の拡張として ϕ，$\{u, v\}$，$u \cup v$，$\wp u$，ω が追加されてゆく］

② **自由変項**　x, y, z, u, v, w　［下つき文字による区別も認める］

③ **述語**　$\in$，$=$，$\subset$，$\subseteq$　［但し注 76 の定義に従う］

個体定項に対する独特の扱いが，以下の焦点になる．

§ 188 順序数の生成

ZF の公理から，フォンノイマンが定義した順序数も（159），秩序立てて証明される．

170 順序数の生成

①	ϕ	……………… 0	［空集合の公理より］
②	$\{\phi, \phi\} = \{\phi\}$		［① に対集合の公理，＝ に外延性公理］
③	$\phi \cup \{\phi\} = \{\phi\}$	……… 1	［① と ② に和集合の公理，＝ に外延性公理］
④	$\{\{\phi\}, \{\phi\}\} = \{\{\phi\}\}$		［③ に対集合の公理，＝ に外延性公理］
⑤	$\{\phi\} \cup \{\{\phi\}\} = \{\phi, \{\phi\}\}$	… 2	［② と ④ に和集合の公理，＝ に外延性の公理］

このうち ③ と ⑤ がサクセッサー生成を示す．① → ③ → ⑤ と辿れば，$\phi \to \{\phi\} \to \{\phi, \{\phi\}\}$ つまり $0 \to 1 \to 2$ と生成しているのがわかる[82]．これを続けることで，有限の領域（166 ①）が踏破される．

[82] 例えば 2 すなわち ⑤ を，強引に ① と ③ に対集合公理から生成させることもできよう．だがそれをやってしまうと $2 = \{\phi, \{\phi\}\}$ が，$1 = \{\phi\}$ とサクセッサーの定義（160）から $\{\phi\} \cup \{\{\phi\}\}$ として生成する過程が摑めない．

§189 ヘンキン証拠公理

さて，ϕ や $\{\phi\}$ といったお馴染みの記号が出て来たが，ZF の言語で，それらは，どういった位置づけを与えられるのか．この点を確認しておきたい．

注目されるのは，ヘンキン証拠公理（the Henkin witnessing axiom）である．

171 $$\frac{\exists x \Phi x}{\Phi \alpha}\ \exists\text{-HK}$$ （Φ は論理式，α は証明図で一度も使われていない個体定項）

∃-HK と呼ぶ[83]．α は「それまで証明図で一度も使われたことがない」という日常言語（メタ言語）でのみ述べられる特徴を持ったメタ変項で，証拠定項（a witnessing constant）と呼ばれる[84]．ϕ や $\{\phi\}$ は，この証拠定項 α に相当な対象言語の表現である．以下に，これを確認する．

§190 言語の拡張

ZF の公理（168）に，ヘンキン証拠公理（171）も追加されている，そう考えてほしい．すると，先のプロセス（170）が，こう説明される．

172 ①
$$\frac{\exists y(\forall x(x \notin y))}{\forall x(x \notin \phi)}\ \exists\text{-HK}$$ → 170 ① の ϕ

②
$$\frac{\dfrac{\forall u \forall v \exists y(\forall x(x \in y \longleftrightarrow (x=u) \vee (x=v)))}{\exists y(\forall x(x \in y \longleftrightarrow (x=\phi) \vee (x=\phi)))}\ \forall\text{-Elim}}{\forall x(x \in \{\phi, \phi\} \longleftrightarrow (x=\phi) \vee (x=\phi))}\ \exists\text{-HK}$$ → 170 ② の $\{\phi, \phi\}$

わかりにくいが，濃いグレーで，新たな個体定項の生成を示した．右の → は先の過程（170）への対応づけになる．

172 ① の始式は，空集合の公理である．そこからヘンキン証拠公理で，初めて ϕ

---

[83] Barwise et al. 2011, p.547．元々，完全性定理の証明で使われるもので，文の形をしている（210）．だが，ここでは推論図として採用する．演繹定理（64）を考えれば，この言い換えに問題はない．∃-HK は，以前否定された $\{\exists x Fx\} \vdash Fa$（106）がメタ言語で補足されることで復活したものと言える．

[84] ヘンキン証明公理と存在例化から容易に $\exists x Fx \longleftrightarrow F\alpha$ が証明される．これは，証拠定項 α が $\exists x$ の権化であることを意味する．証拠定項 α は自由変項 a と同一視したくなるかもしれないが，自由変項 a は ∀-Intro と組み合わさることで $\forall x$ の働きをすることがある（99）．なので証拠定項 α に同一視することはできない．ここから，つまり ∀-Intro について言われたことで，証拠定項が，固有変数（§110）とも異なることがわかるだろう．

が得られる．これが 170 ① に対応する．

172 ② の始式は，対集合の公理．そこからヘンキン証拠公理で，初めて $\{\phi, \phi\}$ が得られる．これが 170 ② に対応する．

このようにして語彙が増えてゆく．これを，言語の拡張（expansion of language）と言う[85]．丁度，証明図を書いているひとが，見ているひとに，濃いグレーの箇所を指さしながら「これ ϕ は ∃-HK を $\exists y \forall x(x \notin y)$ に適用してできた証拠定項で，個体定項とみなすからね」と説明している場面を思い浮かべてほしい．

§ 191　有限の踏破

ヘンキン証拠公理（171）により，集合論でお馴染みの記号が，個体定項として追加される．これにより，先に見た順序数の生成で（170），0 → 1 → 2 → …… と，有限の領域（166 ①）が踏破される．記号論理で描写されたというのが重要だ．無限の探究に，厳密な形式が与えられたのである．

だが，技術的な問題がなかったワケではない．ϕ や $\{\phi\}$ は証拠定項として導入されたが（§ 189～§ 190），個体定項としての身分を完全に獲得していなかったのである．これは，∃-HK（171）を通じ，ϕ や $\{\phi\}$ が存在量化子から導かれたことによる．

存在量化子とは，不定代名詞だった（§ 94，§ 102）．その性格を ϕ や $\{\phi\}$ は受け継いでしまっている．つまり意味論的に見て，不定に（indefinitely）しか対象を指示できないのである．

付録で，この欠点が *ZF* 集合論でどう克服されるかを説明したい．ぜひ読んでもらいたい．

【ここで 付録 2 を読んでもらいたい】

§ 192　可算無限の生成

さて，次は無限である．可算無限（166 ②）から入ろう．これを *ZF* 集合論で確保するには，どうすればよいか．

記号としては，自然数すべての集合 ω の存在を確認すれば事足りる．*ZF* 集合論で，それを担当するのは，無限公理である（168 ⑦）．だが，ただ「ω があります」と言っただけではダメだ．$\omega = \{0, 1, 2, \cdots\cdots\}$ と無限に数えられることから，不定性の問題が，やはりここでも生じる．付録にまとめたから，目を通してもらいたい．

【ここで 付録 3 を読んでもらいたい】

---

[85] Barwise et al. 2011, p.545 ; Henkin 1949, p.162．言語の拡張は，公理や推論図を加えることではないから，論理そのものを変容させない．ここがポイントである．

§193　非可算無限の生成

ω は不定だが，構文論的には立派な個体定項である．そこからベキ集合の公理（168⑤）により $\wp\omega$ が得られる．これが，非可算無限（166③）の確保につながる．

$$\text{173}\quad \dfrac{\dfrac{\forall u\exists y(\forall x(x\in y\longleftrightarrow x\subseteq u))}{\exists y(\forall x(x\in y\longleftrightarrow x\subseteq \omega))}\ \forall\text{-Elim}}{\forall x(x\in \wp\omega\longleftrightarrow x\subseteq \omega))}\ \exists\text{-HK}$$

要領は 172 と同じだ．濃いグレーの箇所で $\wp\omega$ が得られる．

この $\wp\omega$ が実数すべての集合 $\mathbb{R}$ に相当する．これは，両者が対等（§183）だからである[86]．

以上により，有限，可算無限，非可算無限すべてが，*ZF* 集合論によって踏破された．

§194　むすび

本当は，ここからレーヴェンハイム＝スコーレムの定理に進めば，*ZF* 集合論の世界がもっと広がるのだが，本書では割愛する[87]．

応用編の残りは，*ZF* 集合論誕生のきっかけともなった，ラッセルのパラドクスを扱っておきたい．

第6章　ラッセルのパラドクス

ZF 集合論を見た．最後に，その誕生のきっかけとなったラッセルのパラドクスを扱っておきたい．

§195　内包公理

時代的にはカントール以後（第4章），*ZF* 集合論以前（第5章）の話になる．

内包表記というものがあった（162②）．あれは，書き出せれば何でも集合になる，と言っているようにみえる．実際その通りで，その考えを具現化する原理が当時，内包公理（comprehension axiom）と呼ばれていた．

86 証明は割愛する（Enderton 1977, p.149）．

87 金子 2019, par.I, par.IV 参照．

174　**内包公理**　$\exists y \forall x(x \in y \longleftrightarrow \Phi x)$，但し ∃-HK 適用後 $y = \{x|\Phi x\}$.

Φ の部分は記号論理の文法に従っていれば何でもよい．但し書にあるとおり，内包公理は，∃-HK と組み合わさることで，内包表記 $\{x|\Phi x\}$ で示された集合を，証拠定項のかたちで量産してゆく．くわしくは付録に書いたので，読んでおいてほしい．

【ここで 付録4 を読んでもらいたい.】

§196　ラッセルの集合

内包公理にヘンキン証拠公理（171）が加わることで $\{x|\Phi x\}$ が量産されてゆく．それらは ϕ や $\{\phi, \phi\}$ と同じように，幅を利かせる．一番厄介なのが，ラッセルの作った集合だった．

175　**自分自身に属さない集合の集合**　$\{x \mid x \notin x\}$

ラッセルの頭文字を取って R と呼ばれる．

§197　矛盾発生

このRにおいて深刻な矛盾が生じる．まずはその論理を辿ってみよう．

176

$$\dfrac{R\in R \vee R\notin R \qquad \dfrac{\dfrac{\dfrac{\dfrac{\exists y \forall x(x\in y \longleftrightarrow x\notin x)}{\forall x(x\in R \longleftrightarrow x\notin x)}\ \exists\text{-HK}}{R\in R \longleftrightarrow R\notin R}\ \forall\text{-Elim.}}{(R\in R\to R\notin R)\wedge(R\notin R\to R\in R)}\ \text{Def}\leftrightarrow}{R\in R\to R\notin R \qquad R\notin R\to R\in R}\ \wedge\text{-Elim}\times 2}{R\in R\wedge R\notin R}\ \text{Derived}$$

終式が矛盾になっている[88]．右の始式で内包公理が使われている．内包公理が正しいと考えられている限り，ここで矛盾が生じるのはおかしい．これを，逆説／パラドクス（paradox）と言う．

§198　ラッセルによる解決

ラッセルは，このパラドクスにどう対処したのだろうか．彼は，内包公理でなく，

[88] Derived は派生規則 $\{p\vee q, p\to q, q\to p\}\vdash p\wedge q$．$p\vee q$ の選言肢を ∨-Elim.1,2 で飛ばし，仮定 $[p]_1$, $[q]_2$ から $p\to q, q\to p$ を通じ →-Elim で結論の連言肢を出してやればよい．また ∧-Elim×2 は，きちんと左右の系から導かなければならない所を，省略した表現である．■

自分の作った R を攻撃した．$\phi \in \{\phi\}$ という関係を見たとき，$\{\phi\}$ は ϕ より上位にある，そんな風に錯覚しないだろうか．この錯覚を逆手に取ったのが，ラッセルの解決方法である．

型（type）という階層を対象間に設け，$\phi \in \{\phi\}$ だったら $\{\phi\}$ の方が上位にある．同じ階層（型）にある対象同士で帰属を問うてはならない．そうラッセルは説いた[89]．

循環禁止原理（the vicious circle principle）という，より広いルールの一部なのだが[90]，これに従うと R は $\{x \mid x \notin x\}$ という内包で，同じ階層（型）にある対象同士で帰属を問うてしまっている．だから，この集合は認められない．

§199　論理主義

これがラッセルの解決策だった．かなり強引という印象だろう．その独自の世界観から，それは，論理主義（logical school）という立場を形成して行った．

だが，同一性の定義，自然数の定義において，循環禁止原理は，例外を認めなければならなくなり，突貫工事で還元公理を採用するなど，ラッセルの議論は，泥沼化の様相を呈する[91]．

彼が取り組んだ問題の多くは，今日，メタ言語と対象言語の区別で克服されるべきものであり，今となっては，史実的な価値しかないようにみえる．

第7章　R の問題

ラッセルの努力は実を結ばず，パラドクスが野に放たれた．R は，その内包で，無限集合にまで膨張してゆく．そのありさまを，直観主義の視点で見てみよう．

§200　直観主義

ラッセルのパラドクス（176）を，ふり返ってもらいたい．下から二行目で $R \in R \vee R \notin R$，$R \in R \to R \notin R$，$R \notin R \to R \in R$ という推論が行われている（Derived）．その左端の始式 $R \in R \vee R \notin R$ は，排中律である（練問 6 ②）．いわゆるジレンマであり，排中律の選言肢どちらを取っても矛盾が導かれる，そういう論理だ．

ここに問題の根をみる者もいた．ブラウアー（Luitzen Egbertus Jan Brouwer 1881-1966）に代表される直観主義（intuitionism）である．

直観主義によれば，ラッセルの集合 R は，すべての集合を呑み込む巨大な集合になる．そんな大きな集合に $R \in R$ か $R \notin R$ かなんて言えるはずがない．

---

[89] 田中 2012, p.23.

[90] Russel 1908, p.163; Whitehead et al. 1910, pp.39f; Linebo 2020, sec.1.

[91] Whitehead et al. 1910, pp. 59f.; Linebo 2020, sec.1.

§ 201　非反射性

直観主義者は R に，いわば無限の問題を重ね合わせていた．だが，どうしてそう言えるのか．背景には，次の定理が前提されていた．

177　$\vdash \forall x(x \notin x)$　[帰属関係 $\in$ の非反射性]

定理として証明せず，これを直観主義者は，何の気なしに前提していたようにみえる．実際，（ZF 集合論で）これを証明するのは，ひどく難しい．付録にまとめたので目を通してもらいたい．

【ここで 付録 5 ～ 付録 6 を読んでほしい】

§ 202　排中律

$\forall x(x \notin x)$ が成立するとき，$R=\{x \mid x \notin x\}$ は，すべての集合の集合になる．理由は簡単で，$\forall x(x \notin x)$ で，すべての集合について $\forall x$，と言われている[92]．だから，それを条件とする $\{x \mid x \notin x\}$ は，おのずと，すべての集合の集合になる．■

こうして R は無限の大きさを獲得する．可算無限 ω どころではない．集合論的宇宙（付録 6 ③）すべてを呑み込む巨大集合だ．そんなものについて排中律 $R \in R \vee R \notin R$ にせよ何にせよ，確定的なことが言えるワケがない．これが直観主義者の主張だった．

彼らの言っていることはわかる．だが，その程度のことだったら ω の時点で言えたのではないか．$\omega=\{0, 1, \cdots\cdots\}$ も同じ位，捉えどころがない．しかし，だからと言って論理から外れたワケではあるまい（§ 192）．R が不定だから何事も言えない，と今更言われても筋が通らない．こう考えると，直観主義も結局，ラッセルのパラドクスの解決にならない，と結論づけられる．

§ 203　$R \in R$ も $R \notin R$ も言ってよい

皮肉なことに，排中律 $R \in R \vee R \notin R$ の選言肢それぞれは，正当な主張である．まず $R \notin R$．これは非反射性，つまり定理 177 から導き出される．

$R \in R$ も正しい．R は，すべての集合の集合なので（§ 202），それに自分自身が属するのは，至極当然である．

こうして排中律 $R \in R \vee R \notin R$ は論理的正当性を持つ．ラッセルのパラドクス（176）

92　まぎらわしいが ZF の言語に入ったときから（169），集合のみを対象にしていることに注意せよ．具体的には $\phi, \{\phi\}, \cdots\cdots$ である．付録 6 ③ の集合論的宇宙が，すべての対象（厳密には個体定項）を表している．

は，いよいよ手強いものとなるのである．

第8章　部分集合の公理

ラッセルのパラドクスは，非の打ちどころのない論理である．*ZF* 集合論は，その解決のために構築されたという歴史がある．最後に，それを見ておこう．

§204　分出公理

ZF 集合論は，無限の理論として登場したけれども（§185〜），同時にそれはラッセルのパラドクスの解決も意図していた．最後に，それを見ておきたい．

結論から言ってしまうと，*ZF* 集合論では，内包公理（174）が，部分集合の公理（168⑥）に置き換えられる．これが解決になる．

内包公理によれば，$\{x|\Phi x\}$ と書ければ，何でも集合になる．*ZF* 集合論は，それを，$\{x|\Phi x\} \subseteq u$ というより大きな集合 u から切り出す（独 aussondern（アオスゾンダーン））ことに制限した．これが，分出公理（独 Aussonderung axiom（アオスゾンデルング））と呼ばれる，部分集合の公理である．

§205　部分集合の公理

部分集合の公理がやらんとしていることは，内包公理と並べると，はっきりする．

178	$\exists y \ \forall x(x\in y \longleftrightarrow \Phi x)$	[174 内包公理]
	$\forall u \exists y(\forall x(x\in y \longleftrightarrow x\in u \land \Phi x))$	[168⑥　部分集合の公理]

濃いグレーの部分で $x\in u$ が追加されているのがわかる．その箇所で，そこから切り出される，より大きな集合 u の存在が要請されている．全称量化 $\forall u$ になっているのは，u の視点で語られているから，と取ればよい．

§206　パラドクスの解決

部分集合の公理により，ラッセルのパラドクスは解決される．具体的に言うと，パラドクスの論理（176）で，始式の内包公理を，部分集合の公理に替える．すると，こうなる．

179

$$\forall u\exists y(\forall x(x\in y\longleftrightarrow(x\in u\land x\notin x)))$$
$$\overline{\exists y(\forall x(x\in y\longleftrightarrow(x\in a\land x\notin x)))}\ \forall\text{-Elim}$$
$$\overline{\forall x(x\in R\longleftrightarrow(x\in a\land x\notin x))}\ \exists\text{-HK}$$
$$\overline{R\in R\longleftrightarrow R\in a\land R\notin R}\ \forall\text{-Elim}$$
$$\overline{(R\in R\to R\in a\land R\notin R)\land(R\in a\land R\notin R\to R\in R)}\ \text{Def}\leftrightarrow$$
$$\overline{R\in R\to R\in a\land R\notin R \qquad R\in a\land R\notin R\to R\in R}\ \land\text{-Elim}\times 2$$
$$\overline{\forall x(R\in R\to x\in R\land R\notin R)}\ \forall\text{-Intro} \qquad \overline{\forall x(R\in x\land R\notin R\to R\in R)}\ \forall\text{-Intro}$$
$$\overline{R\in R\to R\in R\land R\notin R}\ \forall\text{-Elim} \qquad \overline{R\in R\land R\notin R\to R\in R}\ \forall\text{-Elim}$$
$$\overline{R\notin R}\ \text{Derived}$$

∧-Elim×2 は，きちんと左の系，右の系に分けて書かなければならない所を省略した，という意味である．

最初の ∀-Elim で R ではなく a としているのは，その下で ∃-HK を使うためである（171）．a は後で ∀-Intro，∀-Elim で R に被せられる．最後の Derived は $\{p\to(p\land\neg p)\}\vdash\neg p$ という派生規則である（証明略）．

矛盾を引き起こす仕方で論理が進められているのがわかるだろう．それでも矛盾は起こらない．終式 $R\notin R$，$R\in R\land R\notin R\to R\in R$，ともに矛盾でない．

終式がふたつある時点で証明図 179 は珍しい．ふつう推論にせよ，定理にせよ，終式はひとつになるのだから．このことは逆に，証明図 179 の役割を示している．つまり，何かを証明するためでなく，内包公理が部分集合の公理に替えられることで，パラドクスの論理が辿れなくなる，それを示すための証明図なのだ．

左の終式 $R\notin R$ は，$\forall x(x\notin x)$ に合致する（177）．だから問題ない．右の終式 $R\in R\land R\notin R\to R\in R$ は CONTRAD の定理バージョンだ（練問 5②）．エルブランの演繹定理（64）から証明され，やはり問題ない．

証明図 179 では矛盾が起こらない．こうして，ラッセルのパラドクス（176）は解決された．

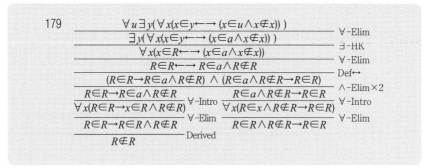

第Ⅷ部　完全性定理

記号論理の諸問題を扱った．これで応用編は終りにし，再び系統的な学習に戻りたい．
完全性定理と健全性定理を証明してゆく．

第1章　話の始まり

ここまで断りなく，構文論の代わりに，意味論で証明することを認めてきた．だがなぜ，それは許されたのか．構文論と意味論を，外部から問うてみよう．

§207　掛橋

真理表で印象づけられたとおもうが[93]，構文論だと難しい問題も，意味論だと,すんなり証明できる．好きな方でやってください，で済ませたが，なぜ，それは許されるのか[94].

構文論で証明されるのは，定理 $\vdash \varphi$ と，推論 $\{\psi_1, ..., \psi_n\} \vdash \varphi$ である（§45).

意味論で証明されるのは，命題論理ならトートロジー $\vDash \varphi$（44)，述語論理なら妥当 $\vDash \varphi$（139)，そして両者共通の，論理的帰結 $\{\psi_1, ..., \psi_n\} \vDash \varphi$ がある（46，141).

そうすると，今求められるのは，両者に橋を掛けるような発想だろう．

180　$\Gamma \vDash \varphi \Longleftrightarrow \Gamma \vdash \varphi$　[論理的帰結 $\Longleftrightarrow$ 推論]

181　$\vDash \varphi \Longleftrightarrow \vdash \varphi$　[トートロジー／妥当 $\Longleftrightarrow$ 定理]

$\Longleftrightarrow$ は双条件法でしかない（§59)．180 も 181 もメタ言語で述べられたひとつの文だ．$\{\psi_1, ..., \psi_n\}$ を以後，短縮して Γ（ガンマ）と書く．

§208　完全性定理

180 と 181 は，構文論と意味論に橋を掛ける発想だ．双条件法なので Def $\leftrightarrow$ を（メタ言語レベルで）適用し，こう解体できる．

182　$\Gamma \vDash \varphi \Rightarrow \Gamma \vdash \varphi$　[論理的帰結 $\Rightarrow$ 推論]

---

[93] 練問 7，練問 12 など．

[94] 反証図は構文論と意味論のあいの子なので，この話から除外される（§126).

183　　$\vDash \varphi \Rightarrow \vdash \varphi$　　[トートロジー／妥当⇒定理]

これを，完全性定理（completeness theorem）と言う．

§209　健全性定理

180 と 181 を Def↔ で解体した，もう一方の条件法も見ておこう．

184　　$\Gamma \vdash \varphi \ \Rightarrow \ \Gamma \vDash \varphi$　　[推論⇒論理的帰結]
185　　$\vdash \varphi \ \Rightarrow \ \vDash \varphi$　　[定理⇒トートロジー／妥当]

これを，健全性定理（soundness theorem）と言う．

§210　強い完全性定理

要するに，180 ⇢ 182 と 184，181 ⇢ 183 と 185，という風に解体される．そして解体された条件法を，それぞれ証明するのが，以下の作業になる．はじめに，完全性定理を証明する．単純に言って，そちらの方が難しいからだ．高い山を登った後，低い山（健全性定理）を登ることにしよう．

パッと見て 182 が 183 を含意するのがわかる．前提 $\Gamma = \{\psi_1, ..., \psi_n\}$ から φ を導出する関係が問われているのだが，前提は，多くなってもよいし，少なくなってもよい．極限まで少なくなると $\vDash \varphi \Rightarrow \ \vdash \varphi$ になる（183）．これは最も簡単な形と言える．

逆に Γ が極限まで多くなったとき 182 を，強い完全性定理（strong completeness theorem）と呼ぶ．最も強い主張だ．大は小を兼ねる．なので以下では，これを証明したい．

§211　可算無限集合

証明するのは，強い完全性定理である．しかし，Γ が極限まで大きくなるとは，どういうことか．ここで（或る程度，完全性定理をわかっているひとは）極大無矛盾集合と言いたくなるかもしれない．だが，それは時期尚早である（§223）．

Γ は可算無限集合でよい（166②）．文法（77～80）を突き詰めると，非可算無限（166③）も考えられるが，それはいかにも数学者の発想だ．現実的に言って，可算無限でよい．

§212　どんな話になるか

Γ を可算無限の前提と考え，強い完全性定理を証明する．これが，以下の作業になる．話は，かなり長丁場になる．メタ論理の特徴でもある．ひとつのストーリーを読むように進めてほしい．

（対象言語たる記号論理で）証明図を使い述べたことを，日常言語で証明するため（§78 で断った通り，それがメタ論理だった），論理が辿りにくくなるのは否めない．また，日常表現の背後に記号表記を読み込むテクニックも必要になる．例えば「任意の……」といった言い回しには ∀ を読み取らねばならない．こういったことはメタ論理では常識だが，初心者にはキツいとおもう．復習しながら，ゆっくりと進めてほしい．

第2章　充足可能性

完全性定理の証明は，論理的帰結を充足可能性に置き換えるところから始まる．まずは，それを示してゆこう．

§213　言い換え

完全性定理（182）の証明で初めに行うのは，次の言い換えである．

186	$\Gamma \vDash \varphi$	$\Rightarrow$	$\Gamma \vdash \varphi$	［完全性定理 182］
	↓ ①		↓ ②	
	$\Gamma \cup \{\neg\varphi\}$ は充足可能でない		$\Gamma \cup \{\neg\varphi\}$ は構文論的に矛盾する	

矢印 ↓ の言い換えをする．外延置換原理（57）がメタ言語のレベルで適用される，と考えてほしい．

§214　充足可能性

本章では 186 ① を証明したい．そのために，まず，充足可能（satisfiable）を理解しておかねばならない．単一の文（論理式）について先に，それを定義しておこう．

187　φ が充足可能である $\Longleftrightarrow_{\text{def.}}$ 或る M_i，或る η_j があって，$M_i \vDash_{\eta_j} \varphi$.

充足（126）が，モデル M_i も付値関数 η_j も指定したのに対し，充足可能は，それらを不定にし（存在量化し），φ に対する，いわば一項述語になる．

§215　Γ の充足可能性

定義 187 から集合 Γ の充足可能性が，こう定義される．

188　$\Gamma=\{\psi_1, ..., \psi_n\}$ が充足可能である

$\Longleftrightarrow_{def.1}$ 或る M_i，或る η_j があり，M_i のもと η_j は Γ の要素すべてを充足する．

$\Longleftrightarrow_{def.2}$ 或る M_i，或る η_j があり，$M_i \vDash_{\eta_j} \psi_1$ かつ …… かつ $M_i \vDash_{\eta_j} \psi_n$.

§ 216　論理的帰結から充足可能性への言い換え

さしずめ，これで 186 ① が言えるようになる．証明の前に，正確に定式化しておこう．

189　　$\Gamma \vDash \varphi \iff \Gamma \cup \{\neg\varphi\}$ は充足可能でない　　[186 ①]

Γ も φ も任意である．和集合 $\cup$ など，集合論の記号もあるが，*ZF* 集合論と違い，メタ言語の記号として用いられることに注意してほしい．

§ 217　メタ定理 189 証明

では，定理 189 を証明しよう．これが完全性定理証明の第一歩となる．証明には擬似フィッチ式を使う（§78）．双条件法なので，ふたつの条件法に分け証明しよう．

190　　$\Gamma \vDash \varphi \Rightarrow \Gamma \cup \{\neg\varphi\}$ は充足可能でない

① $\Gamma \vDash \varphi$ を仮定する．[⇒-Intro の仮定]

② ① と論理的帰結の定義（141）より，任意のモデル M_1，任意の付値関数 η_1 について，$M_1 \vDash_{\eta_1} \psi_1$ かつ …… かつ $M_1 \vDash_{\eta_1} \psi_n \Rightarrow M_1 \vDash_{\eta_1} \varphi$. [95]

③ ② のとき $\Gamma \cup \{\neg\varphi\}$ が充足可能であるとする．[背理法の仮定]

④ 充足可能の定義（188）より，或る M_2，或る η_2 があって，$M_2 \vDash_{\eta_2} \psi_1$ かつ …… かつ $M_2 \vDash_{\eta_2} \psi_n$，かつ $M_2 \vDash_{\eta_2} \neg\varphi$.

⑤ ④ にメタ言語での存在例化の仮定として[96]，$M \vDash_{\eta} \psi_1$ かつ …… かつ $M \vDash_{\eta} \psi_n$，かつ $M \vDash_{\eta} \neg\varphi$.

⑥ ⑤ にメタ言語での かつ-Elim より，$M \vDash_{\eta} \psi_1$ かつ …… かつ $M \vDash_{\eta} \psi_n$.

⑦ ⑤ にメタ言語での かつ-Elim より，$M \vDash_{\eta} \neg\varphi$.

⑧ ② にメタ言語での全称例化より，$M \vDash_{\eta} \psi_1$ かつ …… かつ $M \vDash_{\eta} \psi_n \Rightarrow$

---

95 ここで言う M_1，η_1，などは 129 などで取りあげた特定のものではなく，変項である．M_2，η_2，M，η も同様のものと理解してほしい．

96 M と η は当然，別々の自由変項であるから，存在例化は二回，継起的に適用されることになる．⑤ の仮定は，⑫ で閉じる．このとき逆順的，つまり $\eta \rightarrow M$ の順で仮定は閉じ，実際，矛盾は二回導き出される，と考えてほしい．

$M \models \eta\, \varphi$.

⑨　⑥⑧にメタ言語での⇒-Elimより，$M \models_\eta \varphi$.

⑩　⑦に¬の充足条件（127④）より，$M \not\models_\eta \varphi$.

⑪　⑨⑩に，かつ-Introより，$M \models_\eta \varphi$ かつ $M \not\models_\eta \varphi$.

⑫　⑤⑪に，存在例化より，$M \models_\eta \varphi$ かつ $M \not\models_\eta \varphi$.

⑬　③⑫より，背理法成立．よって $\Gamma \cup \{\neg\varphi\}$ は充足可能でない．

⑭　①⑬にメタ言語での⇒-Introより，こうして定理は証明された．■

証明図ではないのでキツいだろう．だが，これがメタ論理なのだ．今のところ擬似フィッチ式以上に，整理して提示する方法はない．頭をフル回転させてついて来てほしい．

191　$\Gamma \cup \{\neg\varphi\}$ は充足可能でない　⇒　$\Gamma \models \varphi$

①　対偶をとり，$\Gamma \not\models \varphi \Rightarrow \Gamma \cup \{\neg\varphi\}$ は充足可能である，を証明する．

②　$\Gamma \not\models \varphi$ を仮定する．[⇒-Introの仮定]

③　②は論理的帰結が成立しない，ということだから，定義141を否定する．
或るモデル M，或る付値関数 η があり，$M \models_\eta \psi_1$ かつ……かつ $M \models_\eta \psi_n$，だけれども（＝かつ）$M \not\models_\eta \varphi$.[97]

④　③に¬の充足条件（127④）より，$M \models_\eta \psi_1$ かつ……かつ $M \models_\eta \psi_n$，だけれども（＝かつ）$M \models_\eta \neg\varphi$.

⑤　④に188より $\Gamma \cup \{\neg\varphi\}$ は充足可能である．

⑥　②⑤にメタ言語での⇒-Introより，①が証明される．■

第3章　構文論的矛盾

186①が証明されたので（189），今度は186②を証明しよう．ここでも新たな概念を理解し，メタ定理を証明しなければならない．

§218　構文論的矛盾

186②の言い換えに進もう．メタ定理として，こう言い表される．

192　$\Gamma \vdash \varphi$　⟺　$\Gamma \cup \{\neg\varphi\}$ は構文論的に矛盾する　[186②]

「構文論的に矛盾する」は英語でinconsistentと言う（contradictoryではない）．そ

[97] $\forall x(Fx \to Gx)$ を否定すると $\exists x(Fx \wedge \neg Gx)$ になる，という論理を使っている（110，練問12①）．

れもここで，定義しておこう．

193　Γは構文論的に矛盾する $\Longleftrightarrow_{\text{def.}}$ 或るφがあって，$\Gamma\vdash\varphi$かつ$\Gamma\vdash\neg\varphi$.

この定義のΓは，192 の$\Gamma\cup\{\neg\varphi\}$に対応していることに注意.

§219　メタ定理 192 の証明

では定理 192 を証明しよう．やり方としては 189 に準ずる（§217）.

194　$\Gamma\vdash\varphi \Rightarrow \Gamma\cup\{\neg\varphi\}$は構文論的に矛盾する

① $\Gamma\vdash\varphi$を仮定する．[⇒-Intro の仮定]

② ところで①とは無関係に，RE より$\Gamma\cup\{\neg\varphi\}\vdash\neg\varphi$が言える．

③ ①で前提を増やしても同じ結論が導き出せる．つまり$\Gamma\cup\{\neg\varphi\}\vdash\varphi$.[98]

④ ②③と定義 193 より，$\Gamma\cup\{\neg\varphi\}$は構文論的に矛盾する．

⑤ ①④にメタ言語での⇒-Intro より 194 は証明された．■

195　$\Gamma\cup\{\neg\varphi\}$は構文論的に矛盾する $\Rightarrow$ $\Gamma\vdash\varphi$

① $\Gamma\cup\{\neg\varphi\}$は構文論的に矛盾する，と仮定する．[⇒-Intro の仮定]

② ①のとき定義 193 より，或るχがあって，$\Gamma\cup\{\neg\varphi\}\vdash\chi$かつ$\Gamma\cup\{\neg\varphi\}\vdash\neg\chi$.

③ ②に演繹定理（64）より，$\Gamma\vdash\neg\varphi\rightarrow\chi$かつ$\Gamma\vdash\neg\varphi\rightarrow\neg\chi$.

④ $\{\neg p\rightarrow q,\ \neg p\rightarrow\neg q\}\vdash p$は成立する[99]．これをメタ言語で使うと③から$\Gamma\vdash\varphi$が言える．

⑤ ①④にメタ言語での⇒-Intro より 195 が証明された．■

第 4 章　極大無矛盾集合

準備ができたので 186 の言い換えをしよう．さらに対偶をとり，極大無矛盾集合へと話を進めてゆく．

§220　対偶をとる

メタ定理 189 と 192 により，186 の言い換えが可能になる．実際には，完全性定理

[98] これが$\Gamma\cup\{\neg\varphi\}\vdash\varphi\wedge\neg\varphi$という矛盾を引き起こす，ということに問題はない．CONTRAD でも，∧-Elim を使っても，再び$\Gamma\cup\{\neg\varphi\}\vdash\varphi$を言える．

[99] $\neg p$を仮定し ¬-Intro，¬-Elim を使う．■

(182) の前件と後件が，外延置換原理 (57) により交換される，そう考えてほしい．もちろんメタ言語の話である．結果は，こうなる．

196　$\Gamma \cup \{\neg\varphi\}$ は充足可能でない　⇒　$\Gamma \cup \{\neg\varphi\}$ は構文論的に矛盾する
［完全性定理］

劇的なのは次の瞬間である．196 の対偶が取られる．

197　$\Gamma \cup \{\neg\varphi\}$ は構文論的に無矛盾である ⇒　$\Gamma \cup \{\neg\varphi\}$ は充足可能である
［完全性定理］

ここで概念変換が起こる．見ての通り，充足不可能 → 充足可能（後件），構文論的矛盾 → 構文論的無矛盾（前件）．この変換により，完全性定理の焦点そのものが変わる．

§221　構文論的無矛盾

対偶 (197) により，完全性定理の見方が転回する．元々それは，集合 Γ と，φ の導出関係を問うていた．$\Gamma \vdash \varphi$，$\Gamma \vDash \varphi$ といった風に．これらはタイトな導出関係を表していた．

だが対偶を取ることで，$\Gamma \cup \{\neg\varphi\}$ という単一集合に焦点が移る．その集合は，構文論的に無矛盾か，充足可能か．それだけが問われるようになる．

充足可能は定義したから (188)，ここでは前者，構文論的無矛盾（consistency）だけ定義しよう．定義自体は，構文論的矛盾 (193) の否定で済まされる[100]．

198　Γ は構文論的に無矛盾である
$\Longleftrightarrow_{\text{def.}}$ 任意の φ について，$\Gamma \vdash \varphi$ かつ $\Gamma \vdash \neg\varphi$，ということはない．

§222　焦点は理論に

構文論的無矛盾は数学基礎論のキーコンセプトになる．これを重視したのが，あのヒルベルトだった (§170)．彼はあらゆる理論に，それを求めた．

---

[100] $\{\neg\exists x(Fx \wedge \neg Fx)\} \vdash \forall x \neg(Fx \wedge \neg Fx)$ という推論をしているだけである (109)．

理論（theory）とは，ここでは，文や論理式の集合を言う．丁度，対偶（197）で生成した $\Gamma \cup \{\neg\varphi\}$ も，それに数え入れられる．

ただ普通，数学で考えられるのは，ペアノ公理系（§171）や ZF 集合論（§185）といったタイトな理論である．それに対し $\Gamma \cup \{\neg\varphi\}$ はルースな理論と言える．少しまとめておこう．

199 **理論** $\bigcup_{i\in\omega}\Gamma_i$　①**タイトな理論**　$\Gamma_i \vdash \varphi \Rightarrow \Gamma_{i+1}=\Gamma_i \cup \{\varphi\}$
②**ルースな理論**　$\Gamma_i \nvdash \neg\varphi \Rightarrow \Gamma_{i+1}=\Gamma_i \cup \{\varphi\}$

$\bigcup_{i\in\omega}\Gamma_i$ は高校数学で習ったシグマ $\sum_{i=0}^{n}\Gamma i = \Gamma_0 + \Gamma_1 + \cdots\cdots + \Gamma_n$ の和集合バージョンだと考えればよい．$\Gamma_i \vdash \varphi$ を言える数だけ和集合が組まれる．つまり文や論理式 φ の数だけ，和集合が組まれる．これは可算無限回と言ってよい．$i \in \omega$ としか表しようがない（§177）．

①は公理系そのものと言ってよい（14，19）．出発点で公理の集合 Γ_0 から，φ が証明される．φ を定理として加え，理論が $\Gamma_0 \cup \{\varphi\}$ として生成する．完全性定理は当初，この考え方をしていた（182）．

だが対偶によって転回する．無矛盾な集合は，充足可能か（197）．ここに焦点が移る．それを表したのが②で，公理に反しなければ $\Gamma_0 \nvdash \neg\varphi$，理論に加えてよい $\Gamma_0 \cup \{\varphi\}$．そういったルースな理論に，議論対象が緩和されるのである．

§223　極大無矛盾集合

こうして，極大無矛盾集合（maximal consistent set）という見方が生まれる[101]．

200　**極大無矛盾集合**　$\bigcup_{i\in\omega}\Gamma_i=J$

極大無矛盾集合 J とは，以下の仕方で構成される集合 Γ_0，Γ_1 ……すべてを和集合 $\Gamma_0 \cup \Gamma_1 \cup \cdots\cdots$ として繋ぎ合わせてできる理論 $\bigcup_{i\in\omega}\Gamma_i$ のことである．

①　Γ_0 は NK で考える限り空集合 ϕ になる．
②　任意の φ が以下のルールに従い Γ_0 に付け加えられて行く．

Rule 1　或る段階 i における集合 Γ_i に属する文（か論理式）を前提にしても，否定 $\neg\varphi$ が推論できない場合，つまり $\Gamma_i \nvdash \neg\varphi$ である場合，φ を新たな要素として付け加えてよい．すなわち $\Gamma_i \nvdash \neg\varphi \Rightarrow \Gamma_{i+1}=\Gamma_i \cup \{\varphi\}$．

101　現在辿っている完全性定理の証明は，ヘンキン（Leon Henkin 1921-2006）が考案したもので（Henkin 1949），ヘンキン証明（Henkin's proof）と呼ばれる．その中心となった道具立てが，極大無矛盾集合なのである（金子 2019, sec.175）．

Rule 2　そうではなく，その否定が推論できてしまう場合，つまり $\Gamma_i \vdash \neg\varphi$ である場合，φ は新たな要素として付け加えられない．すなわち $\Gamma_i \vdash \neg\varphi \Rightarrow \Gamma_{i+1}=\Gamma_i$.

Rule 1 でルースな理論（199②）が表現されている．以後，完全性定理を，この極大無矛盾集合 J の観点で捉えてゆこう．

第5章　ゲーデル数化

極大無矛盾集合まで話を進めた．ところでそれは，文や論理式がベルトコンベヤーに乗って，まだかまだかと待っている，そんな状況を想定している．数でもないのに，そんなことは可能なのか．

§224　順番待ち

極大無矛盾集合では，文や論理式 φ が[102]一列に並び，Γ への帰属を待ちわびている，そんな状況を想定している．$\Gamma \nvdash \neg\varphi$ なら仲間入り（Rule 1），$\Gamma_i \vdash \neg\varphi$ なら仲間はずれ（Rule 2）．だが，そんな状況は，数学的に可能だろうか．並べようとしているのは数ではない，文や論理式だ．

いや，実際に可能なのである．以下では，文や論理式を一列に並べる方法として，ゲーデル数化を学んでもらう．

§225　ゲーデル数化

ゲーデル数化（Gödel numbering）とは，非数的対象を，数のように整列させる（一列に並べる）常套手段で，コード化（coding）とも呼ばれる．ここでは，NK に限定し，諸表現がどうゲーデル数化されるかを見てみたい．

まず手始めに，括弧を扱う（3⑥～⑧）．

201　**括弧**　　$g(()=3$, $g())=5$.

g はゲーデル数化をする関数でメタ言語の表現になる．正式には，言及して g(「(」)=3 と書かねばならない．3, 5 は奇数．以下，述語（207）まで同じやり方で，奇数が割り当てられる．

注意してほしいのは，いま扱っているのは $\forall x(Fx \to Gx)$ といった文や論理式であり，証明図でない，ということだ．仮定の括弧［　］は証明図専門なので，ゲーデル数化の対象にはならない（3⑦）[103]．ZF 集合論も，いまは NK だけ考えるので蚊帳の

[102] NK を採用した場合，文や論理式は形成規則 77～80 に従ったものが考えられる．

外だ．従って集合の枠｛　｝は無視する（3⑧）．

§226　論理記号のコード化

次に，論理接続詞をコード化する（3②〜⑤）．

202　**論理接続詞**　$g(\neg)=7$，$g(\wedge)=9$，$g(\vee)=11$，$g(\rightarrow)=13$.

奇数を割り当てている．次に，量化子である（77⑦⑧）．

203　**括弧**　$g(\forall)=15$，$g(\exists)=17$.

§227　下つき文字のある記号

ここまで下つき文字のない記号を優先的に扱ってきた．全部出払ったので，今度は，下つき文字ありの記号を扱う（77②〜⑤）．

204　**個体定項**　$g(c_i)=11+8\times i$

205　**自由変項**　$g(a_i)=13+8\times i$

206　**束縛変項**　$g(x_i)=15+8\times i$

207　**一項述語**　$g(F_i)=17+8\times i$

今まで c や F のように下つき文字なしで書いて来たが，以下では，すべての記号に下つき文字がついていると考える．関係述語は難しいので除外する[104]．

さて，使ってみればわかる通り 204〜207 は，$g(\exists)=17$ に続け c_1，a_1，x_1，F_1 の順に 19，21，23，25……と奇数を割り当てているのがわかる．しばらく手を動かし，どうなっているか確認してもらいたい．

§228　文や論理式

最後に，文や論理式を扱う．これが当初の目標だった．ゲーデル数化の観点からすれば，$\forall x_1 F_1 x_1$ といった文も，ただの記号列（a sequence of signs）にすぎない．つまり $\forall$ と x_1 と F_1 と x_1 がつながってできたものだ．一般的に，文か論理式を φ で表し，記号列を $\alpha_1\alpha_2\alpha_3\cdots$ で考えると（すなわち $\varphi=\alpha_1\alpha_2\alpha_3\cdots$），文や論理式は，こう

[103] 後に不完全性定理でゲーデル数化するとき，証明図はフィッチ式の一次元系列に置き換えられる（§269）．

[104] §141 以来の方針だと取ってもらってよい．

ゲーデル数化される．

208　**文や論理式**　$g(\varphi)=2^{g(\alpha 1)}\times 3^{g(\alpha 2)}\times 5^{g(\alpha 3)}\times\cdots\cdots$

$\forall x_1F_1x_1$ だったら $\alpha_1=\forall$，$\alpha_2=x_1$，$\alpha_3=F_1$，$\alpha_4=x_1$．2，3，5……は素数である．実際に $\forall x_1F_1x_1$ で計算してみよう．

209　$$g(\forall x_1F_1x_1) = 2^{g(\forall)}\times 3^{g(x1)}\times 5^{g(F1)}\times 7^{g(x1)}\times\cdots\cdots$$
$$= 2^{15}\times 3^{23}\times 5^{25}\times 7^{23}\times\cdots\cdots$$

もう計算したくないだろう．しかし，これで文や論理式に数が割り当てられることはわかる．つまり，文や論理式は，数のように一列に並べられるのである．

第6章　K_ωに向かって

極大無矛盾集合が原理的に構成可能であることがわかった．では，対偶（197）に戻り，話を再開しよう．

§229　自由変項は余剰である

極大無矛盾集合を構成するためのルール $\Gamma_i \nvdash \neg\varphi$ (Rule 1)，$\Gamma_i \vdash \neg\varphi$ (Rule 2) を，ふり返ってほしい．自由変項や論理式について問うてみたいのだ．

$\Gamma_i \nvdash \neg\varphi$ か $\Gamma_i \vdash \neg\varphi$ を考えるとき，F_1a_1 といった論理式は現れてよいと思われる．例えば，$\{F_1a_1\} \vdash F_1a_1 \wedge \exists x_1F_1x_1$．これは立派な推論だ．なので，極大無矛盾集合に，論理式は加えてよいように思われる．にも拘らず，それ（論理式）は排除されねばならない．

充足で見たことだが（§133），F_1a_1 で a_1 は，ただの空洞表現である．かりそめに a_1 が使われているだけで，べつに a_2 でも a_3 でもよい．

§230　束縛変項は関係ない

この話に束縛変項は関係ないことに注意しよう．束縛変項は $\exists x_1\exists x_2(F_1x_1\wedge F_1x_2)$ という風に論理式における量化子の位置を順序立てて示しており，勝手に $\exists x_2\exists x_1(F_1x_2\wedge F_1x_1)$ などと順番を変えてはいけない．

また F_1a_1 と F_2a_1 で，a_1 が共通であることに意味はあるが[105]，$\exists x_1F_1x_1$ と $\exists x_1F_2x_1$ で，x_1 が共通であることに意味はない[106]．

---

[105] この点については注110で触れる．

[106] 充足条件127⑨より反故にされる．

こういった点から，やはり，自由変項と束縛変項は区別される．

§231　二度手間

極大無矛盾集合の生成において（200），自由変項の空洞的性格はエネルギーの無駄遣いみたいな現象を起こす．$\Gamma_i \nvdash \neg F_1a_1 \Rightarrow \Gamma_{i+1}=\Gamma_i \cup \{F_1a_1\}$，$\Gamma_i \nvdash \neg F_1a_2 \Rightarrow \Gamma_{i+1}=\Gamma_i \cup \{F_1a_2\}$，$\Gamma_i \nvdash \neg F_1a_3 \Rightarrow \Gamma_{i+1}=\Gamma_i \cup \{F_1a_3\}$，…… いつまで経っても終りません，となるワケだ．

ゲーデル数化は，この現象を排除しない（§228）．だが，極大無矛盾集合を作ったとき，中身が $J=\{F_1a_1, F_1a_2, F_1a_3, \cdots\cdots\}$ と，似た論理式だらけになるのは問題だろう．充足可能を言うとき，二度手間，三度手間を，これは余儀なくする．

§232　自由変項を潰す

対偶をとった完全性定理は，まさしく，この充足可能性を問うていた（197）．なので，エネルギーの無駄遣いは避けなければならない．要するに自由変項が邪魔なのである．だが，どうやって排除するのか．

ここで登場するのが ZF 集合論で見たヘンキン証拠公理である（§189）．あそこでは推論図で採用していたが（171），ここでは文として導入する．

210　**ヘンキン証拠公理**　$\exists x\Phi x \rightarrow \Phi c_\Phi$（$\Phi$ はメタ変項，c_Φ は Φ で初登場の証拠定項）

この 210 を公理として Γ_0 に含める（残りは NK）．すると，極大無矛盾集合のなかの自由変項が一掃される．この過程を以下に，新たな極大無矛盾集合 K_ω の生成として見ることにしよう．

211　**K_ω の生成**

① 極大無矛盾集合の生成（200）が仕切り直されている，そうイメージしてもらいたい．各段階の集合は Γ_i の代わりに K_i と書く．

② 極大無矛盾集合ではベルトコンベヤーに乗るようにして文や論理式 φ が運ばれてくる（§224）．その都度，否定証明（disproof）不可能性 $K_i \nvdash \neg\varphi$ がテストされる．それをパスしたら，$K_{i+1}=K_i \cup \{\varphi\}$ と理論が拡張する（200 Rule 1）．

③ さて，運ばれる φ として一律に F_1a_1，F_1a_2 …… を考えてみよう[107]．F_1a_1，F_1a_2 ……は原子論理式なので，そもそも論理的に証明されるものではない．

[107] ここではゲーデル数化の順番（§228）を若干デフォルメしている．

このため $\nvdash \neg F_1a_1 \Rightarrow K_1=\{F_1a_1\}$，$\{F_1a_1\} \nvdash \neg F_1a_2 \Rightarrow K_2=\{F_1a_1, F_1a_2\}$……と集合 K_i が拡大してゆく[108]．

④　その結果 K_i のなかは $\{F_1a_1, F_1a_2\cdots\cdots\}$ と，自由変項まみれ，論理式まみれになる．これを一掃する方法はないだろうか．そこで証拠定項 c_{F1} が提案される．証拠定項で自由変項 a_1，a_2……を代表させるのだ．

⑤　証拠定項 c_{F1} は個体定項であるが，下つき文字 F_1 があるため使われ方に規制がかかる．例えば前提において $\{F_1c_{F1}, F_2c_{F1}\}$ なんて使われ方はしない．証拠定項 c_{F1} は F_1 において固有，初登場でなければならない．他の述語 F_2 で情報が与えられてはならない．殺人犯を c_{F1} としたとき予め，豊島区に住んでいる（F_2），とわかっているのはおかしい，というのに似ている[109]．

⑥　⑤を踏まえ，自由変項まみれになった $\{F_1a_1, F_1a_2\cdots\cdots\}$ を，証拠定項 c_{F1} により $\{F_1c_{F1}\}$ と圧縮する作業に移ってみたい．いわば F_1a_1，$F_1a_2\cdots\cdots$ に現れる自由変項 a_1，$a_2\cdots\cdots$ を，証拠定項 c_{F1} で潰す作業になる．それと共に，無矛盾集合から論理式が一掃される[110]．その論理を見てみよう．

⑦　まず④の時点に戻る．

$$\{F_1a_1, F_1a_2\cdots\cdots\}$$

これは無矛盾性テスト $K_i \nvdash \neg\varphi$　をパスして前提に昇格した論理式の集合，つまり無矛盾集合である．そのなかにヘンキン証拠公理（210）を入れる．

$$\{F_1a_1, F_1a_2\cdots\cdots, \exists x_1F_1x_1 \rightarrow F_1c_{F1}\}$$

⑧　F_1a_1, F_1a_2……のいずれでもよいが，∃-Intro により $\{F_1a_1\} \vdash \exists x_1F_1x_1$ といった形で⑧の集合から，$\exists x_1F_1x_1$ を吐き出す．

$$\{F_1a_1, F_1a_2\cdots\cdots, \exists x_1F_1x_1 \rightarrow F_1c_{F1}\} \vdash \exists x_1F_1x_1.$$

$\exists x_1F_1x_1$ は F_1a_1, F_1a_2……　すべてに共通だとみなしてしまってよい．

⑨　さて，⑧では前提に $\exists x_1F_1x_1 \rightarrow F_1c_{F1}$ がある．これを RE で結論に吐き出す．そして既に結論部分にある $\exists x_1F_1x_1$ と →-Elim を組ませ，F_1c_{F1} を得る[111]．こうして，次が得られる．

---

[108] $F_1a_1, F_1a_2\cdots\cdots$ は否定証明不可能のテスト $\nvdash \neg\varphi$ を経て無矛盾集合に加えられたのであって，自分を前提することなしに $\vdash F_1a_1$，$\vdash F_1a_2\cdots\cdots$ と証明されるだけの論理的身分は持たないことに注意せよ．例えば $K_i \vdash F_1a_1$ と言われたとしても，それは RE を使っているだけである．

[109] 但し，証拠定項と固有変数は峻別される．注 84 参照．

[110] ここで悩ましいのは，例えば $\{F_1a_1, F_2a_1\}$ のように自由変項 a_1 の揃った，ふたつの前提をどう処理するかなのだが（J 構成の時点では，このような前提ができる可能性は充分ある），これは $\{F_1a_1 \wedge F_2a_1\}$ といった連言を組ませ，これで一個の論理式，すなわち $\{\Phi a_1\}$ とみなす．また目下の議論は個体定項にも通用するが，個体定項は，やはり独立の意味論的単位とみなす（後の注 117 も参照）．

[111] 推論を証明図上でやっているとイメージしてほしい．

$$\{F_1a_1, F_1a_2\cdots\cdots, \exists x_1F_1x_1 \to F_1c_{F1}\} \vdash F_1c_{F1}.$$

⑩ $\{F_1a_1, F_1a_2\cdots\cdots, \exists x_1F_1x_1 \to F_1c_{F1}\}$ は，構文論的に無矛盾であるから[112]，⑨と定義 198 より，次が言える[113].

$$\{F_1a_1, F_1a_2\cdots\cdots, \exists xF_1x \to F_1c_{F1}\} \nvdash \neg F_1c_{F1}.$$

ここから Rule 1（200）より，次のように集合の要素がひとつ増える.

$$\{F_1a_1, F_1a_2\cdots\cdots, \exists xF_1x \to F_1c_{F1}, F_1c_{F1}\}$$

⑪ ここまでの論理をまとめると，以下のようにして自由変項が潰されるのがわかる.

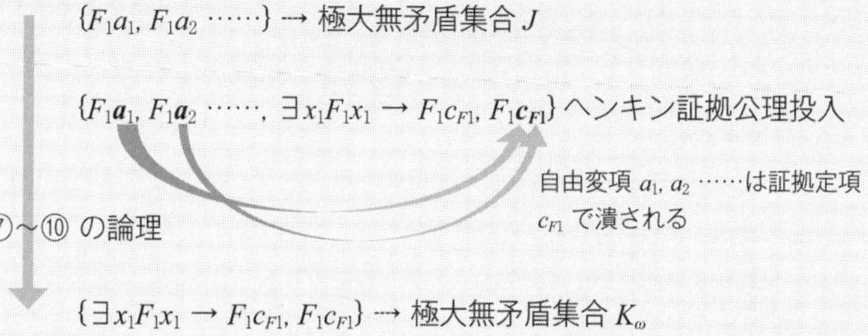

⑫ こうして J にあった自由変項は，ヘンキン証拠公理（210）により，すべて，証拠定項で潰されてしまう．その先に生まれるのが，極大無矛盾集合 K_ω なのである.

第 7 章　完全性定理前件

自由変項を排除した極大無矛盾集合 K_ω を作った．これにより，完全性定理（197）の前件が充たされることを，まず，確認したい.

§ 233　ここまでの話

ここまでの話をふり返ると次のようになる．対偶をとることで（197），完全性定理の焦点は，理論に移った．理論という単一集合を考えるため，$\Gamma \vdash \varphi$ という論理的緊

---

112 $\{F_1a_1, F_1a_2\cdots\cdots, \exists x_1F_1x_1 \to F_1c_{F1}\} = K_i$ が構文論的に矛盾していたとする（背理法の仮定）．このとき，或る φ があって，$K_i \vdash \varphi$ かつ $K_i \vdash \neg\varphi$．そこで $\wedge$-Intro と CONTRAD より，K_i の好きな要素，例えば F_1a_1 を選び，その否定を導き出す．例えば　$K_i \vdash \neg F_1a_1$．だがどれを選んでも，例えば F_1a_1 が K_i に帰属した理由，すなわち Rule 1（200）$\Gamma_i \nvdash \neg F_1a_1$ に反する．■
$\exists x_1F_1x_1 \to F_1c_{F1}$ にも同様の議論が成立する（金子 2019, 付録 9）.

113 $\{F_1a_1, F_1a_2\cdots\cdots, \exists x_1F_1x_1 \to F_1c_{F1}\} \vdash F_1c_{F1}$ かつ $\{F_1a_1, F_1a_2\cdots\cdots, \exists x_1F_1x_1 \to F_1c_{F1}\} \vdash \neg F_1c_{F1}$ は言えない．既に $\{F_1a_1, F_1a_2\cdots\cdots, \exists x_1F_1x_1 \to F_1c_{F1}\} \vdash F_1c_{F1}$ を言ってしまっているから…… という論理である.

張にあった Γ と φ の関係も緩和された．$\Gamma\cup\{\neg\varphi\}$ という当初の形は意義を失ったのである（特に $\neg\varphi$ の否定形は重要でなくなった）．

焦点となる理論は，極大まで大きなものが構想され，一旦 J が考えられ（200），その後，自由変項の欠点を解消するため，さらに K_ω が構築された（211）．

以上の経緯から，$\Gamma\cup\{\neg\varphi\}$ で考えられていた完全性定理も（197），いまや K_ω を使い，こう定式化し直される．

212　K_ω は構文論的に無矛盾である ⇒　K_ω は充足可能である　[完全性定理]

以下に証明される完全性定理は，この形になる．

§234　K_ω の極大性

完全性定理で考えられる文の集合は，可算無限だった（§211）．矛盾を起こさないもの同士を集めたものに限定しても，それは変わらない（可算無限である）．なので K_ω の大きさも，可算無限と考えてよい．ではなぜ，極大（maximum）なんて言い方をするのか．

これは，それ以上 K_ω に加えることができない，という点を強調するためである．要素が一列に並べられたとして，極大の要素とは，それより後に来る要素が，集合に属し得ないことを言う[114]．K_ω の場合，属さないことが，無矛盾性（200 Rule 1）から言われる．つまり，これ以上後に来る文を追加すると矛盾が起きる[115]．K_ω の極大性は，K_ω の構文論的無矛盾性から，いわば内側から確保されているのである．

§235　K_ω の構文論的無矛盾性

K_ω の構文論的無矛盾性は，その生成過程から明らかだが（200，211），一応ここで証明しておく．

213　任意の φ について，$K_\omega\vdash\varphi$ かつ $K_\omega\vdash\neg\varphi$，ということはない．

① $K_\omega\vdash\varphi$ かつ $K_\omega\vdash\neg\varphi$ だったとする．[背理法の仮定]

② ①の各証明図の最後に $\wedge$-Intro を追加適用して，$K_\omega\vdash\varphi\wedge\neg\varphi$.

③ ②に CONTRAD を追加適用し，$\psi\in K_\omega$ である ψ をわざと選び，$K_\omega\vdash\neg\psi$ とする．

④ しかし $\psi\in K_\omega$ なのだから，Rule 1（200）より，K_ω に至る前の段階の K_i で

---

114 集合 D 内の極大要素 m は $\neg\exists x\in D(m<x)$ で特徴づけられる（Enderton 1977, p.171）．

115 つまり，K_ω に新たに文を追加すると矛盾が生じてしまう（廣瀬ほか 1985, p.82）．

$K_i \nvdash \neg\psi$ だったはず．それは K_ω になっても変わらず $K_\omega \nvdash \neg\psi$ である．

⑤　③④ より矛盾発生．

⑥　①⑤ より，こうして背理法が成立し，定理 213 は証明された．■

§ 236　K_ω の充足可能性へ

K_ω の構文論的無矛盾性が証明された．これは完全性定理（212）の前件が充たされた，ということである．完全性定理といえども文面は条件法なので，前件真なら，後件真で，全体が真になる（39 ④）．なので証明の残りは，後件，K_ω の充足可能性を示す作業になる．

第 8 章　完全性定理後件

K_ω の充足可能性を最後に証明する．だが，ここからが実を言うと，長い話になる．

§ 237　K_ω の充足可能性

完全性定理の証明は，あと，後件の充足可能性を言えばよい（212）．だが，それは長い話になる．下準備として，とりあえず，充足可能とは何だったか，K_ω に即してふり返っておこう．

214　K_ω が充足可能である $\Longleftrightarrow$ 或る M_i があり，M_i のもと K_ω の要素すべてが充足される．

定義 188 に従っている．K_ω には文しかないので（211），付値関数は特定しなくてよい．さて，ここ（214）から「K_ω が充足可能である」と言うには，モデル M_i を見つければよいのがわかる．

§ 238　K_ω の影となるモデル

K_ω を充足するモデルは，しかし実を言うと，見つけるというより，作るものである．まるで言語 K_ω の影のようにして作る（図 123 でイメージしてほしい），そのモデルを $M_H = \langle D_H, I_H \rangle$ と名づけよう．

対象領域 D_H だが，これは，K_ω に関係なく，ひたすら個体定項を解釈関数 I_H で一対一対応で写し取ってゆく．

215　$I_H(c_1) = \gamma_1$,　$I_H(c_2) = \gamma_2$,　…….

続けて K_ω で，自由変項を潰してできた証拠定項を（§232），これも素直に一対一対応で写し取ってゆく．

$$216 \quad I_H(c_{F1})=\gamma_{i1},\ I_H(c_{F2})=\gamma_{i2},\ \cdots\cdots$$

証拠定項は元々，指示対象が不定だから，この解釈は見合わない，と思われてしまう[116]．だが，ここ（216）では，実際にどうであるか，というリアルな話はしていない．そうではなく，あくまで解釈可能性を考えている．

例えば，実際の「宝くじの当選者」は，太郎と次郎，ふたり居たとしよう．だが，それとは別に「宝くじの当選者」が，太郎でも次郎でもない，第三者 γ_{ij} である可能性は，解釈のレベルで言えば，充分にある[117]．

モデル論的意味論は，論理学として，そういった解釈を完全に許しているのである（§151）．

§239　述語の解釈

M_H における述語 F_i の解釈は，こう考える．個体定項に一対一対応で割り当てられた対象のなかから（215～216），F_ic_j という単称文を形成し，その形で K_ω に帰属する（$F_ic_j \in K_\omega$）ものだけを掻き集める[118]．これを各述語 F_i に行う．結果，各述語の解釈は，次の内包表記で与えられる．

$$217 \quad I_H(F_i)=\{\gamma \mid F_ic_j \in K_\omega \text{ である個体定項 } c_j \text{ の指示対象 } I_H(c_j)=\gamma\}$$

ここから出来レース的に $F_ic_j \in K_\omega \Longleftrightarrow I_H(c_j) \in I_H(F_i) \Longleftrightarrow M_H \vDash F_ic_j$ が成立するのがわかるだろう．これがそのまま，後の数学的帰納法の Base Case になる（§243）．

---

116 付録 2 ③ 参照．

117 このことは「宝くじの当選者」という記述を，その第三者 γ_{ij} が独占することにはならない．「宝くじの当選者」が γ_{ij} であるままに，太郎も次郎も「宝くじの当選者」であってよい．

なにを考えているのかと言うと，ヘンキン証拠公理における証拠定項 c_F の位置づけである．先に（211 ⑪），論理式 Fa が c_F によって潰される論理を見た．そのことは c_F が F を独占することを意味しない．c_F は F で初登場でなければならないが（上の例での第三者 γ_{ij}），F は c_F しか受け入れない（述語づけられない）ワケではない．他の個体定項 c_1 や c_2 に述語づけられ（上の例の太郎と次郎），Fc_1，Fc_2 を言ってもよい．それらは Fc_F と両立可能である（K_ω のなかで共存し得る）．

118 前注 117 で言われた通り，この c_j は当初，言語にあった c_k であっても，証拠定項 c_F どちらであってもよい．つまり F について重複してよい．

第9章　数学的帰納法

モデル M_H を作ることができた．早速 K_ω が，そこで充足されるのを証明したい．だが問題は，K_ω に可算無限の文があることだ．

§240　最後の定理

K_ω のためのモデル M_H を作った．最後に，そこで K_ω の文が充足されることを言えば，完全性定理（212）は証明される．188 に従い，それは次の通り定式化される．

218　任意の φ について，$\varphi \in K_\omega \iff M_H \vDash \varphi$.
[M_H のもと K_ω の要素すべてが充足される]

最後，ここに焦点を合わせよう．

§241　数学的帰納法

定理 218 を証明すれば完全性定理も証明される．だが，K_ω には可算無限個の文がある（§234）．どうやって，そんな膨大な数の文について，充足可能性を言えばよいのか．

ここで持ち出されるのが，数学的帰納法（mathematical induction）である．付録 3②～③で一度説明している．忘れたひとは，少し手間を取って，読み直してもらいたい．

どうだろう．思い出せただろうか．元々，自然数の性質（property）を証明するための方法だが，ここでは，すべての文について何かしらのこと（性質）を証明するのに使う．すべての文とは K_ω に属する文のことであり，証明したい性質は 218 である．

注意してほしいのは，いくら K_ω の要素がゲーデル数化されたといえども（§228），それを自然数に見立てて，数学帰納法をするのではない，ということだ．

ここで焦点を合わされるのは，文の長さである．これから行うのは，無限のためというより，（文の形成における）次の一歩を先取りする形で，文の長さについて，数学的帰納法を適用することである．

219　数学的帰納法

		Base Case	Induction Step 数学的帰納法の仮定		証明	
①	自然数	0	[k	⇒	$k+1$]	
②	文の長さ	原子文	[ψ	⇒	$\neg\psi$]	命題論理
			[ψ, χ	⇒	$\psi\wedge\chi$]	命題論理
			[ψ, χ	⇒	$\psi\vee\chi$]	命題論理
			[ψ, χ	⇒	$\psi\rightarrow\chi$]	命題論理
			[ψ'	⇒	$\forall x\psi$]	述語論理
			[ψ'	⇒	$\exists x\psi$]	述語論理

§242　再帰的定義

①に元々，自然数に適用していた数学的帰納法（付録3②〜③）が記され，それに対応する形で②に，文の長さについての数学的帰納法が示されている．

自然数0が原子文に相当する．Base Caseでは（定理218が）原子文について証明される．その後，文の形成が進んで$F_1c_1 \rightarrow F_2c_1$なんて文を作ったとする．これが自然数$k$に相当する．それについて，定理218が成立すると仮定する．すなわち，$F_1c_1 \rightarrow F_2c_1 \in K_\omega \iff M_H \models F_1c_1 \rightarrow F_2c_1$．これを，数学的帰納法と言う．その仮定のもと，例えば$\neg(F_1c_1 \rightarrow F_2c_1)$にも定理218が成立することを証明する．これがInduction Stepになる．この場合［$\psi \Rightarrow \neg\psi$］というコースを辿ったことになる．

文の長さは，点線で区切った通り（219），命題論理のように論理接続詞を使って伸びてゆくものと（§246），述語論理のように量化子を使って伸びてゆくもの（§247）に分かれる．いずれにせよ，形成規則（4，78〜80）が，あんな仕方で述べられたのは（再帰的定義），このため（数学的帰納法のため）であった．

第10章　完全性定理証明

以上で概略を言い終えた．後は，ひたすら擬似フィッチ形式で証明する．補題など含め，一気に証明を完成させてしまおう．

§243　Base Case

数学的帰納法（219）を使い定理218を証明する．Base Caseは簡単なので，ここで済ませてしまおう．

述語の解釈で既に言った通り（§239），K_ωに属する原始文φすべてに（78⑨），出

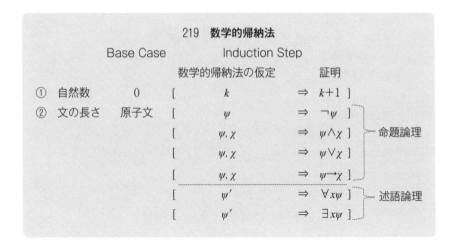

来レース的に，$M_H \vDash \varphi$ が成立する．■

§244　補題ひとつめ

Induction Step は，命題論理（論理接続詞）部門と，述語論理（量化子）部門に分かれる（219）．

まず，命題論理部門を証明しよう．そのためには前もって，いくつか補題[119]を証明しておく必要がある．緻密に証明すると時間がかかるので，ザッと見て済ませる．

220　任意の文 φ について，φ と $\neg\varphi$ が両方 K_ω に属すことはない．

これは，K_ω の構文論的無矛盾性より明らか（213）．これ（220）が成立してしまうと，213 に反する言明が得られてしまう．■

221　任意の文 φ について，φ か $\neg\varphi$ のどちらかが K_ω に属する．

この証明は結構厄介である．本書では K_ω の生成プロセス（211）から直感的に捉えられるとする[120]．■

222　任意の文 φ について，$K_\omega \nvdash \neg\varphi \;\Rightarrow\; \varphi \in K_\omega$．

これは Rule 1（200）そのものにみえるが $K_\omega \cup \{\varphi\}$ となっていないのがポイントである．つまり K_ω の極大性（§234）を言っている．■

223　任意の文 φ について，$\varphi \in K_\omega \;\Rightarrow\; K_\omega \nvdash \neg\varphi$．

222 の逆である．$\varphi \in K_\omega$ なら RE より $K_\omega \vdash \varphi$．K_ω の構文論的無矛盾性より（213），$K_\omega \vdash \neg\varphi$ は言えない．■

§245　補題ふたつめ

これらの補題 220～223 を使い，さらに以下の補題を証明する．

---

119 補題（lemma）とは，大きな定理を証明する途上で区切りとして証明，導入される小定理のことである．この場合 220～227 は補題であり，かつメタ定理と取ってほしい．

120 インフォーマルだが，もう少し詳しい証明が，金子 2019, p.251 付録 12 にある．

224　任意の文 φ について，$\neg\varphi \in K_\omega \iff \varphi \notin K_\omega$.

① $\Rightarrow$ 方向は 220 より明らか.

② $\Leftarrow$ 方向は 221 より明らか. ■

225　任意の文 φ，ψ について，$\varphi\wedge\psi \in K_\omega \iff \varphi\in K_\omega$ かつ $\psi\in K_\omega$.

I．まず，$\varphi\wedge\psi \in K_\omega \Rightarrow \varphi\in K_\omega$ かつ $\psi \in K_\omega$ を証明する.

① $\varphi\wedge\psi \in K_\omega$ を仮定する.［$\Rightarrow$-Intro の仮定］

② ①のとき RE より $K_\omega \vdash \varphi\wedge\psi$.

③ ②の証明図の最後に続けて $\wedge$-Elim を追加適用すれば，$K_\omega \vdash \varphi$ かつ $K_\omega \vdash \psi$.

④ ③に K_ω の構文論的無矛盾性（213）より，$K_\omega \nvdash \neg\varphi$ かつ $K_\omega \nvdash \neg\psi$.

⑤ ④に 222 より，$\varphi\in K_\omega$ かつ $\psi \in K_\omega$.

⑥ ①⑤にメタ言語での $\Rightarrow$-Intro より I は証明された. ■

II．逆，$\varphi\in K_\omega$ かつ $\psi \in K_\omega \Rightarrow \varphi\wedge\psi \in K_\omega$ を証明する.

① $\varphi\in K_\omega$ かつ $\psi \in K_\omega$ を仮定する.［$\Rightarrow$-Intro の仮定］

② ①のとき RE より $K_\omega\vdash\varphi$ かつ $K_\omega\vdash\psi$.

③ ②の証明図の最後に $\wedge$-Intro を追加適用すれば，$K_\omega\vdash\varphi\wedge\psi$.

④ ③に構文論的無矛盾性（213）より，$K_\omega\nvdash\neg(\varphi\wedge\psi)$.

⑤ ④に 222 より，$\varphi\wedge\psi \in K_\omega$.

⑥ ①⑤にメタ言語での $\Rightarrow$-Intro　より II は証明された. ■

226　任意の文 φ，ψ について，$\varphi\vee\psi \in K_\omega \iff \varphi\in K_\omega$ あるいは $\psi\in K_\omega$.

I．まず，$\varphi\vee\psi \in K_\omega \Rightarrow \varphi\in K_\omega$ あるいは $\psi\in K_\omega$ を証明する.

① $\varphi\vee\psi \in K_\omega$ を仮定する.［$\Rightarrow$-Intro の仮定］

② 221 より，φ か $\neg\varphi$ のいずれかが K_ω に属する. つまり $\varphi\in K_\omega$ あるいは $\neg\varphi\in K_\omega$.

③ ②について，$\varphi\in K_\omega$ だった場合.［あるいは-Intro の仮定］

④ ③の場合，メタ言語での あるいは-Intro より，$\varphi\in K_\omega$ あるいは $\psi\in K_\omega$.

⑤ ②について，$\neg\varphi\in K_\omega$ だった場合.［あるいは-Intro の仮定］

⑥ ①に RE より $K_\omega\vdash \varphi\vee\psi$. ⑤に RE より $K_\omega\vdash\neg\varphi$.

⑦ ⑥の証明図の最後に派生規則として $\{p\vee q,\ \neg p\}\vdash q$ を追加適用すれば[121]，$K_\omega\vdash\psi$.

[121] $p\vee q$ に $\vee$-Elim で，$[p]_1$ の方に $\neg p$ をぶつけ，CONTRAD で q を得る. ■

⑧ ⑦に 213 より，$K_\omega \nVdash \neg\psi$.

⑨ ⑧に 222 より，$\psi \in K_\omega$.

⑩ ⑨にメタ言語での あるいは-Intro より $\varphi \in K_\omega$ あるいは $\psi \in K_\omega$.

⑪ ②と，③④，⑤⑩ に，あるいは-Elim を適用して，$\varphi \in K_\omega$ あるいは $\psi \in K_\omega$.

⑫ ①⑪に，⇒-Intro より I は証明された．■

II．逆，　$\varphi \in K_\omega$ あるいは $\psi \in K_\omega \Rightarrow \varphi \vee \psi \in K_\omega$ を証明する.

① $\varphi \in K_\omega$ あるいは $\psi \in K_\omega$を仮定する．[⇒-Intro の仮定]

② $\varphi \in K_\omega$ を仮定する．[あるいは-Elim の仮定]

③ ②のとき，RE で $K_\omega \vdash \varphi$.

④ ③の証明図の最後に ∨-Elim を追加適用し，$K_\omega \vdash \varphi \vee \psi$.

⑤ ④に 213 より，$K_\omega \nVdash \neg(\varphi \vee \psi)$.

⑥ ⑤に 222 より，$\varphi \vee \psi \in K_\omega$.

⑦ 今度は，$\psi \in K_\omega$ を仮定する．[あるいは-Elim の仮定]

⑧ ⑦のときも，②⑥と同じように考えれば，$\varphi \vee \psi \in K_\omega$.

⑨ ①と，②⑥，⑦⑧に，あるいは-Elim を適用し，$\varphi \vee \psi \in K_\omega$.

⑩ ①⑨に，⇒-Intro よりIIは証明された．■

227　任意の文 φ，ψ について，$\varphi \to \psi \in K_\omega \iff \varphi \notin K_\omega$ あるいは $\psi \in K_\omega$.

I．$\varphi \to \psi \in K_\omega \Rightarrow \varphi \notin K_\omega$ あるいは $\psi \in K_\omega$ を証明する.

① $\varphi \to \psi \in K_\omega$ を仮定する．[⇒-Intro の仮定]

② 221 より，φ か $\neg\varphi$ のいずれかが K_ω に属する．つまり $\varphi \in K_\omega$ あるいは $\neg\varphi \in K_\omega$.

③ $\neg\varphi \in K_\omega$を仮定する．[あるいは-Elim の仮定]

④ ③に，既に証明された 224 より，$\varphi \notin K_\omega$.

⑤ ④に あるいは-Intro で，$\varphi \notin K_\omega$ あるいは $\psi \in K_\omega$.

⑥ 今度は $\varphi \in K_\omega$を仮定する．[あるいは-Elim の仮定]

⑦ ①⑥より K_ω には，$\varphi \to \psi$ と φ があるから RE でそれらを出し$K_\omega \vdash \varphi \to \psi$, $K_\omega \vdash \varphi$.

⑧ ⑦の証明図の最後に →-Elim を追加適用し，$K_\omega \vdash \psi$.

⑨ ⑧に 213 より，$K_\omega \vdash \nVdash \neg\psi$.

⑩ ⑨に 222 より，$\psi \in K_\omega$.

⑪ ⑩に あるいは-Intro より，$\varphi \notin K_\omega$ あるいは $\psi \in K_\omega$.

⑫ ②と，③⑤，⑥⑪ に，あるいは-Elim を適用し，$\varphi \notin K_\omega$ あるいは $\psi \in K_\omega$.

⑬ ①⑫ に，⇒-Intro より I は証明された．■

Ⅱ. 逆, $\varphi\notin K_\omega$ あるいは $\psi\in K_\omega \Rightarrow \varphi\rightarrow\psi \in K_\omega$ を証明する.

① $\varphi\notin K_\omega$ あるいは $\psi\in K_\omega$ を仮定する. [⇒-Intro の仮定]

② $\varphi\notin K_\omega$ を仮定する. [あるいは-Elim の仮定]

③ ② のとき, 221 より $\neg\varphi\in K_\omega$.

④ ③ に RE で, $K_\omega\vdash\neg\varphi$.

⑤ ④ の証明図の最後に ∨-Intro を追加適用し, $K_\omega\vdash\neg\varphi\vee\psi$.

⑥ ⑤ の証明図の最後に, $\vdash p\rightarrow q \longleftrightarrow \neg p\vee q$ (練問 11) を外延置換原理 (57) で適用すれば, $K_\omega\vdash\varphi\rightarrow\psi$ が得られる.

⑦ ⑥ に 213 より, $K_\omega\nvdash\neg(\varphi\rightarrow\psi)$.

⑧ ⑦ に 222 より, $\varphi\rightarrow\psi \in K_\omega$.

⑨ 今度は $\psi\in K_\omega$ を仮定する. [あるいは-Elim の仮定]

⑩ ⑨ に RE より, $K_\omega\vdash\psi$.

⑪ ⑩ の証明図に, ∨-Intro を追加適用し, $K_\omega\vdash\neg\varphi\vee\psi$.

⑫ ⑪ の後は, ⑥ から ⑧ と同じようにやれば, $\varphi\rightarrow\psi \in K_\omega$.

⑬ ①と, ②⑧, ⑨⑫ に, あるいは-Elim を適用し, $\varphi\rightarrow\psi \in K_\omega$.

⑭ ①⑬ に, ⇒-Intro より, Ⅱは証明された. ■

§ 246 Induction Step：命題論理部門

以上の補題 220～227 を使い, 完全性定理を証明する. 図 219 に従い, 数学的帰納法を用いる. Base Case は既に証明し終えているから (§243), Induction Step だけ扱う.

既に述べた通り (§244), Induction Step は, 命題論理部門と述語論理部門に分かれる (219). まず, 命題論理部門から証明しよう.

228 φ が $\neg\psi$ だった場合

① 数学的帰納法の仮定として, ひとつ前の長さの文 ψ にはメタ定理 218 が成立すると仮定し, そこから次の一歩となる長さの文 $\neg\psi$ を考え, それについて同定理 (218) を証明する.

② $\psi \in K_\omega \Longleftrightarrow M_H \vDash \psi$. [数学的帰納法の仮定]

③ ② に, $\{p\longleftrightarrow q\}\vdash \neg p\longleftrightarrow\neg q$ という派生規則[122]を適用すれば, $\psi \notin K_\omega \Longleftrightarrow M_H \nvDash \psi$.

④ ③ の左辺に 224, 右辺に ¬ の充足条件 (127④) より, $\neg\psi \in K_\omega \Longleftrightarrow$

[122] 対偶 (練問 9) と Def ↔ より即座に証明される. ■

$M_H \vDash \neg\psi$.

⑤ ②④より，数学的帰納法が成立．■

229　φ が $\psi \wedge \chi$ だった場合

① $\psi \in K_\omega \Longleftrightarrow M_H \vDash \psi$. $\chi \in K_\omega \Longleftrightarrow M_H \vDash \chi$. ［数学的帰納法の仮定］

② $\psi \wedge \chi \in K_\omega$ は 225 より，$\psi \in K_\omega$ かつ $\chi \in K_\omega$ ということである．

③ ②に①の仮定より，$M_H \vDash \psi$ かつ $M_H \vDash \chi$. ［外延置換原理使用］

④ ③に $\wedge$ の充足条件（127⑤）より，$M_H \vDash \psi \wedge \chi$.

⑤ ②〜④より，①の仮定のもと，$\psi \wedge \chi \in K_\omega \Longleftrightarrow M_H \vDash \psi \wedge \chi$ が言えた．■

230　φ が $\psi \vee \chi$ だった場合

① $\psi \in K_\omega \Longleftrightarrow M_H \vDash \psi$. $\chi \in K_\omega \Longleftrightarrow M_H \vDash \chi$. ［数学的帰納法の仮定］

② $\psi \vee \chi \in K_\omega$ は 226 より，$\psi \in K_\omega$ あるいは $\chi \in K_\omega$ ということである．

③ ②に①の仮定より，$M_H \vDash \psi$ あるいは $M_H \vDash \chi$. ［外延置換原理使用］

④ ③に $\vee$ の充足条件（127⑥）より，$M_H \vDash \psi \vee \chi$.

⑤ ②〜④より，①の仮定のもと，$\psi \vee \chi \in K_\omega \Longleftrightarrow M_H \vDash \psi \vee \chi$ が言えた．■

231　φ が $\psi \rightarrow \chi$ だった場合

① $\psi \in K_\omega \Longleftrightarrow M_H \vDash \psi$. $\chi \in K_\omega \Longleftrightarrow M_H \vDash \chi$. ［数学的帰納法の仮定］

② $\psi \rightarrow \chi \in K_\omega$ は 227 より，$\psi \notin K_\omega$ あるいは $\chi \in K_\omega$ ということである．

③ ①の $\psi \in K_\omega \Longleftrightarrow M_H \vDash \psi$ は $\{p \longleftrightarrow q\} \vdash \neg p \longleftrightarrow \neg q$ という派生規則（228③）を使い，$\psi \notin K_\omega \Longleftrightarrow M_H \nvDash \psi$ としておく．

④ ②に①（③）の仮定より，$M_H \nvDash \psi$ あるいは $M_H \vDash \chi$. ［外延置換原理使用］

⑤ ④に $\rightarrow$ の充足条件（127⑦）より，$M_H \vDash \psi \rightarrow \chi$.

⑥ ②〜⑤より，①の仮定のもと，$\psi \rightarrow \chi \in K_\omega \Longleftrightarrow M_H \vDash \psi \rightarrow \chi$ が言えた．■

§ 247　Induction Step：述語論理部門

以上の証明は，そのまま命題論理の完全性定理証明として通用する．続けて，述語論理部門について，Induction Step を行う（219）．ここでは，双条件法の形をした 218 を Def $\leftrightarrow$ で解体し，$\Rightarrow$ 方向と $\Leftarrow$ 方向に分けて証明する．

232　φ が $\forall x\,\psi$ だった場合

Ⅰ．$\forall x\psi \in K_\omega \Rightarrow M_H \vDash \forall x\psi$ から証明する．

① $\forall x\psi \in K_\omega$ を仮定する．［⇒-Intro の仮定］

② しかし $M_H \nvDash \forall x\psi$ だったとする．［背理法の仮定］

③ ここでヘンキン証拠公理（210）の論理式部分を使い，$\psi = \neg \Phi x$ という対応関係を考える．これは形態的一致であって同値以上のものだ．

④ ③を使えば，②は $M_H \nvDash \forall x \neg \Phi x$ と表される．

⑤ ④のとき，∀の充足条件より（127⑧），或る η_k があって，$M_H \nvDash \eta_k \neg \Phi a$.[123]

⑥ ⑤に ¬ の充足条件より（127④），或る η_k があって，$M_H \vDash \eta_k \Phi a$.[124]

⑦ ⑥の a は元々 J（200）にあった自由変項なのだが，それは K_ω の内では個体定項 c_Φ で潰されている（§232）．だから⑥は，$M_H \vDash \eta_k \Phi c_\Phi$ と言い換えらえる．

⑧ ⑦は，$\eta_k(a) = I_H(c_\Phi) = \gamma \in D_H$ ということだ（216）．いずれにせよ文だから，η_k がお役御免となり $M_H \vDash \Phi c_\Phi$ と書ける．

⑨ ⑧に，¬ の充足条件（127④）と二重否定律より，$M_H \nvDash \neg \Phi c_\Phi$.

⑩ ここで①に戻る．$\forall x\psi \in K_\omega$ なので RE を使い $K_\omega \vdash \forall x\psi$.

⑪ ⑩に③の定義を適用し，$K_\omega \vdash \forall x \neg \Phi x$.

⑫ ⑪について証明図を考え，最後に ∀-Elim を追加し，ワザと⑦で出て来た c_Φ に被せる．すなわち $K_\omega \vdash \neg \Phi c_\Phi$.

⑬ ⑫に現れた $\neg \Phi c_\Phi$ という文だが，これが数学的帰納法の適用される ψ' となる．つまり⑫は，$K_\omega \vdash \psi'$ と言っているのだ．

⑭ ⑬に 213 より $K_\omega \nvdash \neg \psi'$.

⑮ ⑭に 222 より $\psi' \in K_\omega$.

⑯ ここで漸く数学的帰納法に入る．$\psi' \in K_\omega \Longleftrightarrow M_H \vDash \psi'$.［数学的帰納法の仮定］

⑰ ⑮⑯より，$M_H \vDash \psi'$.

⑱ しかし⑨に③の定義（④～⑧も参照）を適用すると，$M_H \nvDash \psi'$.

⑲ ⑰⑱より矛盾発生．

⑳ ②⑲より背理法成立．ゆえに $M_H \vDash \forall x\psi$.

㉑ ①⑳に ⇒-Intro より，こうしてⅠは証明された．■

---

[123] $\{\neg \forall x F x\} \vdash \exists x \neg F x$ というドモルガンの法則 IV の推論バージョンを使っている．演繹定理（64）で証明される．

[124] ⊨ 内部で二重否定が行われている．気になるひとは，金子 2019, p.248 n.21 を読んでほしい．

Ⅱ．次に，逆 $M_H \vDash \forall x\psi \Rightarrow \forall x\psi \in K_\omega$ を証明する．

① $M_H \vDash \forall x\psi$ を仮定する．［⇒-Intro の仮定］

② しかし $\forall x\psi \notin K_\omega$ だったとする．［背理法の仮定］

③ ② に 224 より，$\neg\forall x\psi \in K_\omega$.

④ ③ に RE で，$K_\omega \vdash \neg\forall x\psi$.

⑤ ここでヘンキン証拠公理（210）の論理式部分を使い，$\psi = \neg\Phi x$ という対応関係を考える．これは形態的一致であって同値以上のものである．

⑥ ④⑤ より，$K_\omega \vdash \neg\forall x\neg\Phi x$.

⑦ ⑥ の証明図の最後に $\{\neg\forall x\neg Fx\} \vdash \exists xFx$ を適用し[125]，$K_\omega \vdash \exists x\Phi x$.

⑧ K_ω にはヘンキン証拠公理が入っているから RE で出して，$K_\omega \vdash \exists x\Phi x \rightarrow \Phi c_\Phi$.

⑨ ⑦⑧ の証明図を繋げ，→-Elim を追加適用すれば，$K_\omega \vdash \Phi c_\Phi$.

⑩ ここで ① に戻る．⑤ の定義より，それは $M_H \vDash \forall x\neg\Phi x$ と言い換えられる．

⑪ ⑩ に，$M \vDash \forall xFx \Rightarrow M \vDash Fc$ というメタ定理を適用し[126]，$M_H \vDash \neg\Phi c_\Phi$ を得る．

⑫ ⑪ に現れた $\neg\Phi c_\Phi$ という文だが，これが数学的帰納法の適用される ψ' となる．つまり⑪ は，$M_H \vDash \psi'$ と言っている．

⑬ ⑫ を踏まえて数学的帰納法に入る．$\psi' \in K_\omega \iff M_H \vDash \psi'$．［数学的帰納法の仮定］

⑭ ⑫⑬ より，$\psi' \in K_\omega$.

⑮ ⑭ に 223 より，$K_\omega \nvdash \neg\psi'$.

⑯ ⑮ に，⑤ の定義より（⑫も参照），$K_\omega \nvdash \neg\neg\Phi c_\Phi$.

⑰ ⑯ に，$\Gamma \nvdash \varphi \iff \Gamma \nvdash \neg\neg\varphi$ というメタ定理を適用すれば[127]，$K_\omega \nvdash \Phi c_\Phi$.

⑱ ⑨⑰ で矛盾発生．

⑲ ②⑱ より背理法成立．ゆえに $\forall x\psi \in K_\omega$.

⑳ ①⑳ に ⇒-Intro より，こうしてⅡは証明された．■

---

[125] 112 に Def ↔，演繹定理（64）より明らか．■

[126] 充足条件 127 ⑧，② より証明される．金子 2019, p.210 練習問題 30 参照．$\{\forall xFx\} \vDash Fc$ という論理的帰結と取り，証明を反証図に委ねるのでもよい（§156）．現在証明中だが，完全性定理を前提し，構文論に証明を委ねてもよい．

[127] 元々，$\Gamma \vdash \varphi \iff \Gamma \vdash \neg\neg\varphi$ という形で証明される．Γ を任意の前提と考えれば，⇒ 方向は派生規則 $\{p\} \vdash \neg\neg p$ から証明される（練問 20 と演繹定理 64 より明らか）．⇐ 方向は ¬-Elim そのもの．■ 金子 2019, p.207 練習問題 37 参照．

233　φ が $\exists x\psi$ だった場合

Ⅰ．$\exists x\psi \in K_\omega \Rightarrow M_H \vDash \exists x\psi$ から証明する．

① $\exists x\psi \in K_\omega$ を仮定する．［⇒-Intro の仮定］

② しかし，$M_H \nvDash \exists x\psi$　だったとする．［背理法の仮定］

③ ここでヘンキン証拠公理（210）の論理式部分を使い，$\psi = \neg\Phi x$ という対応関係を考える．これは形態的一致であって同値以上のものである．

④ ②は，③の定義より $M_H \nvDash \exists x\neg\Phi x$ と表される．

⑤ ④に $\neg$ の充足条件より（127④），$M_H \vDash \neg\exists x\neg\Phi x$.

⑥ ⑤に，$M \vDash \neg\exists x\neg Fx \;\Rightarrow\; M \vDash \forall xFx$ というメタ定理を適用して[128]，$M_H \vDash \forall x\Phi x$.

⑦ さて⑥の元を辿り①を見れば分かる通り，$\forall x\Phi x$ は K_ω の表現である．そして K_ω の表現で M_H の議論領域にあり，名指されていないものはない（215〜216）．

⑧ ⑦より，⑥は，任意の個体定項 α について $M_H \vDash \Phi\alpha$，と言い換えてよい．そしてその任意の α として，ここでは後に⑪で出て来る $c_{\neg\Phi}$ を先回りして選んでおく．つまり，$M_H \vDash \Phi c_{\neg\Phi}$.[129]

⑨ ここで①に戻る．$\exists x\psi \in K_\omega$ なので定義③より $\exists x\neg\Phi x \in K_\omega$．RE を使い $K_\omega \vdash \exists x\neg\Phi x$.

⑩ K_ω にはヘンキン証拠公理が入っているから RE でそれを出して，$K_\omega \vdash \exists x\neg\Phi x \rightarrow \neg\Phi c_{\neg\Phi}$.[130]

⑪ ⑨⑩の証明図を繋げ，→-Elim を追加適用で，$K_\omega \vdash \neg\Phi c_{\neg\Phi}$.

⑫ ⑪に現れた $\neg\Phi c_{\neg\Phi}$ という文だが，これが数学的帰納法の適用される ψ' となる．つまり⑪は，$K_\omega \vdash \psi'$ と言っているのだ．

⑬ ⑫に 213 より，$K_\omega \nvdash \neg\psi'$.

⑭ ⑬に 222 より，$\psi' \in K_\omega$.

⑮ ここで漸く数学的帰納法に入る．$\psi' \in K_\omega \iff M_H \vDash \psi'$．［数学的帰納法の仮定］

⑯ ⑭⑮より，$M_H \vDash \psi'$.

⑰ ⑯を，⑫に従い，戻して $M_H \vDash \neg\Phi c_{\neg\Phi}$.

⑱ ⑰に，$\neg$ の充足条件より（127④），$M_H \nvDash \Phi c_{\neg\Phi}$.

---

128 $\{\neg\exists x\neg Fx\} \vDash \forall xFx$ のことだと理解してよい．金子 2019, p.210 練習問題 31 参照．注 126 と同様に考えてよい．

129 ⑥同様の論理で，$M \vDash \forall xFx \;\Rightarrow\; M \vDash Fc$ のことだと理解してほしい．

130 232 Ⅱ⑧と違い，否定形であることに注意．

⑲　⑧⑱ より，矛盾発生．

⑳　②⑲ より，背理法成立．ゆえに $M_H \vdash \exists x\psi$.

㉑　①⑳ に ⇒-Intro より，こうしてⅠは証明された．■

Ⅱ．次に逆，$M_H \vDash \exists x\psi \Rightarrow \exists x\psi \in K_\omega$ を証明する．

①　$M_H \vDash \exists x\psi$ を仮定する．［⇒-Intro の仮定］

②　しかし，$\exists x\psi \notin K_\omega$ だったとする．［背理法の仮定］

③　② に 222 の対偶から，$K_\omega \vdash \neg \exists x\psi$.

④　ここでヘンキン証拠公理（210）の論理式部分を使い，$\psi = \neg \Phi x$ という対応関係を考える．これは形態的一致であって同値以上のものである．

⑤　③④ より，$K_\omega \vdash \neg \exists x \neg \Phi x$.

⑥　⑤ の証明図の最後に $\{\neg \exists x \neg Fx\} \vdash \forall x Fx$ という派生規則[131]を追加適用して，$K_\omega \vdash \forall x \Phi x$.

⑦　⑥ の証明図の最後に ∀-Elim を追加適用して，$K_\omega \vdash \Phi c_j$. この c_j は後の ⑩ で出てくるものを先取りしている．

⑧　ここで ① に戻る．④ を使い，$M_H \vDash \exists x \neg \Phi x$.

⑨　⑧に，∃ の充足条件（127⑨）より，或る η_k があって，$M_H \vDash_{\eta_k} \neg \Phi a$.

⑩　⑨ の a に対する付値 $\eta_k(a)$ についてだが，その対象 $\eta_k(a) = \gamma$ は既に，K_ω の個体定項のいずれかによって名指されている（215～216）．その個体定項を c_j としよう．

⑪　⑩ より，⑨ は単純に，$M_H \vDash \neg \Phi c_j$, と言ってしまってよい

⑫　⑪ について，④ の定義を踏まえ，x を c_j で置き換えたことをダッシュで示し $M_H \vDash \psi'$ と表す．これが数学的帰納法の仮定の適用対象である．

⑬　⑫ について漸く数学的帰納法に入る．$\psi' \in K_\omega \iff M_H \vDash \psi'$. ［数学的帰納法の仮定］

⑭　⑫⑬ より，$\psi' \in K_\omega$.

⑮　⑭ に 223 より，$K_\omega \nvdash \neg \psi'$.

⑯　⑮ は ⑫④ より，$K_\omega \nvdash \neg \neg \Phi c_j$.

⑰　⑯ に，$\Gamma \nvdash \varphi \iff \Gamma \nvdash \neg\neg\varphi$ というメタ定理を適用し[132]，$K_\omega \nvdash \Phi c_j$.

⑱　⑦⑰ より，矛盾発生．

⑲　②⑱ より，背理法が成立．ゆえに $\exists x\psi \in K_\omega$.

⑳　①⑲ に ⇒-Intro より，こうしてⅡは証明された．■

---

[131] 111，Def ↔ に演繹定理（64）より明らか．

[132] 注 127 に同じ．

第Ⅸ部　健全性定理

完全性定理を終えた．今度は，その逆，健全性定理を証明しよう．

第1章　Base Case

完全性定理は，長い道のりを経て完全性定理を変形し（182 → 212），最後，後件を定理として取り出し（218），そこに数学的帰納法を掛けた．そんな面倒くさい手続きは，健全性定理の場合，取らなくてよい．

§248　健全性定理へ

話を§207に戻そう．いま，意味論から構文論に橋を掛けたところである（§208）．今度は，構文論から意味論へ橋を掛ける（§209）．$\Gamma \vdash \varphi \Rightarrow \Gamma \vDash \varphi$，すなわち健全性定理だ（184）．

健全性定理も完全性定理同様，強い（strong）形を証明する．要するに，前提Γを可算無限集合とみなす（§211）．

健全性定理に限っていえば，そのことは，大して問題にならない．たとえ可算無限の前提を考えても，証明で使われるのは有限だからだ．さもなくば，始式が無限にある，つまり，無限に横に伸びた証明図を書くことになる．それは，おかしい．よって考える前提は，実質的に有限でよい[133]．

§249　証明図の長さ

この短い説明からわかる通り，健全性定理では$\Gamma \vdash \varphi \Rightarrow \Gamma \vDash \varphi$が直接証明対象となる．これは，完全性定理に比べれば天国みたいなものだ．

$\Gamma \vdash \varphi \Rightarrow \Gamma \vDash \varphi$を直接証明する際，$\Gamma \vdash \varphi$に焦点を合わせ，その証明図（§27）に数学的帰納法を掛けることになる．Induction Stepの方がイメージしやすいだろう（234）．

§250　Base Case

健全性定理の証明は，証明図の長さについての数学的帰納法になる．

Base Caseは，証明図の長さが1の場合だ．これは，しかし，結構イメージしに

133 本書では扱わないが，コンパクト性定理の証明で使われる論法である（金子 2019, p.245 ⑨⑩）．

くい.

証明図の長さが1とは，始式（§30）しかない状態だ．その始式をφと名づけよう．

こんな場面を想像してほしい．$\{..., \varphi, ...\}$という前提がある．なので証明図の始式にφと書いた[134]．それを見た意味論の流派[135]のひとが「そんなこと，やっていいんですか？」と問いかける．

それに対し，構文論流派のひとは平然と答える．「だって，あなたたちだって，定義48（141）のように定義するんですよね．$\{..., \varphi, ...\}$と前提されたら，当然，φと言えるんじゃないですか？」

これが，Base Caseの証明になる．構文論的に言えば$\{..., \varphi, ...\} \vdash \varphi$，意味論的に言えば$\{..., \varphi, ...\} \vDash \varphi$.

RE（練問5①）は，絡ませない方がよいだろう．あくまで，始式に前提[136]を書くことの妥当性（論理的帰結）が問われている．それが，以上の議論で証明されたと考えてほしい．■

第2章　Induction Step

Base Caseを証明した．続けて，Induction Stepに取りかかる．

§251　Induction Step

健全性定理$\Gamma \vdash \varphi \Rightarrow \Gamma \vDash \varphi$は，$\Gamma \vdash \varphi$を示すに証明図の長さに沿って証明される．証明図の長さについて，数学的帰納法を適用するのだ．

234　数学的帰納法

Base Case　始式［§250で証明済］

Induction Step

$$\begin{array}{cl} \vdots & \\ \psi & \leftarrow k\text{行目} \\ \overline{\quad\quad} \text{ NK推論図} & \\ \varphi & \leftarrow k+1\text{行目} \end{array}$$

Base Caseは既に証明した（§250）．なので以下の話は，Induction Stepに限られる．それは，こう説明される．

まず，数学的帰納法の仮定として，k行目まで健全性定理が成立していたとする．

---

[134] §34辺りの話の意味論的根拠が問われていると考えてほしい．

[135] 意味論にせよ，構文論にせよ，論理学の異なる流派と言える（§3）．完全性定理（182）にせよ，健全性定理（184）にせよ，ふたつの流派の間の合意を目指していると言える．

[136] 仮定は別の論じられ方をする（238，239，241，246）．

すなわちk行目までの証明図がどうあれ，前提や仮定をひっくるめて$\Gamma\vdash\psi\Rightarrow\Gamma\vDash\psi$である，とそう仮定する．これを表したのが $\vdots \atop \psi$ に対応する．

その（数学的帰納法の）仮定のもと，$k+1$行目で$\Gamma\vDash\varphi$だけ証明すればよい．$\Gamma\vdash\varphi$ を証明する必要はない．上掲図が書かれた時点で，$\Gamma\vdash\varphi$ は明らかだからだ．

§ 252　Induction Step：命題論理部門

では，Induction Step に入ろう．図 234 に記した通り，*NK* の推論図に従って進んでゆく．推論図は，命題論理（15〜18）と述語論理（95〜96）に分かれる．

命題論理部門から始める．命題論理といっても，使われる意味論は，述語論理のもの（モデル論的意味論）であることに注意してほしい．

235　∧-**Intro**（15①）

① こんな風になっているはず．

$$\dfrac{\psi\quad\chi}{\psi\wedge\chi}\ \wedge\text{-Intro}\qquad \begin{matrix}\leftarrow k\text{行目}\\ \leftarrow k+1\text{行目}\end{matrix}$$

② ①の時点で$\Gamma\vdash\psi$，$\Gamma\vdash\chi$，$\Gamma\vdash\psi\wedge\chi$は言えているから，$\Gamma\vDash\psi$と$\Gamma\vDash\chi$だけ仮定する．［$k$行目への数学的帰納法の仮定］

③ ②の仮定に，論理的帰結の定義（141）より，Γを充足するM_iとη_jが，ψとχも充足する．

④ ③より，M_iとη_jに，Γを充足する，という制限をつけた上で，$M_i\vDash_{\eta_j}\psi$かつ$M_i\vDash_{\eta_j}\chi$.

⑤ ④と ∧ の充足条件（127⑤）より，$M_i\vDash_{\eta_j}\psi\wedge\chi$.

⑥ ④以来，Γを充足する，という制限は変わらないから，⑤より，$\Gamma\vDash\psi\wedge\chi$.［$k+1$行目］

⑦ ②⑥より，数学的帰納法成立．■

236　∧-**Elim**（15②）

① こんな風になっているはず（χの方は省略）．

$$\dfrac{\begin{matrix}\vdots\\ \psi\wedge\chi\end{matrix}}{\psi}\ \wedge\text{-Elim}\qquad \begin{matrix}\leftarrow k\text{行目}\\ \leftarrow k+1\text{行目}\end{matrix}$$

② ①の時点で$\Gamma\vdash\psi\wedge\chi$，$\Gamma\vdash\psi$は言えているから，$\Gamma\vDash\psi\wedge\chi$だけを仮定する．［$k$行目への数学的帰納法の仮定］

③　②の仮定に，論理的帰結の定義（141）より，Γを充足するM_iとη_jが，$\psi \wedge \chi$も充足する．

④　③より，M_iとη_jに，Γを充足する，という制限をつけた上で，$M_i \vDash_{\eta_j} \psi \wedge \chi$.

⑤　④と$\wedge$の充足条件（127⑤）より，$M_i \vDash_{\eta_j} \psi$かつ$M_i \vDash_{\eta_j} \chi$.

⑥　⑤に，かつ-Elimより，$M_i \vDash_{\eta_j} \psi$. [137]

⑦　④以来，Γを充足する，という制限は変わらないから，⑥より，$\Gamma \vDash \psi$.
［$k+1$行目］

⑧　②⑦より，数学的帰納法成立．■

237　∨-Intro（16①）

①　こんな風になっているはず（χの方は省略）．

$$\begin{array}{cl} \vdots & \\ \psi & \leftarrow k\text{行目} \\ \hline \psi \vee \chi \quad \wedge\text{-Elim} & \leftarrow k+1\text{行目} \end{array}$$

②　①の時点で$\Gamma \vdash \psi$，$\Gamma \vdash \psi \vee \chi$は言えているから，$\Gamma \vDash \psi$　だけを仮定する．
［k行目への数学的帰納法の仮定］

③　②の仮定に，論理的帰結の定義（141）より，Γを充足するM_iとη_jが，ψも充足する．

④　③より，M_iとη_jに，Γを充足する，という制限をつけた上で，$M_i \vDash_{\eta_j} \psi$.

⑤　④に，あるいは-Introより，$M_i \vDash_{\eta_j} \psi$あるいは$M_i \vDash_{\eta_j} \chi$.

⑥　⑤と$\vee$の充足条件（127⑥）より，$M_i \vDash_{\eta_j} \psi \vee \chi$.

⑦　④以来，Γを充足する，という制限は変わらないから，⑥より，$\Gamma \vDash \psi \vee \chi$.
［$k+1$行目］

⑧　②⑦より，数学的帰納法成立．■

238　∨-Elim（16②）

①　こんな風になっているはず．

$$\begin{array}{ccccl} [\varphi]_1 & [\psi]_2 & & & \\ \vdots & \vdots & \cdot^{\cdot^{\cdot}} & & \\ \chi & \chi & \varphi \vee \psi & & \leftarrow k\text{行目} \\ \hline & \chi & & \vee\text{-Elim.1,2} & \leftarrow k+1\text{行目} \end{array}$$

---

[137] 本当はメタ言語レベルで（Γを充足するという限定の下）M_iとη_jが量化されているから，もう少し込み入った論理が必要となるのだが，わかりやすさのため割愛した．以下，同様の方針が採られる．金子 2019, p.248 n.21, p.244 n.32 参照.

② 問題は，$[\varphi]_1$という仮定が入っている糸と，$[\psi]_2$という仮定が入っている糸をどう処理するかである．注意しなければならないのは，$[\varphi]_1$にせよ$[\psi]_2$にせよ，まだ∨-Elim.1,2が適用されていないので仮定として解除されていない，ということだ．

③ ②を踏まえると，k行目においては，$\Gamma\cup\{\varphi\}\vdash\chi$，$\Gamma\cup\{\psi\}\vdash\chi$と見るのがよい．

④ ②③の議論から，①の時点では$\Gamma\cup\{\varphi\}\vdash\chi$，$\Gamma\cup\{\psi\}\vdash\chi$，$\Gamma\vdash\varphi\vee\psi$，そして推論に限って言えば$k+1$行目の$\Gamma\vdash\chi$まで言ってよいと考える．そして論理的帰結に限って言えば，$\Gamma\cup\{\varphi\}\vDash\chi$，$\Gamma\cup\{\psi\}\vDash\chi$，$\Gamma\vDash\varphi\vee\psi$だけを仮定する．［$k$行目への数学的帰納法の仮定］

⑤ ④の仮定より，Γとφを充足するM_1とη_1によって，$M_1\vDash_{\eta_1}\chi$．[138]

⑥ ④の仮定より，Γとψを充足するM_2とη_2によって，$M_2\vDash_{\eta_2}\chi$．

⑦ ④の仮定より，Γを充足するM_3とη_3によって，$M_3\vDash_{\eta_3}\varphi\vee\psi$．

⑧ ⑦に∨の充足条件（127⑥）より，$M_3\vDash_{\eta_3}\varphi$あるいは$M_3\vDash_{\eta_3}\psi$．

⑨ ⑧からわかるのは，M_3とη_3は（Γと共に）必ずφかψを充足する，ということであるから，翻って見れば，それ（M_3とη_3）は，⑤のM_1とη_1か，⑥のM_2とη_2か，いずれかでなければならない，ということになる．

⑩ ⑨のとき，M_1とη_1であろうと（⑤より），M_2とη_2であろうと（⑥より），いずれにせよ，M_3とη_3はχを充足する．

⑪ ⑩より，$M_3\vDash_{\eta_3}\chi$．

⑫ ⑦より，M_3とη_3はΓも充足するから，⑪より，$\Gamma\vDash\chi$．［$k+1$行目］

⑬ ④⑫より，数学的帰納法成立．■

239 **→-Intro**（17①）

① こんな風になっているはず．

$$\dfrac{\begin{array}{c}[\varphi]_1\\ \vdots\\ \psi\end{array}}{\varphi\to\psi}\to\text{-Intro}\qquad\begin{array}{l}\leftarrow k\text{ 行目}\\ \\ \leftarrow k+1\text{ 行目}\end{array}$$

② 仮定$[\varphi]_1$があるので∨-Elim（238）と同じように考える．つまり①の時点で，$\Gamma\cup\{\varphi\}\vdash\psi$，$\Gamma\vdash\varphi\to\psi$が既に成立しているとみなし，仮定としては$\Gamma\cup\{\varphi\}\vDash\psi$だけを言う．［$k$行目への数学的帰納法の仮定］

③ ②の仮定に，論理的帰結の定義（141）より，Γとφを充足するM_1とη_1に

[138] このM_1，η_1は量化された変項で129で述べた特定のものではない．以下同じ．

よって，$M_1 \vDash \eta_1 \psi$.

④　③に対し，Γのみを充足するM_2とη_2を考える．

⑤　④のとき，→の充足条件（127⑦）より，もし，$M_2 \nvDash \eta_2 \varphi$あるいは$M_2 \vDash \eta_2 \psi$，を言えれば，$k$+1行目において$\Gamma \vDash \varphi \to \psi$が成立する（つまり数学的帰納法が成立する）．

⑥　⑤について，それが言えなかったとして，背理法を利用したい．つまり，$M_2 \vDash \eta_2 \varphi$かつ$M_2 \nvDash \eta_2 \psi$，を仮定する[139]．［背理法の仮定］

⑦　⑥に，かつ-Elimより，$M_2 \vDash \eta_2 \varphi$.

⑧　⑦よりM_2とη_2はφを充足し，しかも④でΓも充足すると言われているから，それは③で言われたM_1とη_1そのものである．

⑨　⑧のように言えるなら，③で言われたことにより，$M_2 \vDash \eta_2 \psi$でなければならない．

⑩　しかしどうだろう．⑥に，かつ-Elimより，$M_2 \nvDash \eta_2 \psi$が導き出されてしまう．

⑪　⑨⑩より，矛盾発生．

⑫　⑥⑪より，背理法成立．ゆえに$M_2 \nvDash \eta_2 \varphi$あるいは$M_2 \vDash \eta_2 \psi$.

⑬　⑫と→の充足条件（127⑦）より，$M_2 \vDash \eta_2 \varphi \to \psi$.

⑭　④⑬に論理的帰結の定義（141）より，$\Gamma \vDash \varphi \to \psi$.［$k$+1行目］

⑮　②⑭より，数学的帰納法成立．■

240　→-Elim（17②）

①　こんな風になっているはず．

$$\begin{array}{ccc} \ddots \qquad \cdot^{\cdot^{\cdot}} & & \\ \varphi \quad \varphi \to \psi & & \leftarrow k\text{行目} \\ \hline \psi & \land\text{-Intro.} & \leftarrow k+1\text{行目} \end{array}$$

②　①の時点で$\Gamma \vdash \varphi$，$\Gamma \vdash \varphi \to \psi$，$\Gamma \vdash \psi$は言えているから，$\Gamma \vDash \varphi$，$\Gamma \vDash \varphi \to \psi$だけを仮定する．［$k$行目への数学的帰納法の仮定］

③　②の仮定に，論理的帰結の定義（141）より，Γを充足するM_iとη_jで，$M_i \vDash \eta_j \varphi$かつ$M_i \vDash \eta_j \varphi \to \psi$.

④　③に，かつ-Elimより，$M_i \vDash \eta_j \varphi$.

⑤　③に，かつ-Elimより，$M_i \vDash \eta_j \varphi \to \psi$.

⑥　⑤に→の充足条件（127⑦）より，$M_i \nvDash \eta_j \varphi$あるいは$M_i \vDash \eta_j \psi$.

---

139 ⑤を$\neg p \lor q$と見立て，その否定として$p \land \neg q$を導く論理を使っている．ドモルガンの法則Ⅱ参照（練問12）．

⑦　$\{p, \neg p \vee q\} \vdash q$ という派生規則を使い[140]，④⑥より，$M_i \vDash_{\eta_j} \psi$．［k+1 行目］

⑧　②⑦より，数学的帰納法成立．■

241　¬-Intro（18①）

①　こんな風になっているはず．

$$\dfrac{\begin{array}{c}[\varphi]_1 \\ \vdots \\ \psi \wedge \neg\psi\end{array}}{\neg\varphi}\ \neg\text{-Intro}.1 \qquad \begin{array}{l}\leftarrow k \text{ 行目} \\ \\ \leftarrow k+1 \text{ 行目}\end{array}$$

②　仮定 $[\varphi]_1$ があるので ∨-Elim（238）同じように考える．つまり①の時点で，$\Gamma \cup \{\varphi\} \vdash \psi \wedge \neg\psi$，$\Gamma \vdash \neg\varphi$ が既に成立しているとみなし，仮定としては $\Gamma \cup \{\varphi\} \vDash \psi \wedge \neg\psi$ だけ言う．［k 行目への数学的帰納法の仮定］

③　②によれば，$\Gamma \cup \{\varphi\}$ を充足する M_1 と η_1 は，矛盾 $\psi \wedge \neg\psi$ を充足してしまう．すなわち，充足条件 127⑤④から，$M_1 \vDash_{\eta_1} \psi \wedge \neg\psi \Longleftrightarrow M_1 \vDash_{\eta_1} \psi$ かつ $M_1 \nvDash_{\eta_1} \psi$．矛盾発生．

④　だが，③は，目下の証明目標 $\Gamma \vDash \neg\varphi$ からすれば，脇道のことでしかない．というより，背理法を導く，数学的帰納法の仮定そのものである．

⑤　③の M_1 と η_1 とは完全に別個に，Γ のみを充足する M_2 と η_2 を考える．

⑥　⑤の M_2 と η_2 が，同時に，φ を充足すると仮定する．つまり $M_2 \vDash_{\eta_2} \varphi$．［背理法の仮定］

⑦　⑥のとき，M_2 と η_2 は，$\Gamma \cup \{\varphi\}$ を充足することになる[141]．

⑧　⑦と③より，M_2 と η_2 は，M_1 と η_1 と同じになってしまう．ゆえに M_1 と η_1 と同じ論理的軌道に乗り（つまり③），$M_2 \vDash_{\eta_2} \psi$ かつ $M_2 \nvDash_{\eta_2} \psi$．すなわち矛盾発生．

⑨　⑥⑧より，背理法成立．従って，$M_1 \nvDash_{\eta_2} \varphi$．

⑩　⑨は，¬ の充足条件（127④）より，$M_2 \vDash_{\eta_2} \neg\varphi$．

⑪　⑤⑩に論理的帰結の定義（141）より，$\Gamma \vDash \neg\varphi$．［$k$+1 行目］

⑫　②⑪より，数学的帰納法成立．■

---

140 注 102 と同様に証明される．

141 文（や論理式）の集合 Γ が，特定のモデル M_i，特定の付値関数 η_j により充足されることは，ここまで定義して来なかったが，188 や 141 より明らか．

242　¬-Elim（18 ②）

① こんな風になっているはず．

$$\frac{\begin{array}{c}\vdots\\ \neg\neg\varphi\end{array}}{\varphi}\ \neg\text{-Elim}\qquad \begin{array}{l}\leftarrow k\text{ 行目}\\ \leftarrow k+1\text{ 行目}\end{array}$$

② ①の時点で $\Gamma\vdash\neg\neg\varphi$, $\Gamma\vdash\varphi$ は言えているから，$\Gamma\vDash\neg\neg\varphi$ だけを仮定する．［k 行目への数学的帰納法の仮定］

③ ②の仮定に，論理的帰結の定義（141）より，Γ を充足する M_i と η_j で，$M_i\vDash\eta_j\neg\neg\varphi$.

④ ③に ¬ の充足条件（127 ④）を二回適用すれば（実質的にメタ言語での二重否定律の適用），$M_i\vDash\eta_j\,\varphi$.

⑤ ③④より，$\Gamma\vDash\varphi$.［$k+1$ 行目］

⑥ ②⑤より数学的帰納法成立．■

§253　Induction Step：述語論理部門

以上で命題論理部門を終える．次に，述語論理部門，つまり量化子の推論図について，Induction Step を行う．

243　∀-Intro（95 ①）

① こんな風になっているはず（α は固有変数）．

$$\frac{\begin{array}{c}\vdots\\ \Phi\alpha\end{array}}{\forall x\Phi x}\ \forall\text{-Intro}\qquad \begin{array}{l}\leftarrow k\text{ 行目}\\ \leftarrow k+1\text{ 行目}\end{array}$$

② ①の時点で $\Gamma\vdash\Phi\alpha$, $\Gamma\vdash\forall x\Phi x$ は言えているから，$\Gamma\vDash\Phi\alpha$ だけを仮定する．［k 行目への数学的帰納法の仮定］

③ ②のとき論理的帰結の定義（141）より，Γ を充足する $M_1=\langle D_1, I_1\rangle$ と η_1 で，$M_1\vDash\eta_1\,\Phi\alpha$.

④ ③について，α が自由変項 a の場合（下記⑤）と，個体定項 c の場合（下記⑪）に分けて考える．

⑤ まず α が自由変項 a の場合．つまり $M_1\vDash\eta_1\,\Phi a$ を考える．

⑥ 注意しなければならないのは，⑤の自由変項 a は，固有変数の制限条件（95 Ⅰ～Ⅲ）より，Φa の充足において，初登場でなければならない，ということである．

⑦　⑥のこと（初登場であるということ）は，たとえ③で自由変項に対して解釈を与える付値関数 η_1 が，Γ を充足する，という制限を持っていたとしても，Φa の a に限って言えば，初めての解釈となる，ということである．つまり η_1 には，枝分かれするように無数の（実際には議論領域 D_1 の対象の数だけ）レパートリーが考えられる．$\eta_{1\text{-}1}, \eta_{1\text{-}2}, \eta_{1\text{-}3}, \cdots\cdots$ といった具合である．

⑧　⑦のことは結局，a に関しては，任意の（つまり可能な全ての）付値関数を考える，ということと同じである．

⑨　⑤について，⑦⑧のように考える，ということは結局，$\forall$ の充足条件（127 ⑧）を満たすことに他ならない．従って，$M_1 \vDash_{\eta_1} \forall x \Phi x$.

⑩　③⑨より，$\Gamma \vDash \forall x \Phi x$.［$k+1$ 行目］

⑪　次に α が個体変項 c の場合．つまり $M_1 \vDash_{\eta_1} \Phi c$ を考える．

⑫　注意しなければならないのは，⑪の個体定項 c は，固有変数の制限条件（95 Ⅰ～Ⅲ）より，Φa の充足において，初登場でなければならない，ということである．

⑬　⑫のこと（初登場であるということ）は，たとえ③で個体定項に対して解釈を与える解釈関数 I_1 が，Γ を充足する，という制限を持っていたとしても，Φc の c に対しては，初めての解釈となるため，I_1 には，枝分かれするように無数の（実際には議論領域 D_1 の対象の数だけ）レパートリーが考えられるということである．つまり，$I_{1\text{-}1}, I_{1\text{-}2}, I_{1\text{-}3}, \cdots\cdots$ といった具合である．

⑭　⑬のことは結局，c に対して，任意の（つまり可能な全ての）解釈関数を考える，ということと同じである．

⑮　⑭のことは，$\forall x \Phi x$ について固定したモデル $M_i = \langle D_i, I_i \rangle$ のもと，個体定項 $c_1, c_2, \cdots\cdots$ をつぎ込んで $\Phi c_1, \Phi c_2, \cdots\cdots$ とするのとは違う，ということに注意してほしい．つまり全称文を連言化するという話ではない[142]．

⑯　⑬は c を梃子にして，議論領域 D_1 の対象すべてを $I_{1\text{-}1}, I_{1\text{-}2}, I_{1\text{-}3}, \cdots\cdots$ で取りつくすような話である．つまり，やっていることは付値関数に関して⑧でやったことと同じなのだ．

⑰　⑯より，⑪について，⑬⑭のように考える，ということは，$\forall$ の充足条件（127 ⑧）に相当すると言える．よって，$M_1 \vDash_{\eta_1} \forall x \Phi x$.

⑱　③⑰より，$\Gamma \vDash \forall x \Phi x$.［$k+1$ 行目］

⑲　⑤⑩，⑪⑱より，⑤の場合でも⑪の場合でも，$\Gamma \vDash \forall x \Phi x$.［$k+1$ 行目］

⑳　②⑲より数学的帰納法成立．■

---

142 本書では扱わなかったが，$\forall x Fx \longleftrightarrow Fc_1 \wedge Fc_2 \wedge \cdots\cdots$ という言い換えが，よく問題にされる．これは成立しない．金子 2019, sec.156.

244 ∀-Elim (95 ②)

① こんな風になっているはず（α は個体定項か自由変項）.

$$\begin{array}{cl} \vdots & \\ \forall x\Phi x & \leftarrow k\text{ 行目} \\ \hline \Phi\alpha & \leftarrow k+1\text{ 行目} \end{array} \quad \forall\text{-Elim}$$

② ①の時点で $\Gamma \vdash \forall x\Phi x$, $\Gamma \vdash \Phi\alpha$ は言えているから，$\Gamma \vDash \forall x\Phi x$ だけを仮定する．[k 行目への数学的帰納法の仮定]

③ ②のとき論理的帰結の定義（141）より，Γ を充足する $M_1 = \langle D_1, I_1 \rangle$ と η_1 で，$M_1 \vDash_{\eta_1} \forall x\Phi x$. $M_1 \vDash_{\eta_1} \forall x\Phi x$ は，∀ の充足条件（127 ⑧）より，一旦 η_1 を反故にし，任意の η_k を考え，$M_1 \vDash_{\eta_k} \Phi a_1$. ここで α が強制的に自由変項 a_1 になっているのにも注意してほしい．

④ ここで $k+1$ 行目の $\Phi\alpha$ を見よう．その α は，自由変項 a_2（下記⑤）でも，個体定項 c（下記⑧）でもよい．

⑤ そこでまず自由変項 a_2 を考える．そして $k+1$ 行目において $M_1 \vDash_{\eta_1} \Phi a_2$ が成立するかどうか問う．注意すべきなのは，この a_2 は，③で出て来た a_1 と同じである必要はないということだ（③は k 行目の話である）.

⑥ それにも拘らず，$M_1 \vDash_{\eta_1} \Phi a_2$ は成立する．重要なのは対象ベースで考える，ということだ．タルスキ的な発想をすれば（§132～），③は要するに，あらゆる対象が Φ を充足する，ということである．そしてその対象のなかには η_1 と a_2 の組み合わせ $\eta_1(a_2)$ で名指される対象も必ず存在する．よって，$M_1 \vDash_{\eta_1} \Phi a_2$ は成立する．

⑦ ③⑥より，Γ を充足する M_1 と η_1 で，Φa_2 も充足される．すなわち，$\Gamma \vDash \Phi a_2$. [$k+1$ 行目]

⑧ 次に個体定項 c を考える．そして $k+1$ 行目において $M_1 \vDash_{\eta_1} \Phi c$ が成立するかどうか問う．

⑨ ⑧の場合，$M_1 = \langle D_1, I_1 \rangle$ は固定されているから，$I_1(c) = \gamma \in D_1$ は固定．

⑩ しかし⑥で述べた通り，③において，あらゆる対象が Φ を充足する，と言っているので，$I_1(c)$ で名指される対象 γ も当然，その中に含まれる．従って，$M_1 \vDash_{\eta_1} \Phi c$ は成立する（但し Φc は c の箇所だけ見れば文なので η_1 は実質的に無視）.

⑪ ③⑩より Γ を充足する M_1（と η_1）で，Φc も充足される（というより真になる）．すなわち，$\Gamma \vDash \Phi c$. [$k+1$ 行目]

⑫ ⑤⑦，⑧⑪より，⑤の場合でも⑧の場合でも，$\Gamma \vDash \Phi\alpha$. [$k+1$ 行目]

⑬ ②⑫より数学的帰納法成立．■

245　∃-Intro（96 ①）

① こんな風になっているはず．

$$\begin{array}{ll} \vdots & \\ \Phi\alpha & \leftarrow k\text{ 行目} \\ \hline \exists x\Phi x \ \ \exists\text{-Intro} & \leftarrow k+1\text{ 行目} \end{array}$$

② ①の時点で $\Gamma\vdash\Phi\alpha$, $\Gamma\vdash\exists x\Phi x$ は言えているから，$\Gamma\vDash\Phi\alpha$ だけを仮定する．[k 行目への数学的帰納法の仮定]

③ ②の仮定に，論理的帰結の定義（141）より，Γ を充足する $M_1=\langle D_1, I_1\rangle$ と η_1 で，$M_1\vDash\eta_1\,\Phi\alpha$.

④ ③について，α が自由変項 a の場合（下記⑤）と，個体定項 c の場合（下記⑧）に分けて考える．

⑤ α が自由変項 a の場合．つまり $M_1\vDash\eta_1\,\Phi a$ を考える（これは③の時点で既に成立している）．

⑥ ⑤のとき③の意味することは，Γ を充足する $M_1=\langle D_1, I_1\rangle$ と η_1 で $M_1\vDash\eta_1\,\Phi a$, ということであり，これは ∃ の充足条件（127 ⑨）をそのまま満たしている．つまり $M_1\vDash\eta_1\,\exists x\Phi x$.

⑦ ⑥より，$\Gamma\vDash\exists x\Phi x$. [$k+1$ 行目]

⑧ α が個体定項 c の場合．つまり $M_1\vDash\eta_1\,\Phi c$ を考える（これは③の時点で既に成立している）．

⑨ ⑧のとき③の意味することは，Γ を充足する $M_1=\langle D_1, I_1\rangle$ と η_1 で $M_1\vDash\eta_1\,\Phi c$, ということであるが，Φc は（c に限って言えば）文になるから，付値関数 η_1 は問題でなくなる．問題でなくなるが，モデル M_1 の解釈関数 I_1 によって（タルスキ的な言い方をしてしまうが）Φ を充足する対象 γ が名指されている，即ち $I_1(c)=\gamma$ であることはわかる．

⑩ その名指された対象から翻って，∃ の充足条件（127 ⑨）で求められる付値関数の存在も確保される．つまり $I_1(c)=\gamma=\eta_k(a)$ ということだ．

⑪ ⑩より，c を自由変項 a に変えて，$M_1\vDash\eta_k\,\Phi a$ となる η_k が少なくともひとつある，と言ってよい（この η_k は③で出てきた η_1 とは違うことに注意）．

⑫ ⑩⑪より，$M_1\vDash\eta_1\,\exists x\Phi x$ が成立する．η_1 は，どっちみち反故にされるから問題ない（127 ⑨ II）．

⑬ ③より $M_1=\langle D_1, I_1\rangle$ と η_1 は Γ を充足するものだったから，⑫から $\Gamma\vDash\exists x\Phi x$ が言える．[$k+1$ 行目]

⑭ ⑤⑦，⑧⑬より，⑤の場合でも⑧の場合でも，$\Gamma\vDash\exists x\Phi x$. [$k+1$ 行目]

⑮ ②⑭より数学的帰納法成立．■

246　∃-Elim（96②）

① こんな風になっているはず（α は固有変数）.

$$\dfrac{\begin{array}{c}[\Phi\alpha]_1\\ \vdots\\ \varphi\end{array}\qquad \begin{array}{c}\\ \iddots\\ \exists x\Phi x\end{array}}{\varphi}\ \exists\text{-Elim}.1 \qquad \begin{array}{l}\leftarrow k\text{行目}\\ \\ \leftarrow k+1\text{行目}\end{array}$$

② 仮定については ∨-Elim と同じ考え方をする（238）. つまり, ①の時点で $\Gamma\cup\{\Phi\alpha\}\vdash\varphi$, $\Gamma\vdash\exists x\Phi x$, $\Gamma\vdash\varphi$ が既に言われていると考える. そして $\Gamma\cup\{\Phi\alpha\}\vDash\varphi$ と $\Gamma\vDash\exists x\Phi x$ だけを仮定する. ［k 行目への数学的帰納法の仮定］

③ Γ を充足する任意の M_1 と η_1 を考える.

④ ③について, ②の仮定 $\Gamma\vDash\exists x\Phi x$ と論理的帰結の定義（141）より, $M_1\vDash_{\eta_1}\exists x\Phi x$.

⑤ ④と ∃ の充足条件（127⑨）より, 或る η_k があって, $M_1\vDash_{\eta_k}\Phi a_1$.

⑥ ⑤より, ③のモデル $M_1=\langle D_1, I_1\rangle$ の議論領域 D_1 には, Φa_1 を充足する対象が存在していることになる. その対象を γ と呼ぶ.

⑦ さて, $\Gamma\cup\{\Phi\alpha\}$ の α について考えよう. それは ∃-Elim の固有変数であり, 自由変項 a_2（下記⑧）か個体定項 c（下記⑰）である.

⑧ まず, α が自由変項 a_2 だった場合を考える.

⑨ ⑧のとき $\Gamma\cup\{\Phi a_2\}$ を充足する付値関数を η_2 とする（モデルは M_1 を考えているが, この時点でそれを言ってはならない. 論理的帰結で任意のモデルを考えるからである. よってモデルとして M_1 を接続させるのは後の⑭まで待ってもらいたい）.

⑩ ③の η_1 は, ⑤で一旦反故にされているにも拘らず, ⑨の η_2 では「ない」とは必ずしも言えない[143]. なぜなら a_2 は, 固有変数の制限条件（96② I ～ III）が課せられているため, η_1 の関係する Γ には絶対現れていないからだ. つまり, η_1 は a_2 に対する付値に関して言えば, ③の時点で絶対的に未規定なのである.

⑪ 他方⑥より, D_1 には, Φa_2 を充足する対象 γ が既に存在している.

⑫ ⑩より, η_1 は a_2 への解釈を自由に決めて良い. その自由変項に関して言えば, 改めて今, 決定される[144].

---

[143] ふつう $\exists x\Phi x$ のような文で付値関数が反故にされるのは, 元々の $M_1\vDash_{\eta_1}\exists x\Phi x$ が ∃ の充足条件により Φa_1 となったとき（⑤）, η_1 による a_1 への付値（解釈）が既に決定してしまっており, その付値では Φa_1 が充足される見込みがない場合である. しかし ∃-Elim では a_2 は絶対的に新登場でなければならない（⑩）. つまり η_1 の a_2 に対する解釈は絶対に未規定なのである.

[144] 論理としては ∀-Intro で言った「枝分かれ」と同じである（243⑦）.

⑬　⑫を受け，η_1（③に由来する）が，⑤の或る η_k，つまり⑨の η_2 そのものになるコースを採ったとする[145]．すなわち $\eta_1(a_2)=\eta_2(a_2)=\gamma=\eta_k(a_1)$．ポイントは γ で，これが Φa_1 であろうが Φa_2 であろうが，その Φ で特徴づけられる論理式を充足する対象だと考えられている（タルスキ的な発想をしている）．

⑭　⑬より，③の η_1 は，M_1（対象 γ を既に擁している）のもと Φa_2 を充足する．つまり $\Gamma\cup\{\Phi a_2\}$ を充足する（η_1 が Γ の方を充足するのは既に③で言われている）．

⑮　⑭に，②の仮定 $\Gamma\cup\{\Phi a_2\}\vDash\varphi$（⑧より α を a_2 に替えている）と論理的帰結の定義（141）より，$M_1\vDash_{\eta_1}\varphi$．

⑯　③⑮より，$\Gamma\vDash\varphi$．［$k+1$ 行目］

⑰　次に⑦で，α が個体定項 c だった場合を考える．

⑱　ここでも⑩と同じ論理が成立する．つまり③の今度は（付値関数ではなく）$M_1=\langle D_1, I_1\rangle$ の解釈関数 I_1 について，それが c に対する解釈は絶対的に未規定であることに注目する[146]．なぜなら固有変数の制限条件より，c は，I_1 の関係する Γ には絶対，現れないからである．

⑲　他方⑥以来，D_1 には，Φc を真にする対象 γ が既に存在している．

⑳　⑱⑲より，可能性としてモデル M_1 が，$I_1(c)=\gamma$，つまり未規定の c に対し，わざわざ Φc を真にする対象 γ を割り当てる，という解釈のコースを採ったとする[147]．

㉑　⑳より，③の M_1 は，Φc のモデルになる．つまり $\Gamma\cup\{\Phi c\}$ のモデルになる（M_1 が Γ のモデルであるのは既に③で言われている）．

㉒　㉑に，②の仮定 $\Gamma\cup\{\Phi c\}\vDash\varphi$（⑰より α を c に替えている）と論理的帰結の定義（141）より，$M_1\vDash_{\eta_1}\varphi$．

㉓　③㉒より，$\Gamma\vDash\varphi$．［$k+1$ 行目］

---

145 そうでない η_1 を考えることもできる．しかしそれは，$\Gamma\cup\{\Phi a_2\}$ を充足する付値関数 η_2 を考えない，ということと同じである．なぜなら η_1 は Γ を充足し（③），しかも a_2 に対して未規定だったのだから（後の注147も発想は同じである）．

146 論理としては ∀-Intro で言った「枝分かれ」と同じである（243⑬）．

147 そのコースを採らないモデルも考えることもできる．例えば M_1 は個体定項に対する解釈をまったくせず，新たに現れた c に対しては Φc を真にしない対象をわざわざ割り当てるような場合が，それである．この場合，M_1 はそもそも $\Gamma\cup\{\Phi c\}\vDash\varphi$ の前提 $\Gamma\cup\{\Phi c\}$ のモデルとならないから，②の仮定 $\Gamma\cup\{\Phi c\}\vDash\varphi$（$\alpha$ を c に替えている）が発動しない．M_1 以外のモデル M_2 を考え，$\Gamma\cup\{\Phi c\}\vDash\varphi$ が成立する，と考えることもできそうであるが，それはできない．なぜなら，M_1 は Γ のモデルになると③で既に言われており，Φc に対する態度決定をする，という点では，固有変数（この場合は c）の制限条件があるため，任意の M_2 を考えるのと同じだからである（考え方は注145と同じである．）

㉔ ⑦について，⑧⑯，⑰㉓より，⑧の場合でも⑰の場合でも，$\Gamma \vDash \varphi$.
[k+1 行目]

㉕ ②㉔より，こうして数学的帰納法成立．■

§254 やったのは意味論だということ

健全性定理の証明が終った．今読んだ述語論理部門は，メタ論理でも最も難しい部類と言える．だが，そこで述べられていたのは，量化子の推論図の意味論だったのである．

固有変数の制限条件が出て来たとき，なぜそうでなければならないのか，充分な説明はされなかった（§111〜）．それだけではない．構文論で推論図は，全体的に，頭ごなしにしか教えられなかった（15〜18，95〜96）．

それを意味論の手法で説明していたのが，健全性定理だったのである．一面において，それは構文論から意味論に橋を掛けている（§209）．だが，それ以上に，あの推論図に意味づけがされた，という点を見逃してはならない．

第X部　不完全性定理

以上で，記号論理として学ぶべきことは，すべて学んだ．
これから扱う不完全性定理は，むしろ，エピローグ的な話になる．

第1章　不完全性定理とは何か

記号論理だけ学びたいひとにとって，以下の話は重要でないかもしれない．だが，哲学的含意を読み取りたいひとには訴えるところがあるだろう．この意味で，不完全性定理は，或る時期，或るひとびとを虜にした定理である．

§255　完全性定理は関係ない

不完全性定理（incompleteness theorem）は，1931 年に，ゲーデル（Kurt Gödel 1906-1978）が発表した[148]．メタ定理で，第一不完全性定理（252）と，第二不完全性定理（253）に分かれる．

なによりもまず注意したいのは，不完全性定理が，完全性定理（§208）と関係ない，ということだ．これは，ゲーデル自身の論文タイトルからもうかがえる．

> 247　プリンキピアマテマティカあるいはそれに類似した体系で決定不能な文について（Gödel 1931）

不完全（incomplete ／独 unvollständig）という言葉は使われていない．完全性定理の否定という意味で，不完全性定理は考えられていないのだ．では，ゲーデルは何のために，不完全性定理を証明したのか．そこから話を始めよう．

§256　決定問題

不完全性定理を捉える視点をひとつ挙げてほしい，と言われたら，決定問題と答える．決定問題とは，あのヒルベルト（§170）が提起した問題だ．

こんな風に捉えてもらいたい．幾何学にせよ，確率論にせよ，数学は要所要所，短い文でまとめられる．定理なり，命題なり，そういったものだ．記号論理で見たとき，そういった文はすべて，肯定証明（proof），否定証明（disproof），いずれかが可能だろうか．

[148] 周辺的な情報については，金子（2021）の方にまとめた．あわせて参照してもらいたい．

これが，決定問題（独 Entscheidungsproblem（エントシャイドゥングスプロブレーム））である．厳密に定式化すると，こうなる．

> **248　決定問題**　どんな文 φ についても，$\vdash\varphi$ か $\vdash\neg\varphi$ を言えるか．

$\vdash\varphi$ が肯定証明（proof）可能，$\vdash\neg\varphi$ が否定証明（disproof）可能．ここまで $\vdash\varphi$ は，φ は定理である，と読んできたけれども（35），こういう読み方もするのだと覚えてもらいたい[149]．

§257　計算可能性の理論は関係ない

決定問題なんて聞くと，計算可能性の理論（computability theory）を思い浮かべるひとがいるかもしれない．計算可能性の理論とは，チューリングマシンに代表されるアルゴリズム（機械的手続き）を研究する分野で，ゲーデルの議論と重なる点が多い（決定可能性，再帰的定義など）[150]．

だが，ゲーデル自身の議論を追うとき，その視点（計算可能性理論）は命取りになる．ゲーデルがやっていることは，もっとシンプルだからだ．彼がやっているのは，たかだか記号論理である．記号論理で見たとき，数学の諸命題（文）は，肯定証明，否定証明，いずれかが可能か．ここまで学んだ記号論理で，ゲーデルの話は充分理解できる．下手に計算可能性理論に手を出さない方がよい．

§258　決定不能

ゲーデルの論文タイトルを，もう一度，見てみよう（247）．決定不能（undecidable／独 unentscheidbar（ウンエントシャイトバール））と言われている．不完全性という言葉は使われていない．

決定不能とは，ヒルベルトの決定問題（248）が肯定的に答えられない，ということだ．こう定式化される．

> **249　決定不能**　或る φ があって，$\nvdash\varphi$ かつ $\nvdash\neg\varphi$．

決定問題（248）が肯定的に解決された場合，デフォルメして書くと $\forall\varphi\,(F\varphi\vee G\varphi)$ という形になる．F が肯定証明可能，G が否定証明可能だ．すると，その否定は $\neg\forall\varphi\,(F\varphi\vee G\varphi)$，そして $\exists\varphi\,(\neg F\varphi\wedge\neg G\varphi)$ という形になる[151]．249が示しているの

---

[149] $\vdash$ を単に，証明可能（provable）と読むこともある（§27）．記号を使っているが，これは日常言語よりの表現で，メタ言語 $\mathfrak{M}$ に属す（257）．$\vdash$ と後に出てくる *Bew*（$\mathfrak{M}'$ 発だがペアノ公理系＝対象言語 P での記号表記としても受け入れられる）を区別してほしい．

[150] この点については，金子 2021, ch.4 にまとめた．

は，それである．

ヒルベルトは，数学の命題（文）が，肯定証明，否定証明，いずれか可能か，と問うた（248）．それにゲーデルはノーと答えた．決定不能とは，そういう意味なのである（249）．

§259　ペアノの公理系ふたたび

ヒルベルトの決定問題に対する否定的な解答，これが不完全性定理の意味である．ここで注目すべきなのは，ゲーデルが，その解答を，数学のごく初歩的な分野で見出した，ということである．

論文タイトルにある「プリンキピアマテマティカあるいはそれに類似した体系」というところをみてもらいたい（247）．あれは，ペアノ公理系を意味している（155）．

ペアノの公理系は，たかだか算術，自然数論しか扱わない（§174）．そんな初歩的な分野で，ヒルベルトの決定問題は解決された．ここに不完全性定理の新奇さがある．

第2章　決定不能な文

ヒルベルトの決定問題に対する否定的解答，これが不完全性定理の意味である．この定理で，ゲーデルは，決定不能な文を取りあげる．それは何か．続けて見てゆこう．

§260　決定不能な文

ヒルベルトの決定問題（248）は，決定不能な文が提示されれば否定的に解決される．それをやったのがゲーデルだった．どんな文だったのだろうか．

250　**決定不能な文**　$\neg Bew(n_\psi)$

これが，決定不能な文である．ゲーデル数 n_ψ をもつ文 ψ は証明不能 $\neg Bew$，と読む．

文 ψ はペアノ公理系（155）の文を表すメタ変項（§13）．*Bew* は「　は証明可能である」を意味する述語で[152]，こう定義される．

251　***Bew* の定義**　$\forall x\,(Bew(x) \longleftrightarrow \exists y\, B\,(x, y))$

B については後述する（§259）．

[151] ドモルガンの法則Ⅳ（110），Ⅱ（練問 12 ③）を使う．

[152] *Bew* はドイツ語で証明可能 Beweisbar（ベヴァイスバール）を表す．

文 250 は，対角化定理の系（後述 266）を介し「私は証明できない」という自己言及文になる．

§ 261　第一，第二不完全性定理

決定不能な文（250）を使い，まず，第一不完全性定理を書き出してみよう．

252　第一不完全性定理[153]

$\neg Bew(n_\psi)$ は，ペアノ公理系 P で表現される一階述語論理の文である．それは P で決定不能である．すなわち $\nvdash \neg Bew(n_\psi)$ かつ $\nvdash Bew(n_\psi)$．[154]

これが，ここまで説明した不完全性定理である．もうひとつ，無矛盾性の公理系内証明不能を言う第二不完全性定理がある．見ておこう．

253　第二不完全性定理

公理系 P において証明できない文 φ があるということは，P の構文論的無矛盾性を意味する[155]．しかしながら，そのこと（公理系 P において証明できない文 φ がある）は，P 内部で証明できない．

§ 262　ゲーデルのわかりにくさ

当面の目標は，とりあえず，第一不完全性定理になる（252）．そのために，決定不能な文（250），これを理解しなければならない．だが，ひと筋縄ではゆかない．

決定不能な文は，ゲーデル数 n_ψ をもつ文 ψ が証明不能だ，と言っている（250）．第一不完全性定理は，それ（250）が，その否定[156]と共に，証明不能だ，と言っている（252）．

どうだろう．なんとなく，ややこしさが伝わっただろうか．証明可能 Bew について，重ねて証明可能 $\vdash$，厳密には，証明不能 $\neg Bew$ に，重ねて証明不能 $\nvdash$ を言っている．ここにややこしさがある．

そもそもペアノ公理系で証明されたり，されなかったりするのは $1+1=2$ のような

---

153 ゲーデル自身の定式化は非常に入り組んでいる（Gödel 1931, S.187 Satz VI）．第二不完全性定理も含め，金子 2021, sec.2 参照．

154 $\nvdash Bew(n_\psi)$ は実は，$\nvdash \neg\neg Bew(n_\psi)$ という意味である．この点は第一不完全性定理証明初めに，確認される（注 179）．

155 後に証明される（§281～§282）．

156 注 137 参照．

算術命題（文）だった[157]．なのに，それと同レベルで，或る文が証明不能である，ということが証明されたり，されなかったりする．これはおかしい．元を辿れば，このおかしさは ⊢ がメタ記号であることによる（§27）．

メタ言語で言われるべきこと（証明可能，証明不能）を，対象言語，つまりペアノ公理系 P で言ってしまう．ここに決定不能な文（250）のわかりにくさがある．

§263　自然数論の文

ゲーデルの議論からふり落とされないためには，こう考えてほしい．ヒルベルトの決定問題が否定的に解かれた（§258）．そのとき真っ先に問われたのは，決定不能な文とは何か，ということだった．

ゲーデルの証明，特に対角化定理（後述 261）を辿ってゆくと，しかし，それ（決定不能な文）は，ぼんやりした所にしか見えない，ということに気づく．文自体がぼんやりしているのではない．文自体は，ゲーデル数にして自然数 n_ψ に $\neg Bew$ という論理式が当てはまる，という明快な自然数論の文になる（250）．

決定不能な文（250）には，二面性が認められる．ひとつは，たかだか自然数論 P の文でしかない，ということだ．この面において，決定不能な文は $1+1=2$ のような算術命題（文）と何ら変わりがない．

だが決定不能な文は，メタ言明でもある．だから何か，手の届かない，ぼんやりとした所にある，と印象づけられる．

しかし，巡り巡って，それは対象言語 P に戻って来る．メタ言語 $\mathfrak{M}$ → メタ数学 $\mathfrak{M}'$ → 対象言語 P．一回転するメタ思考．まずは，それを身につけてもらおう．

第3章　メ　タ　数　学

決定不能な文（250）を理解するためには，メタ言語 $\mathfrak{M}$ → メタ数学 $\mathfrak{M}'$ → 対象言語 P と一回転するようなメタ思考を身につけなければならない．図で補いながら，それを説明してみたい．

§264　メタ数学

ゲーデルの論文（247）を読むと中盤で述語の定義を延々と読まされる[158]．四十六個あり，最後が Bew の定義になっている（251）．

ゲーデルは何も，ペアノ言語を拡張したのではない．むしろ逆，メタ言語 $\mathfrak{M}$ に欠かせない日常表現を，ペアノの言語 P に落し込んだのである．つまり，形式化だ．これを，算術化（arithmetization）と言う．本書では一貫して，メタ数学（meta-mathematics）と呼ぼう[159]．

---

[157] 証明図 157 で見た通りである．

[158] Gödel 1931, S.182-186.

文法上の言明，例えば，「a_1」は自由変項である，といった言明は，メタ言語で述べられる．既に見た通り（§10～），その際，日常表現は避けられない．だがゲーデルは，あえてそれを（自然数論の言語で）形式化しようとした．

自然数が対象である以上，それは大それた試みでない．こう考えてほしい．まず，「a_1」に自然数を割り当てる．完全性定理の証明で見たゲーデル数化だ（第Ⅷ部第5章）．

254　**ゲーデル数化**　$g(a_1)=21$

ペアノ言語（156）の話だが，ここでは簡略化して205に従う[160]．次に，日常言語で言われた「　は自由変項である」を論理式化しよう．

255　***a*は自由変項である**　$\exists x(x<a \land a=13+8\times x)$

こういった論理表記が，ゲーデルの目指したメタ数学であり，独自の言語 $\mathfrak{M}$ を形成する（後述257）．論理式との対応を示すため，述語だが a（a_1 ではない）を使った．

大小関係 $x<a$ は　$\exists z(a=x+z')$ で定義される．この部分は $\exists x<a$ と省略され，限定量化子（bound quantifier）と呼ばれる．後に論じられる通り，ここに述語の再帰性が認められる[161]．

この論理式（255）自体，ゲーデル数化のルール（205）に従っているかを見るためのもので，大したことは言ってない．いずれにせよ，これ（255）を使い，「a_1」は自由変項である，というメタ言明が，以下の通り，算術化（自然数論化）される．

256　**「a_1」は自由変項である**　$\exists x(x<21 \land 21=13+8\times x)$

21未満で8を掛けて13を足せば21になる数が存在する，と言っている．確かに存在する．1だ．こうして，「a_1」は自由変項である，というメタ言明は，ペアノ公理系の言語で表現される．これが，メタ数学である．

§265　重要な図

前節の話を図で確認してもらおう．

---

[159] 廣瀬ほか 1985, p.48, p.122; 野矢 1994, p.140; 田中 2012, p.57.

[160] つまり高々 NK の語彙（77）で考える，ということだ．ここに，技術的な違いが生じるのが明らかだけれども（例えばサクセッサー関数の扱い），以後の議論に影響を与えないので目をつぶる．

[161] Cutland 1908, p.40.　再帰性については§267参照．

257　メタ思考

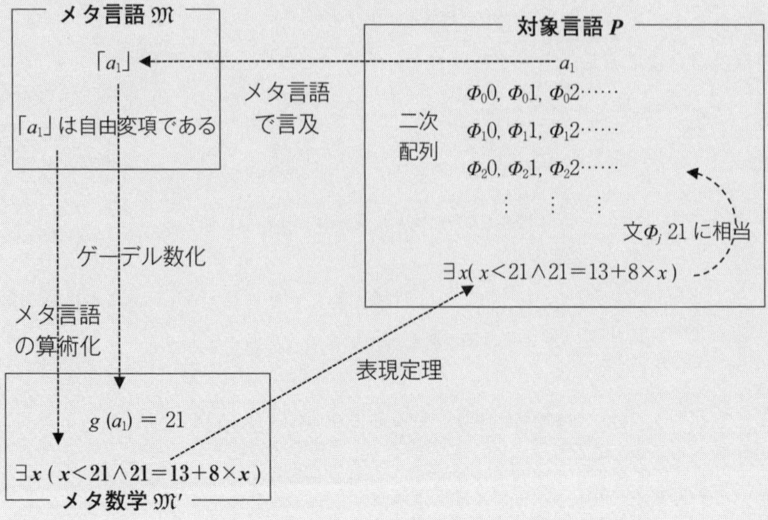

対象言語 P はペアノ公理系の言語である（155～156）．二次配列は，対角化定理で見る（後述 264）．

P のメタ言語を $\mathfrak{M}$ と名づける．これまで，メタ論理にしろ，文法にしろ，意味論にしろ，それらを述べて来たのは，この $\mathfrak{M}$ においてだ．ゲーデルは，それをペアノの自然数論のような形で表そうとした．それが算術化であり，メタ数学である．その言語は $\mathfrak{M}'$ で表す．

$\mathfrak{M}$ と $\mathfrak{M}'$ は P に対して同じ位相（メタ）にある．$\mathfrak{M}'$ が $\mathfrak{M}$ のメタ言語になることはない．両者は翻訳の関係にある．自由変項 a_1 について，メタ言語 $\mathfrak{M}$ ⇢ メタ数学 $\mathfrak{M}'$ ⇢ 対象言語 P と辿れば，§264 の話をイメージできるのではないか．

§266　表現定理

ぐるりと一回転するメタ思考を見た．表現定理（representability theorem）にも触れておこう[162]．図 257 で $\mathfrak{M}'$ ⇢ P のルートを確保するメタ定理である．

258　表現定理　メタ述語 $\boldsymbol{\Phi}$ が，メタ数学で再帰的に定義されていたとする．このとき，$\boldsymbol{\Phi}(\boldsymbol{n}_1, \ldots, \boldsymbol{n}_k)$ が成立する ⇒ ⊢ $\Phi(n_1, \ldots, n_k)$．

---

162 Gödel 1931, S. 186 Satz V; 田中 2012, p. 87; 廣瀬ほか 1985, pp. 128–129, p. 131; 清水 1984, p. 167; Raatikainen 2020, sec. 2.2.

太字 $\boldsymbol{\Phi}$ はメタ数学 $\mathfrak{M}'$ の表現，通常の Φ は対象言語 P の表現である．条件法 ⇒ が，図 257 の $\mathfrak{M}'$ から P への破線矢印を表している[163].

図 257 にある論理式 $\exists x\,(x<21 \wedge 21=13+8\times x)$ の濃さの違いは $\boldsymbol{\Phi}$ と Φ に対応させている．

P に移植されるとき，$\mathfrak{M}'$ の自然数 $\boldsymbol{n}$ はサクセッサー関数を使い　$(\cdots 0'\cdots)'$ に書き換えられる．

述語という呼び方は，本当のところ正しくない．メタ数学で生み出されるのは（251 右辺や 255 のような）論理式だからだ．

さて，表現定理の教えるところによれば，$\mathfrak{M}'$ の述語 $\boldsymbol{\Phi}$ は再帰的に定義される必要がある．この点を若干，補足しておこう．

§ 267　再帰的定義ふたたび

表現定理では，述語 $\boldsymbol{\Phi}$ が再帰的に定義される必要がある．再帰的定義とは，文を定義するときに見たテクニックだが（§12），ここでは少し違った風に捉えてほしい．なにか，継続自動判定方式（recurrence）みたいなものだ．

こう考える．出発点 0 から始め，述語 $\boldsymbol{\Phi}$ が成立するかどうか 0 ⇢ 1 ⇢ 2 ⇢ …… と順々に判定してゆく．その先にお目当ての自然数 n があり，そこまで蓄積した結果から，その成否が（つまり n に $\boldsymbol{\Phi}$ が述語づけられるか否かが），自動的に判定される．

述語「　は自由変項である」で考えてみよう（255）．ゲーデル数 21 を与えられた「a_1」は，それに当てはまるだろうか．256 で見た通り，それは 21 未満の数で $21=13+8\times x$ が成立するか，という問いと同じである．まず，0 を試す．$21\neq 13+8\times 0$．不成立．次に，1 を試す．$21=13+8\times 1$．成立．こうして，1 で $21=13+8\times x$ が成立する．

このように「　は自由変項である」は，0 ⇢ 1 ⇢ …… と継続的自動的に判定される．再帰的に定義された述語は，そういった性格を持っている．

§ 268　*Bew* の非再帰性

再帰的に定義された述語は，継続自動的に（成否が）判定される．述語「　は自由変項である」についていえば，限定量化子（§264）が使われているのがカギになる．限定量化子があるから 0 ⇢ 1 ⇢ …… とサーチ（探索），つまり継続自動判定する上限が定められる．区切りがあるということだ．

だが *Bew* には，その区切りがない．251 を見てもらいたい．量化子 ∃ が野放図に

---

[163] 厳密には，⇒ 後件で証明可能 ⊢ まで言ってしまっているから，P から更に $\mathfrak{M}$ に話は進む．271 ⑥参照．

(無限定に) 使われている[164]. このため *Bew* の定義は，再帰的でない，と言われる[165].

§269 *B* の再帰性

Bew と対照的なのが，その定義 (251) で定義項 (定義する側の双条件法右辺) に出てきた *B* である[166].

259 **$B(x, y)$ の読み** ゲーデル数 x の文はゲーデル数 y の証明図で証明される.

証明図 y のゲーデル数化は扱わなかったが (§225)，こう考えてほしい．証明に現れる文ないし論理式を *NK* の証明図というより，フィッチ式の縦書きで一列に並べ (§28)，それぞれゲーデル数 g_1，g_2 …… を与える．そして素数の掛け算に指数として乗せる．$2^{g1} \times 3^{g2} \times \cdots\cdots$. ■

B は再帰的である．どうしてそうなのかは，*B* に至る四十五個の定義を辿らなければならないので割愛する.

ここでは次の点だけ押えてもらいたい．*Bew* は再帰的でない．*B* は再帰的である[167]．ゆえに *Bew* は表現定理 (258) に乗らないが，*B* は乗る．この違いが，不完全性定理の証明で効いてくる (後述 271～272).

§270 表現定理の証明はしない

表現定理の扱いを最後に，はっきりさせておこう．(数学者の発想だと受け容れられないが) 本書では，表現定理 (258) を既知の事実で済ませる．つまり証明しない.

これはゲーデル (247) を読むときの生命線になるけれども，どの議論に付きあい，どの議論に付きあわないかを決めるのが肝心である.

四十六個の定義を，すべて理解しようとするのか．表現定理を律義に証明するのか．不完全性定理を，ゲーデルの文言に忠実に辿るのか.

こういったところで，むしろ妥協することが，全体像を獲得することにつながる．妥協点を模索しながら，不完全性定理そのものを知る．これが，いま目指している所であり，そのために，メタ数学 $\mathfrak{M}'$ の言語は自然数論 *P* に準じて作られているのだか

---

164 定義 251 全称文内双条件法右辺で，$\exists y(B(x, y) \wedge y < a)$ のように，y が特定の数 a 未満に限定されていない，ということだ.

165 限定量化子と再帰性については Gödel 1931, S.180 IV で明言されている．*Bew* の非再帰性については Gödel 1931, S.186 で明言されている.

166 *Bew* や *B* はメタ数学化された表現で，図 257 で言うと $\mathfrak{M}'$ に属する．特に $\mathfrak{M}$ の表現 $\vdash$ と $\nvdash$ が，それぞれ $\mathfrak{M}'$ で *Bew*，$\neg$*Bew* と，それぞれ言い換えられることは，以後の議論で頻繁に登場する考え方だから注意してもらいたい.

ら（§264），表現定理は成立して当然．この位で，表現定理は通過することにしたい[168]．

第4章　対角化定理

難しかったかもしれないが，ここまでは準備作業でしかない．ここから，いよいよ証明に入る．まず，対角化定理を証明し，第一不完全性定理に進む．

§271　自己言及の論理

不完全性定理を，いわば，その枠組みから説明した．すぐ頭に入るものでもないから，二度三度読み直し，徐々になじんでもらいたい．

さて，ここからが証明である．第一不完全性定理（252）と，第二不完全性定理（253）．それらを証明するため，ゲーデルの論文本体というより，導入部分に注目する．そこで不完全性定理がどういうものか，ゲーデルはくだけた調子で話しているのだが，そちらの方がわかりやすい[169]．

ゲーデル自身も認める通り，不完全性定理は自己言及の論理である．だが，嘘つきのパラドクス（付録1）と違い，カントールの対角線論法（§181）が絡むことで，生産的な思考を生み出せるようになっている．象徴的なのが，後に見る対角化定理の系だ（266）．

ペアノ公理系 P の文 ψ のゲーデル数を n_ψ としよう．n_ψ は，文 ψ が証明不能だと主張する文 $\neg Bew(n_\psi)$ のゲーデル数と同じになってしまう．これが，対角化定理の系（266）の言わんとするところである．ここに「私は証明できない」という自己言及の論理が重なる．

§272　注意と補足

ゲーデルを理解するコツだが，大事なのは，メタ思考（257）のダイナミズムであり，その脈絡で，自己言及性というより，対角化定理の系（266）の働きを見るのが

---

167 Bew と B の違いは，こんな風にイメージすればよい．Bew は証明可能を意味する．これは，自分で証明図を用意せず，野放図に，ただ問題の文が証明可能か問うているだけである．それに対し B は証明図をきちんと用意し，その証明図と突きあわせ，問題の文が証明できるかどうか問う二項述語だ．

証明したい文をポンと投げ入れれば証明可能がどうか判定してくれるコンピュータは存在しない（これが Bew のイメージである）．しかし証明図を用意して，その文とセットで入力すれば，証明の成否を判定してくれるコンピュータは存在する（これが B のイメージである）．この違いが，Bew は再帰的でないけれども B は再帰的，という違いに反映される．

168 実際，そういう解説がされる（廣瀬ほか 1985, p.131; 野矢 1994, p.199）．ゲーデル自身の証明は，Gödel 1931, S.186–187 をみよ．田中 2012, pp.87–90 も参照．

169 Gödel 1931, S.174–176; 野矢 1994, pp.196f.; 廣瀬ほか 1985, pp.110f., pp.166f.; 田中 2012, pp.28f.

よい．

ちなみにゲーデル数は，自由変項 a_1 でもそうだったが（§264），不完全性定理の脈絡では，名指し（naming）の役割を持つ．これは図 257 でも確認できよう．ゲーデル数化そのものについては，第Ⅷ部第 5 章を踏襲する[170]．

§273　決定不能な文とは何か

それにしても，証明不能な文とは何だろうか．（目下の議論で言えば）それは，決定不能な文とは何か，ということでもある[171]．

決定不能な文がある．ψ と名づけよう．それは P のなかにある（図 257 でイメージしてほしい）．文 ψ が決定不能ということは（定義 249 によれば）肯定証明も否定証明もできない，ということだ．文 ψ が何かはわからない．だが先取りして，メタ言語 $\mathfrak{M}$ で証明不能と言ってしまおう．

さらに $\mathfrak{M} \dashrightarrow \mathfrak{M}'$ と移れば，それは $\neg Bew(n_\psi)$ と表される．Bew は 251 で定義した通り．n_ψ は ψ のゲーデル数だ．

260　決定不能な文のゲーデル数　　$g(\psi) = n_\psi$

g はゲーデル数化の関数（§225）．ψ は P の文を名指すメタ変項で，メタ数学により n_ψ という数にコード化されている（図 257 における「a_1」$\dashrightarrow$ 21 の動きと一緒）．

さて，文 ψ が何かはわからないが，$\mathfrak{M} \dashrightarrow \mathfrak{M}'$ と移り言われた $\neg Bew(n_\psi)$ を，そのまま P に移植してしまおう．これは語彙的一致からで[172]，決して表現定理（258）に乗っかったものではない[173]．

いずれにせよ $\neg Bew(n_\psi)$ は P に移植される．だが P で証明可能とまでは言えない．表現定理に乗っかっていないからだ．

こうして $\neg Bew(n_\psi)$ は，$\mathfrak{M} \dashrightarrow \mathfrak{M}' \dashrightarrow P$ と一周して，証明不能と言えない自分 ψ の所に戻って来てしまった．つまり ψ とは $\neg Bew(n_\psi)$ のことだったのである．これが，対角化定理の系（266）の言わんとするところ，自己言及の論理である．

---

[170] 注 160 でも述べた通り，技術的な違いには目をつぶる．

[171] 以下の話は，250 で $\neg Bew(n_\psi)$ が決定不能と言われた所から若干，時計の針を戻して読まれるべきなのを断っておく．

[172] Bew は定義 251 を経て最終的に 255 のようなペアノ言語だけを使った表現（記号論理の表現）に解体される．これが論文（247）のなかでゲーデルが長々やっている四十六個の定義の到達点である．

[173] Bew には限定量化子が無いからである（§268）．

§ 274 対角化定理

どうだろう．なんとなく，決定不能な文 ψ をめぐる論理，自己言及性がイメージされたのではないか．

第一不完全性定理は，結局，この論理で尽きている．だから，まず基軸となる対角化定理の系（266）を証明しなければならない．と言っても，それは対角化定理から直ぐに導き出されるので，当座，証明しなければならないのは，対角化定理だ．

> 261 **対角化定理**[174]　Ψa を P の論理式とせよ．このとき $g(\Psi n)=n$ となるゲーデル数 n が存在する．

次節から証明を述べる．

§ 275 *P* の論理式を並べる

対角化定理を証明するためには P の論理式を二次元に並べる必要がある．そのために，まず，P の論理式を一次元に配列する．

そもそも P の論理式には，どんなものがあるだろうか．「a は偶数である」なんてどうだろう．

> 262 ***a* は偶数である**　$\exists x\,(x<a \wedge a=x+x)$

この論理式（262）は，特定の自然数にゲーデル数化される（§ 228）[175]．他の論理式も同様にしてゲーデル数化される．あとはゲーデル数の小さい方から並べればよい[176]．

> 263 **一次元配列**　$\Phi_0 a, \Phi_1 a \cdots\cdots$

下つき文字は順番であって，ゲーデル数そのものではないことに注意してほしい．また，ここでのゲーデル数化は，一次元配列のためだけであって，実際に論理式がコード化されるワケではない（この点で後の 265 ② と峻別される）．

論理式の一次元配列ができたから，今度はそれを二次元に並べる．これは簡単で，一次元に並べた論理式に具体的な数（自然数）を入れればよい．

---

[174] 野矢 1994, p.197; 廣瀬ほか 1985, p.111.

[175] 大小関係 $x<a$ は　$\exists z\,(a=x+z')$ で定義される．§ 264 も参照．

[176] 完全性定理の証明でやったことと同じである（§ 228）．

264　**二次元配列**

$\Phi_0 0,\ \Phi_0 1,\ \Phi_0 2,\ \cdots\cdots$
$\Phi_1 0,\ \Phi_1 1,\ \Phi_1 2\ \cdots\cdots$
$\Phi_2 0,\ \Phi_1 1,\ \Phi_2 2\ \cdots\cdots$
$\vdots\quad\vdots\quad\vdots$

どこで並べているのか．これは，図 257 で確認してもらいたい．$\mathfrak{M}'$ ではなく P のなかだ．

さて，こうして二次元配列ができた．メタ変項 Φ を使っていたり，1，2……も厳密には $0'$，$(0')'$ と表さねばならないなど，不充分なところもあるが，議論上の方便として目をつぶってもらいたい．

§ 276　対角化定理の証明

対角化定理の残りは，擬似フィッチ式（§ 78）で証明する．

265　**対角化定理証明**

① 対角化定理は，二次元配列（264）における対角線上の文 $\Phi_0 0,\ \Phi_1 1,\ \Phi_2 2$ ……で特徴づけられる．それらをまとめて一般に $\Phi_k k$ と表そう．

② あらためてそれらにゲーデル数を割り当てる．すなわち $g(\Phi_0 0),\ g(\Phi_1 1),\ g(\Phi_2 2)$ ……．一般に $g(\Phi_k k)$ で表される．

③ $g(\Phi_k k)$ は，たかだか自然数だから，任意の論理式（対角化定理の文面にある）Ψa の引数となる．すなわち $\Psi g(\Phi_k k)$．

この $\Psi g(\Phi_k k)$ という文は，$\Psi 0$，$\Psi 1$……と Ψa に自然数を順に当てはめていったとき，かなり後方にあることに注意．なぜならゲーデル数 $g(\Phi_k k)$ は，たとえ $\Phi_0 0$ であったとしても，かなり大きな自然数になるのだから（§ 228）．

④ さて，③で出てきた Ψa は自由変項ひとつだけなので，当然，一次元配列（263）のどこかに現れる．これを改めて $\Phi_i a$ と表す．つまり $\Psi a = \Phi_i a$．このイコールは同値どころか，形態的な一致である．

⑤ ④より，以下の言い換えが成立する（上と下で対応している）．

$\Psi 0,\ \ \Psi 1,\ \cdots\cdots\ \ \Psi g(\Phi_0 0),\ \cdots\cdots\ \ \Psi g(\Phi_1 1),\ \cdots\cdots\ \ \Psi g(\Phi_2 2),\ \cdots\cdots$
$\Phi_i 0,\ \Phi_i 1,\ \cdots\cdots\ \Phi_i g(\Phi_0 0),\ \cdots\cdots\ \Phi_i g(\Phi_1 1),\ \cdots\cdots\ \Phi_i g(\Phi_2 2),\ \cdots\cdots$

⑥ これ（⑤）は元々，二次元配列（264）にあった対角線上の系列 $\Phi_0 0,\ \Phi_1 1,\ \Phi_2 2$ ……を，わざわざゲーデル数化 $g(\Phi_0 0),\ g(\Phi_1 1),\ g(\Phi_2 2)$ ……し，適当な論理式 Ψa のなかに入れて（Ψa を言い換えた）Φ_i で一次元化し，……$\Phi_i g(\Phi_0 0)$，……$\Phi_i g(\Phi_1 1)$，……と配列したものである[177]．

⑦ 対角線にあったものを，横一列に並び変えたとき，当然，交点が生まれる．

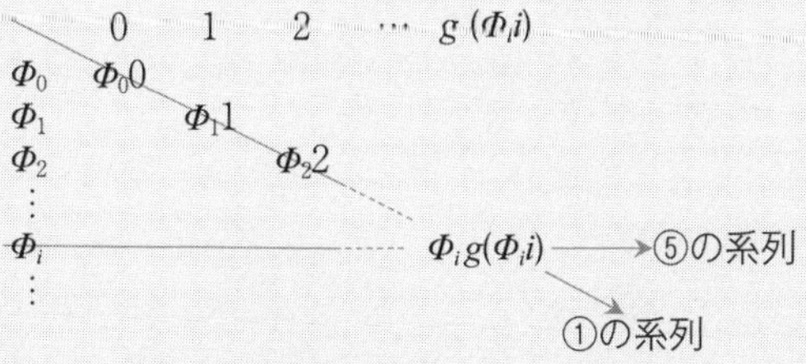

⑧ 図⑦で Φ_i は，はてしなく下にあるとイメージしてもらいたい．ゲーデル数化した時点で引数はとてつもなく大きな自然数になっており，交点が探し始められる $\Phi_i\,g\,(\Phi_0 0)$ だけでも，はてしなく右に位置すると考えられるからだ．

⑨ 図⑦の交点において，$\Phi_i\,g(\Phi_i\,i)=\Phi_i\,i$ となるのは明らか．このイコールは同値どころか，形態的一致であることに注意．

⑩ ⑨を踏まえ，$\Phi_i\,i$ にゲーデル数を与える．$g\,(\Phi_i\,i)=n$.

⑪ ⑩を使い⑨の左辺引数を置き換えると，$\Phi_i\,n=\Phi_i\,i$. ゆえに $n=i$. 元々 $g\,(\Phi_i\,i)$ は，ただの自然数であることに注意．

⑫ $\Phi_i\,n=\Phi_i\,i$ は形態的に一致するから，$g\,(\Phi_i\,n)=g\,(\Phi_i\,i)$.

⑬ ⑫を⑩に代入すると，$g\,(\Phi_i\,n)=n$. Φ_i は④以来 Ψ のことだから，こうして対角化定理は証明されたことになる．■

§277 対角化定理の系

対角化定理が証明されたから，その系も一気に証明する．

266 対角化定理の系 $g\,(\neg Bew(n_\psi))=n_\psi$

定理261において Ψ に $\neg Bew$ を代入すればよい．■

n_ψ は265⑦で交点にあった文を名づけたゲーデル数だが（265⑩），その文 $\Phi_i\,i$ 自体が，とてつもなく遠方にあるぼんやりしたものなので，特定の数を考える必要はない．

---

177 $\Psi a=\Phi_i\,a$ は固定だから，263のように論理式主導で配列は伸びていない．そうではなくて引数になるゲーデル数 $g(\Phi_i\,i)$ 主導で一次元配列が形成されている．⑦に見る通り．野矢（1994, p.210）は，これをトランプのカードを配り直すことに見立て $F\circ g$ 変換と呼んでいる．

第 5 章　第一不完全性定理

対角化定理が，その系まで証明されたので，これを使い，第一不完全性定理（252）を証明しよう．

§ 278　第一不完全性定理へ

対角化定理が証明されれば，その系も即座に証明される（§ 277）．対角化定理の系（266）は，証明の核であるから，いまや不完全性定理の証明も可能になる．

だがその前に，もうひとつだけ，補っておきたい．冒頭で第一不完全性定理を述べた際（252），省略してしまった前提があるのだ．ω（オメガ）-無矛盾性である．

§ 279　ω-無矛盾性

第一不完全性定理では，P が ω-無矛盾である，ということが前提されている．ω-無矛盾性（ω-consistency ／独 ω-widerspruchfrei（ヴィーダーシュプルフフライ））は，こう定式化される．

> 267　***P* の ω-無矛盾性**　P の論理式 Φ について，$\vdash \Phi(1)$ かつ $\vdash \Phi(2)$ …… が言えたとする．このとき同時に，$\vdash \neg \forall x \Phi(x)$ は言えない．

$\neg(p \wedge q)$ という形式をしている（このとき同時に が $\wedge$，言えない が $\neg$）．つまり $p \rightarrow \neg q$ である．具体的な使い方は後で学ぶ（272 ⑰）．ここでは，構文論的無矛盾性との比較に触れておきたい[178]．

ω-無矛盾性との比較で，構文論的無矛盾性（198）を述べると，こうなる．

> 268　**構文論的無矛盾性**　P の論理式 Φ について，$\vdash \forall x \Phi(x)$ が言えたとする．このとき同時に，$\vdash \neg \forall x \Phi(x)$ は言えない．

$\neg(r \wedge q)$ という形式をしている（このとき同時に が $\wedge$，言えない が $\neg$）．つまり $r \rightarrow \neg q$ である．

この比較からわかるのは，ω-無矛盾性の方は，267 に加え，連言の形で，次の主張が含まれている，ということである．

> 269　$\vdash \Phi(1)$ かつ $\vdash \Phi(2)$ …… $\Rightarrow \vdash \forall x \Phi(x)$

上記に合わせて言えば，$p \rightarrow r$ という形式をしている．ちなみに逆 $\Leftarrow$ は $\forall$-Elim より

178 以下の論述は，清水（1984, p.165）と廣瀬ほか（1985, pp.133-134）に負うところが大きい．

自明．つまり $p \longleftrightarrow r$ の形になる．

ω-無矛盾性とは，実質的に 267 かつ 269 である．このため，$\{p \to \neg q,\ p \longleftrightarrow r\} \vdash r \to \neg q$ という推論により，ω-無矛盾性は構文論的無矛盾性を含意するのがわかる．

§ 280　第一不完全性定理証明

対角化定理の系（266），ω-無矛盾性（267），それぞれ頭に入れたところで，いよいよ第一不完全性定理を証明する．文言は当初のもの（252）から若干修正し[179]，ω-無矛盾性の仮定を加える．

270　第一不完全性定理

ペアノ公理系 P が ω-無矛盾だったとする．このとき $\neg Bew(n_\psi)$ は決定不能である．すなわち $\nvdash \neg Bew(n_\psi)$ かつ $\nvdash \neg\neg Bew(n_\psi)$．

以下に擬似フィッチ式で証明する．第一不完全性定理は $\nvdash \neg Bew(n_\psi)$ と $\nvdash \neg\neg Bew(n_\psi)$ という，ふたつの言明から成ると言えるから，それぞれを証明し（271，272），最後につなげる（273）．

271　$\neg Bew(n_\psi)$ についての背理法

① まず $\neg Bew(n_\psi)$ が証明不能であること，すなわち $\nvdash \neg Bew(n_\psi)$ を証明する．

② $\vdash \neg Bew(n_\psi)$ だったとする．［背理法の仮定］

③ P は ω-無矛盾であるから，構文論的に無矛盾（§ 279）．

④ ここで次の補題を導入する．

補題　任意の φ について，$\vdash \varphi \Rightarrow \vdash Bew(g(\varphi))$．

証明　$\vdash \varphi$ を仮定する（$\mathfrak{M}$ の言明）．このとき，それを証明する証明図があるはずだから，そのゲーデル数を n とすると（§ 269），$B(g(\varphi), n)$ が言える（$\mathfrak{M}'$ の言明）．B は再帰的に定義されるため（§ 269），表現定理（258）より，$\vdash B(g(\varphi), n)$ が言える（$\mathfrak{M}' \to P$ と一周して $\mathfrak{M}$ に戻って来た）．∃-Intro を追加適用して $\vdash \exists y B(g(\varphi), y)$．定義 251 より $\vdash Bew(g(\varphi))$．■

⑤ Bew は $\mathfrak{M}'$ 発の述語であったが（注 166），B が表現定理に乗ることで，P に居場所をみつけ（つまり証明可能になり），そのおこぼれで $Bew(g(\varphi))$ も証明可能になった，そういう論理である[180]．

---

[179] 注 154 でも述べた通り，$\nvdash Bew(n_\psi)$ の代わりに，$\nvdash \neg\neg Bew(n_\psi)$ を採用する．

⑥　難しい話であるから，理解の助けとして図示する．

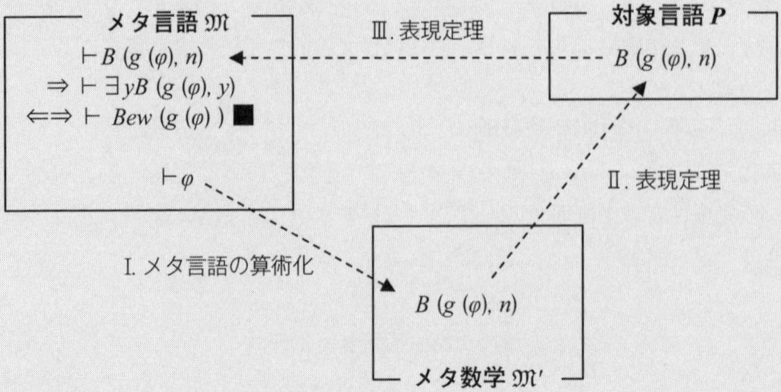

④の証明文に対応させて理解してほしい．Ⅰ → Ⅱ → Ⅲと進む．表現定理がⅡ，Ⅲと二回出て来るが，これは ⊢ 記号としての証明可能性は $\mathfrak{M}$ でしか言われないからだ．

⑦　②に，補題④を適用し，$\vdash Bew(g\,(\neg Bew(n_\psi)))$.

⑧　⑦　に対角化定理の系より（266），$\vdash Bew(n_\psi)$.

⑨　②⑧は P の構文論的無矛盾性（③）に反する．つまり矛盾発生．

⑩　②⑨より背理法成立．こうして②の仮定は解除され $\nvdash \neg Bew(n_\psi)$ が言えるようになる．■

272　$\neg\neg Bew(n_\psi)$ についての背理法

⑪　次に $\neg\neg Bew(n_\psi)$ が証明不能であること，すなわち $\nvdash \neg\neg Bew\ (n_\psi)$ を証明する．

⑫　$\vdash\neg\neg Bew(n_\psi)$ だったとする．［背理法の仮定］

⑬　⑫に ¬-Elim より，$\vdash Bew(n_\psi)$.[181]

⑭　⑬に定義 251 より，$\vdash \exists y\, B\,(n_\psi, y)$.

⑮　ここで，前半で証明したこと，すなわち $\nvdash \neg Bew(n_\psi)$ を投入する（⑩）.

---

[180] この話のややこしさを少しでも解消しようと，廣瀬ほか（1985, p.127）では，例えば B が $\mathfrak{M}'$ に属しているときは斜体 B を使い，P に属しているときには立体 B と書き分けている．

[181] ここで ¬-Elim，すなわち二重否定律を使ってしまっていることから，目下の議論は直観主義（§200）に通用しないのではないか，と批判するひとが居るかもしれない（二重否定律と直観主義の関係については，金子 2019, sec.77 参照）．だがそれは的外れである．⊢ で念頭に置かれるのはペアノ公理系 P である．P は NK を推論規則とする（155）．NK は NJ（直観主義の体系）ではない．NJ の方が NK より弱い体系であるのは明らか（金子 2019, p.213 練習問題 25 など）．NK で決定不能な文が，NJ で決定可能なワケがない．直観主義で不完全性定理が退けられることはなく，（体系が貧弱すぎて）認識できない，と考えるのが適切だろう．

$\nvdash \neg Bew(n_\psi)$ は，図 257 $\mathfrak{M} \to \mathfrak{M}'$ への移行で考えると，どんな証明図のゲーデル数 g_1, g_2 ……をもってしても，以下が成立することだと理解される（下つき文字のある g_1 などは関数でないゲーデル数そのものを表す）.

$\nvdash \neg Bew(n_\psi)$ ［⑩ より］

$\to \neg Bew(g(\neg Bew(n_\psi)))$ ［$\mathfrak{M} \to \mathfrak{M}'$］

$\Longleftrightarrow \neg \exists y\, B\, (g(\neg Bew(n_\psi)), y)$ ［定義 251］

$\Longleftrightarrow \forall y\, \neg B\, (g(\neg Bew(n_\psi)), y)$ ［ドモルガンの法則Ⅲ］

$\Longleftrightarrow \neg B\, (g(\neg Bew(n_\psi)), g_1)$ かつ $\neg B\, (g(\neg Bew(n_\psi)), g_2)$ かつ …… ［全称例化］

$\Longleftrightarrow \neg B\, (n_\psi, g_1)$ かつ $\neg B\, (n_\psi, g_2)$ かつ …… ［対角化定理の系］

この論理では［全称例化］の部分が未消化になっている[182].「……」は厳密な論理では許されないからだ．だが，まさにそこに ω-無矛盾性が投入される．

⑯ B は再帰的に定義できるから表現定理（258）に乗る．このため ⑮ の最後 $\neg B\, (n_\psi, g_1)$ かつ $\neg B\, (n_\psi, g_2)$ かつ …… から，$\mathfrak{M}' \to P$ へと移行する形で次を言ってよい．

$\vdash \neg B\, (n_\psi,\ g_1)$ かつ $\vdash \neg B\, (n_\psi,\ g_2)$ かつ ……

⑰ さて，ここで ω-無矛盾性（267）を次の形で導入する．

ω-無矛盾性　公理系 P における証明図のゲーデル数を g_1, g_2 …… とする．或る文 ψ のゲーデル数 n_ψ について，どんな g_i をとっても，$\vdash \neg B\, (n_\psi, g_i)$ だったとする．つまり ⑯ の通りだったとする．このとき同時に，$\vdash \neg \forall y \neg B\, (n_\psi, y)$ は言えない．

⑱ ⑯ に ω-無矛盾性（⑰）より，$\vdash \neg \forall y \neg B\, (n_\psi, y)$ は言えない．

267 下の説明に即せば，$\neg(p \wedge q)$ を $p \to \neg q$ と取り，p が成立したので（⑯），$\neg q$ を言った，と考えてしまって構わない．

⑲ しかし ⑭ にドモルガンの法則Ⅲの系（112）より，$\vdash \neg \forall y \neg B\, (n_\psi, y)$ が言える．

⑳ ⑱⑲ より，矛盾発生．

---

[182] 厳密には，ただの全称例化でなく，すべての g_i についての全称例化，と言うべきだが簡略化して述べている．また，逆，すなわち全称汎化も同じ議論が成立すると考えるため，双条件法 $\Longleftrightarrow$ を使っている．

㉑　⑫⑳より背理法が成立．こうして⑫の仮定が解除され $\nvdash \neg\neg Bew(n_\psi)$ が言えるようになる．■

273　**証明完了**

㉒　⑩㉑に，かつ-Intro で，こうして第一不完全性定理（270）は証明された．■

第6章　第二不完全性定理

第一不完全性定理を終えた．今度は，第二不完全性定理である．無矛盾性の公理系内証明不能を証明する．

§281　第二不完全性定理へ

今度は，第二不完全性定理（253）である．勝って兜の緒を締めよ，ではないが，第一不完全性定理を乗り越えたから，第二不完全性定理は楽勝，なんて思ってはいけない．第二不完全性定理は，第二不完全性定理で難しい．独自の論理を持っている．

こう話が進む．まず「ペアノ公理系 P は無矛盾である」というメタ言明が，「P で証明不能な文がある」という言明に言い換えられる．

274　**無矛盾性の言い換え**　公理系 P が構文論的に無矛盾である $\Longleftrightarrow$ 或る φ があって，$\nvdash \varphi$.

右辺が「P で証明不能な文がある」を表す．この言明は，メタ言語 $\mathfrak{M}$ に属するのだが（257），以下の通り考えれば，たやすくメタ数学 $\mathfrak{M}'$ に移植される．

まず「或る φ があって，$\nvdash \varphi$」の φ を，$g(\varphi)=n$ とコード化する．$\nvdash$ は，そのまま $\neg Bew$. そうすると，$\mathfrak{M}'$ のなかで $\neg Bew(n)$ という文ができあがるから，メタ数学のレベルで存在汎化し，次の文が得る．

275　**無矛盾性の $\mathfrak{M}'$ における表現**　$\exists x \neg Bew(x)$

これ（275）は，語彙的一致から，さらに P に移植される．Bew を使っているから表現定理には乗らず，ただ移植されるだけである[183].

文 275 が，表現定理に乗らず，ただ P に移植される，ということは，それ（275）

183 語彙的一致を中心に §273，特に注 172 の説明を参照．

が P 内で証明できない，という余地を残す．まさにここで，第二不完全性定理が成立するのである．

§282　無矛盾性の言い換え

以上の話で無矛盾性の言い換え（274）がポイントになるのは明らかだろう．まず，それを証明したい．

276　定理 274 証明

① まず，定理 274 の ⇐ 方向を証明する．これはほとんど CONTRAD（練問 5 ②）から見て取れる．

② 次の補題を，証明しておく．

補題　公理系 P が構文論的に矛盾している ⇒ 任意の φ について，$\vdash \varphi$.

証明　P が構文論的に矛盾しているとする（⇒-Intro の仮定）．このとき定義より（193），或る χ があって，$\vdash \chi$ かつ $\vdash \neg\chi$. それぞれの証明図をつなげ，∧-Intro に CONTRAD を使えば，どんな φ も証明できる．つまり，任意の φ について，$\vdash \varphi$. 最後に ⇒-Intro で，上掲補題は証明される．■

③ この補題（②）の対偶を取れば，⇐ 方向は証明される．■

④ 定理 274 の逆 ⇒ 方向は直接，証明できる．

公理系 P が構文論的に無矛盾であったとする（⇒-Intro の仮定）．その一方で，証明不能な文 φ の候補として $\chi \wedge \neg\chi$ を考える[184].

$\vdash \chi \wedge \neg\chi$ だったとする（背理法の仮定）．証明図を続け ∧-Elim より，$\vdash \chi$ かつ $\vdash \neg\chi$. これは P の構文論的無矛盾性に反する．こうして背理法が成立し，$\nvdash \chi \wedge \neg\chi$. メタ言語で存在汎化すれば[185]，或る φ があって $\nvdash \varphi$. 最後に ⇒-Intro で，こうして定理 274 の ⇒ 方向が証明された．■

---

184 ここで証明不能な文 φ の候補として，第一不完全性定理で証明した $\neg Bew\,(n_\psi)$ も考えられる．つまり ⇒ 方向の仮定（P は構文論的に無矛盾である）と，第一不完全性定理の系（後述 279）より，$\nvdash \neg Bew\,(n_\psi)$. これをメタ言語 $\mathfrak{M}$ で存在汎化すれば，或る φ があって $\nvdash \varphi$. ■

185 $\nvdash \chi \wedge \neg\chi$ は $\nvdash$「$\chi \wedge \neg\chi$」であり，「$\chi \wedge \neg\chi$」はメタ言語で c 同様，個体定項の文法的位置づけを与えられる．だから，まるごと存在汎化の対象になる．言及を紹介したとき同時に説明すべきことであったが（§7〜§8，§13），本書では割愛した．金子 2019, sec.34 参照.

§ 283　最終形態

第二不完全性定理（253）で言われる無矛盾性は，こうしてメタ定理 274 より，P に証明できない文がある，という言明に言い換えられる．

P に証明できない文がある（或る φ があって $\nVdash \varphi$），という言明は，$\mathfrak{M}'$ に移植され（257），さらに P に戻って来るが[186]，しかし最終的に，証明不能だと言われる．

277　第二不完全性定理最終形態　$\nVdash \exists x \neg Bew(x)$

これ自体は $\nVdash$ があるから，$\mathfrak{M}$ の言明だ．そして，まさにこれ（277）を示すのが，第二不完全性定理の仕事になる．

278　第二不完全性定理

P は構文論的に無矛盾であったとする．このとき，その無矛盾性は P 内部では証明できない．すなわち $\nVdash \exists x \neg Bew(x)$.

こうして元の文言（253）も補足，修正された．

§ 284　第一完全性定理の系

第二不完全性定理（278）の証明では，第一不完全性定理が改めて引用される．

第一不完全性定理の証明（§ 280）を注意深く辿りなおすと，その証明前半，$\nVdash \neg Bew\,(n_\psi)$ の部分は（271），ω-無矛盾性の前提が無くてもよいことに気づく．それより弱い，構文論的無矛盾性で充分なのだ（271 ③）．さらに，その構文論的無矛盾性こそ，第二不完全性定理のターゲットであることに気づけば，何をすべきかわかる．そこで，まず，第一不完全性定理証明前半（271）を ω-無矛盾性の前提でなく，構文論的無矛盾性の仮定[187]から導かれるものとして，再定式化しよう．

279　第一不完全性定理の系　P は構文論的に無矛盾である ⇒ $\nVdash \neg Bew(n_\psi)$.

証明は 271 ③ と ⑩ より明らか．■

---

[186] 語彙的一致を言う § 273，特に注 172 の説明を参照．

[187] そもそも第一不完全性定理で ω-無矛盾性（や，そこから言われる構文論的無矛盾性）が，仮定（§ 36）なのか，前提（§ 27）なのか，という疑問が，ここには残る．だが，エルブランの演繹定理（64）が既に証明されているので，それをメタ論理で適用すると考えれば，最早，仮定と前提の区別をつける必要はない．つまり，仮定から条件法を証明したとしても，前提から特定の言明を導き出したとしても，同じことなのだ．

§ 285　最重要命題

この系（279）から，第二不完全性定理は証明される．覚えているだろうか．それ（279）は，図 257 をぐるりと一周し，戻って来た $\mathfrak{M}$ で述べられる言明だった（271 ⑥）．そして，その次のステップが重要になる．系 279 が，まるごと，メタ数学 $\mathfrak{M}'$ に置き換えられるのだ．

280　**最重要命題**　$\exists x \neg Bew(x) \to \neg Bew(n_\psi)$.［279 を $\mathfrak{M}'$ に移植したもの］

$\mathfrak{M}'$ の命題である．最重要と呼ばれる通り，これ（280）を巡る論理を理解することが，第二不完全性定理証明のカギになる．それ（280）は単一の述語ではなく，条件法の形をしている．つまり複合文だ．このため，表現定理（258）に乗らない．だが P では成立する．定理になる，ということだ．これを理解するのが正念場になる（284）．

§ 286　最重要命題つづき

まず，最重要命題 280 を証明しよう．証明というより，厳密には，系 279 を図 257 に沿って移動させ，$\mathfrak{M}'$ に翻訳する．

281　**前件** $\exists x \neg Bew(x)$

① まず，系 279 の前件，P は構文論的に無矛盾である，を $\exists x \neg Bew(x)$ に言い換える．これは，メタ定理 274 と，その右辺について言われた 275 より明らか．以下に，もう一度くり返す．

② メタ定理 274 より，P が構文論的に無矛盾であることは，或る φ があって $\nvdash \varphi$，と言い換えられる．後者（或る φ があって $\nvdash \varphi$）は，メタ言語 $\mathfrak{M}$ の言明である．

③ 図 257 に従い，或る φ があって $\nvdash \varphi$，をメタ数学 $\mathfrak{M}'$ に移植する．すると $\exists x \neg Bew(x)$ になる．変項 x が，証明不能な文 φ のゲーデル数 $g(\varphi)$ を表している（それを量化している）．■

282　**後件** $\neg Bew(n_\psi)$

④ 今度は，系 279 の後件 $\nvdash \neg Bew(n_\psi)$ をメタ数学 $\mathfrak{M}'$ に移植する．

⑤ これには，対角化定理の系（266）が重宝される．

$\nvdash \neg Bew(n_\psi)$

$\dashrightarrow \quad \neg Bew(g(\neg Bew(n_\psi)))$ [𝔐 ⇢ 𝔐′]

$\Longleftrightarrow \quad \neg Bew(n_\psi)$ [対角化定理の系 266 より]

⑥ 外見上区別がつかないが，こうして，𝔐に属する $\nvdash \neg Bew(n_\psi)$ が，𝔐′ の言明 $\neg Bew(n_\psi)$ に移植（翻訳）された．■

283　**全体言い換え**

⑦ 最後に，系 279 の条件法部分 ⇒ を 𝔐′ に向け → にする．

⑧ 281 と 282 を踏まえれば，系 279 全体が，メタ数学 𝔐′ で，こう言い換えられる．

$$\exists x \neg Bew(x) \rightarrow \neg Bew(n_\psi)$$

これが最重要命題 280 である．■

§ 287　$\vdash \exists x \neg Bew(x) \rightarrow \neg Bew(n_\psi)$

系 279（𝔐）⇢ 最重要命題 280（𝔐′）への移植が完了した．*Bew* は 𝔐′ の述語であるが，技術的には *P* に移植可能であった[188]．そして *P* に移植されたとき，280 は（表現定理 258 と別個の見方から）証明可能になる．それを見る．

284　$\vdash \exists x \neg Bew(x) \rightarrow \neg Bew(n_\psi)$

① 形式的に言って $\vdash \exists x \neg Bew(x) \rightarrow \neg Bew(n_\psi)$ は言えないようにみえる．なぜなら $\exists xFx \rightarrow Fc$ という条件法は成立しないからだ（§121）．

② だがヘンキン証拠公理を思いだそう（210）．あれは個体定項 c_Φ にメタ規定を設けることで，掟破りの存在例化を実現していた．

③ おなじ理屈[189]が最重要命題 280 にも当てはまる．数 n_ψ は，証明不能な文 $\neg Bew(n_\psi)$ のゲーデル数であった．対角化定理の系（266）が何よりもそれを示している．

④ つまり 280 は，こう言っている．証明不能な文のゲーデル数がある $\exists x \neg Bew(x)$．あるとしたら $\neg Bew(n_\psi)$ のゲーデル数 n_ψ 以外，何があるというのか．なぜなら $\neg Bew(n_\psi)$ こそ，自分で自分が証明不能 $g(\neg Bew(n_\psi))=n_\psi$ と言

[188] 語彙的一致を言う §273，特に注 172 の説明も参照.

[189] この理屈は（280 で）n_ψ が証拠定項になる，ということでは断じてない．n_ψ に 284 ④ で説明される（証拠定項とは別種の）メタ規定が読み込まれる，という意味だ．言語外から個体定項にメタ規定を加える，という点でのみ 280 はヘンキン証拠公理に似ているだけである．

っている文なのだから[190].

⑤ このように数n_ψについてのメタ規定を読みとることで，最重要命題280がPで成立するのがわかる．すなわち$\vdash \exists x \neg Bew(x) \to \neg Bew(n_\psi)$. ■

§288 矛盾式に同じ論理は成立するか

少し中断して，今の論理（284）をふり返ってみよう．それは，矛盾式$\chi \wedge \neg\chi$にも成立するようにみえるのだ．例えば，矛盾式のゲーデル数をn_χとしたら，$\vdash \exists x \neg Bew(x) \to \neg Bew(n_\chi)$が成立するのではないか．

いや，成立しない．決定不能な文$\neg Bew(n_\psi)$は，$g(\neg Bew(n_\psi)) = n_\psi$を経て，自分が証明不能だと言っている．つまり$\neg Bew(n_\psi)$. [191]

それに対し，矛盾式$\chi \wedge \neg\chi$は，$g(\neg Bew(n_\chi)) = n_\chi$と言えない．そうではなく$g(\chi \wedge \neg\chi) = n_\chi$どまりだ．[192]

そもそも構文論では，特定の文が証明不能なんてことはわからない（§67）．なので，$\nvdash$であろうが$\neg Bew$であろうが，$\chi \wedge \neg\chi$という特定の文について[193]証明不能だ，というのはそもそも構文論の仕事ではないのである．

§289 中心となる条件法

284を利用するため，次の補題を証明する．

$$285 \quad \vdash \varphi \to \psi \Rightarrow (\vdash \varphi \Rightarrow \vdash \psi)$$

証明 これ自体メタ言語$\mathfrak{M}$の言明である．文の名前への言及を明示すると，$\vdash$「$\varphi \to \psi$」$\Rightarrow (\vdash \varphi \Rightarrow \vdash \psi)$という形になる．デフォルメして書けば$Fc_1 \to (Fc_2 \to Fc_3)$．つまり$p \to (q \to r)$という文構成であり，これは$(p \wedge q) \to r$と言い換えられる（証明略）．なので，上掲メタ定理は$(\vdash \varphi \to \psi$かつ$\vdash \varphi) \Rightarrow \vdash \psi$と言い換えられる．これは→-Elim（17②）そのものである．■

---

[190] 対角化定理の系266でストンと落ちるなら，それでもよい．

[191] $\vdash \neg Bew(n_\psi)$ということではない．それは第一不完全性定理に反する（270）．あくまで証明不能な文があった$\exists x \neg Bew(x)$としたら，それは自分だ$\neg Bew(n_\psi)$と言っているにすぎない（284）．ちなみにここら辺から，よく言われる「$\neg Bew(n_\psi)$は証明できないけれども見た目は正しい」という議論が出てくる（廣瀬ほか1985, p.134; 野矢1994, p.194）．

[192] 対角化定理の系（266）が，対角化定理$g(\Psi n) = n$から出てきたことを考えると，$g(\neg Bew(n_\chi)) = n_\chi$は成立しない，とはっきり言うべきだろう．

[193] n_ψは，ぼんやりとしか認識できない文であった（§277）．

§ 290　第二不完全性定理証明

以上を踏まえ（§ 284〜§ 289），では，第二不完全性定理（278）を証明しよう．

286　第二不完全性定理証明

① 284 に 285 と ⇒-Elim より，$\vdash \exists x \neg Bew(x) \Rightarrow \vdash \neg Bew(n_\psi)$.

② ここで $\vdash \exists x \neg Bew(x)$ を仮定する．［背理法の仮定］

③ ②①に ⇒-Elim より，$\vdash \neg Bew(n_\psi)$.

④ しかし第二不完全性定理の前提として[194]，P は構文論的に無矛盾である，と言われている（278）．

⑤ ④に第一不完全性定理の系 279 と ⇒-Elim より，$\nvdash \neg Bew(n_\psi)$.

⑥ ③⑤より矛盾発生．

⑦ ②⑥より背理法成立．ゆえに仮定を解除し $\nvdash \exists x \neg Bew(n_\psi)$ を言ってよい．

■

§ 291　まとめ

こうして第二不完全性定理が証明された．P の構文論的無矛盾性は，P 内部で証明できない．

よくよく考えてみると，しかし，そんなこと当り前じゃないか，とも思えてくる．*NK* の構文論的無矛盾性すら，*NK* の外部，つまりメタ論理でしか証明できない．健全性定理が，それである（下記付録参照）．

色々あるけれども，最後，次のことを提案しておきたい．不完全性定理は，無矛盾性の公理系内証明不能以前に，決定問題を扱っていた（§ 256〜）．ヒルベルトを引き合いに出すのはよいが，彼のプログラム，特に無矛盾性証明という広い枠組みというより（§ 170，§ 222），むしろ，決定問題というより狭い枠組みのなかで，節制して，ゲーデルの成果を見極めるべきではないか．

【最後に 付録 7 を読んでもらいたい】

[194] 仮定と言ってもよい．仮定と言うなら，第二不完全性定理は，P が無矛盾 ⇒ P 内部でそれを証明できない，という条件法になる．だが，仮定と前提の区別には最早こだわらなくてよい．注 187 参照．

参　考　文　献

邦語文献［参照の便宜上，邦語文献では共著は筆頭著者のみ記す．編者等についても同様．］

飯田隆（2002）．『言語哲学大全Ⅳ　真理と意味』，勁草書房．

石黒ひで（1984）．『ライプニッツの哲学』，岩波書店．

金子裕介（2019）．『論理と分析―文系のための記号論理入門』，晃洋書房．

――――（2021）．「ゲーデルの不完全性定理―『論理と分析』補填」，『The Basis』第 11 号，武蔵野大学教養教育センター．

倉田令二朗（1995）．『数学基礎論へのいざない』，河合文化教育研究所．

――――（1996）．『公理的集合論』，河合文化教育研究所．

清水義夫（1984）．『記号論理学』，東京大学出版会．

竹内外史（2001）．『集合とは何か』，講談社．

田中一之（2012）．『ゲーデルに挑む　証明不可能なことの証明』，東京大学出版会．

野矢茂樹（1994）．『論理学』，東京大学出版会．

廣瀬健ほか（1985）．『ゲーデルの世界　完全性定理と不完全性定理』，海鳴社．

欧語文献

Barwise, J. et al. (2011). *Language, Proof and Logic, 2nd ed.* CSLI Publications.

Carnap, R. (1956). *Meaning and Necessity: A Study in Semantics and Modal Logic, 2nd ed.* The University of Chicago Press.

Cutland, N. (1980). *Computability.* Cambridge University Press.

Enderton, H. (1977). *Elements of Set Theory.* Academic Press.

Euclid. (300 B.C.). *Στοιχεία* (*Elements*)［邦題『原論』．田村松平ほか（1980）．『ギリシアの科学』所収の翻訳（pp.251-381）を参照した．］

Gödel, K. (1931). Über formal unentscheidbare Sätze der Principia Mathematica und verwandter Systeme I. *Monatshefte für Mathematik und Physik, Bd. 38.*［ページづけを S. で示す．］

Henkin, L. (1949). The Completeness of the First-Order Functional Caculus. *The Journal of Symbolic Logic, Vol.14, No.3.*

Hume, D. (1739-40). *A Treatise of Human Nature.* Oxford at the Clarendon Press.

Linnebo, O. (2020). Predicative and Impredicative Definitions. *Internet Encyclopedia of Philosophy.*［IEP は出版年を載せない方針なので本論文著者閲覧年のみ記す］

Moore, A. (1990). *The Infinite.* Routledge.

Nolt, J. et al. (2011). *Shaum's Outline Series: Logic 2nd ed.* McGrawHill.［第 2 版には執筆者として Achille Varzi が追加されている．］

Peano, G. (1889). *Arithmetices principia, nova methodo exposita.*［原文はラテン語．英訳 The principles of arithmetic, presented by a new method（Van Heijenoort 1967, pp.83-97）を参照した．］

Quine, W. (1937). New Foundations for Mathematical Logic.［Quine (1980) に所収］

―――― (1980). *From a Logical Point of View: Nine Logico-Philosophical Essays.* Harvard U.P.

Raatikainen, P. (2020). Gödel's Incompleteness Theorems. *Stanford Encyclopedia of Philosophy.*

Russel, B. (1902). Letter to Frege. [Van Heijenoort (1967) に所収．ページづけも，それに従う]

——— (1908). Mathematical Logic as based on the Theory of Types. [Van Heijenoort (1967) に所収．ページづけも，それに従う]

Van Heijenoort, J. (1967). *From Frege to Gödel: A Source Book in Mathematical Logic 1879-1931.* Havard University Press.

Von Neumann, J. (1923). On the introduction of transfinite numbers. [Van Heijenoort (1967) に所収．ページづけも，それに従う]

Whitehead, A.N. et al. (1910). *Principia Mathematica, Vol.1.* Merchant Books.

Wittegenstein, L. (1918). *Tractatus-Logico Philosophicus.* Suhrkampf.

Zach, R. (2019). Hilbert's Program. *Stanford Encyclopedia of Philosophy.*

練　習　問　題

練習問題 1　以下の文を記号論理の表現にせよ（§23）.

① p でない.　② p でないが，q ならば r.　③ p か q，あるいは r.
④ p でない，ということはない.

解答　① $\neg p$　② $\neg p \wedge (q \rightarrow r)$　③ $(p \vee q) \vee r$　④ $\neg\neg p$

コメント

① 読み方（本文6）は補助でしかない．実践では論理を析出するような視点を持ってほしい．なので，この問題で「でない」と「ということはない」の違いに固執する必要はない．同様に②の「が」も，連言とみなせばよい．

② コンマに対応する形で，括弧により作用域が示される．作用域とは論理接続詞がどこからどこまで作用しているかを教える補助記号である（3⑥）．括弧ナシで $\neg p \wedge q \rightarrow r$ だと，結びつきがはっきりしない．

もっとも，論理学者の間で共有される暗黙の了解として $\neg \rightarrow \wedge \rightarrow \vee \rightarrow \rightarrow$ という接着力の順位がある．このため，例えば $p \wedge q \rightarrow r$ だったら，$(p \wedge q) \rightarrow r$ としなくても，そう読まれる．それでも $\vee$ と $\rightarrow$ の接着順位は曖昧なので，括弧で補足すべきだろう．こういったことも本当は文法で述べねばならないのだが割愛した．

③ 括弧ナシ $p \vee q \vee r$ でも構わない．$p \vee q \vee r$ と $(p \vee q) \vee r$ は同値だからである[1]．その証明は $\vee$ の分配法則など，いろいろ必要になるので省略する．

④ $\neg(\neg p)$ でも構わない．否定に対し括弧は通常 $\neg(\neg p \wedge q)$ のように二個以上の原子文を含む場合に用いられる．

練習問題 2　p で「太郎は善人だ」を表す．以下を記号論理の文にせよ（§23）.

① 太郎が善人で善人でない，ということはない.

② 太郎は善人であるか，善人でないか，どちらかだ.

解答　① $\neg(p \wedge \neg p)$　② $p \vee \neg p$

コメント

① いわゆる矛盾律である．文を単位として論理構造を析出すること．

[1] 同値については後に学ぶ（§73）．ここでは「同じ」と理解すればよい．

② いわゆる排中律である．問題は「どちらかだ」から排他的選言を連想してしまうことだろう．つまり $(p\vee\neg p)\wedge\neg(p\wedge\neg p)$ としなければならないようにみえる．だが，選言肢 p と $\neg p$ は排他的だから両立的選言で充分である．つまり $\neg(p\wedge\neg p)$ の部分は，矛盾律として，予め定理として認識される．$p\vee\neg p$ から $(p\vee\neg p)\wedge\neg(p\wedge\neg p)$ が推論できるし，逆も然りなので（つまり同値）[2]，$p\vee\neg p$ で充分なのだ．

練習問題 3 p で「it will be fine tomorrow」，q で「we will go on a picnic」を表す．以下を記号論理の文にせよ（§23）．

① If it is fine tomorrow, we will go on a picnic.

② Only if it is fine tomorrow will we go on a picnic.

解答 ① $p\rightarrow q$ ② $q\rightarrow p$

コメント

① 時と条件の副詞節では，未来でも現在形を使う．そういう英文法がある．だが論理学では，その文法では破棄され，元の時制に戻される．このため副詞節の it is fine tomorrow は it will be fine tomorrow とみなされる[3]．

② §20～§22 参照．only if の訳だが「We will go on a picnic only if it is fine tomorrow.」と only if 節を後ろに揃え「私達がピクニックに行くのは，明日晴れたときだけだ」と訳すのがよい．

練習問題 4 次の文を ▽，⟷ を使わない形にせよ（§23）．

① $p\rightarrow(p\triangledown q)$ ② $\neg(p\longleftrightarrow q)$

解答 ① $p\rightarrow((p\vee q)\wedge\neg(p\wedge q))$ ② $\neg((p\rightarrow q)\wedge(q\rightarrow p))$

コメント

① Def ▽ より（5⑮）． ② Def ↔ より（5⑭）．

練習問題 5 以下の派生規則を証明せよ（§45）．

① $\{p\}\vdash p$ ［反復律，通称 RE］

② $\{p\wedge\neg p\}\vdash q$ ［推論規則としての矛盾律，通称 CONTRAD］

---

[2] $\{(p\vee\neg p)\wedge\neg(p\wedge\neg p)\}\vdash p\vee\neg p$ は ∧-Elim によって証明可能．$\{p\vee\neg p\}\vdash(p\vee\neg p)\wedge\neg(p\wedge\neg p)$ は $\vdash\neg(p\wedge\neg p)$ の下，∧-Intro で証明可能．■

[3] 金子 2019, p.182 n.48 でも説明している．

解答 ①

$$\cfrac{\cfrac{p \qquad p}{p \wedge p}\ \wedge\text{-Intro}}{p}\ \wedge\text{-Elim}$$

別解）

$$\cfrac{\cfrac{\cfrac{p \qquad [\neg p]_1}{p \wedge \neg p}\ \wedge\text{-Intro}}{\neg\neg p}\ \neg\text{-Intro.1}}{p}\ \neg\text{-Elim}$$

②

$$\cfrac{\cfrac{\cfrac{\cfrac{p \wedge \neg p \qquad [\neg q]_1}{(p \wedge \neg p) \wedge \neg q}\ \wedge\text{-Intro}}{p \wedge \neg p}\ \wedge\text{-Elim}}{\neg\neg q}\ \neg\text{-Intro.1}}{q}\ \neg\text{-Elim}$$

コメント

① 証明では基本的に派生規則（§38）を使ってはならない（読み手が知っていない場合があるから）．それでも不可欠な派生規則というものがある．それがここで証明するREとCONTRADだ．REの証明には別解がある．これは，証明がひと通りでない，ということを示している．

② CONTRADの証明だが，少々イカサマめいている．矛盾 $p \wedge \neg p$ を前提し，それを ∧-Intro で $\neg q$ になすりつけ，∧-Intro で分離した上で，矛盾発生を $\neg q$ のせいにする．そんな論理だ．

こうして証明されるCONTRADで，q は，どんな文でもよいと考えられている（§38参照）．ここから，矛盾から何でも導き出される，という論理が認識される．

練習問題 6　以下の定理を証明せよ（§45）．

① $\vdash p \rightarrow p$　［同一律 the law of identity］

② $\vdash p \vee \neg p$　［排中律 the law of the excluded middle］

③ $\vdash \neg(p \wedge \neg p)$　［矛盾律 the law of contradiction］

解答 ①

$$\cfrac{\cfrac{[p]_1}{p}\ \text{RE}}{p \rightarrow p}\ \rightarrow\text{-Intro.1}$$

③

$$\cfrac{\cfrac{[p \wedge \neg p]_1}{p \wedge \neg p}\ \text{RE}}{\neg(p \wedge \neg p)}\ \neg\text{-Intro.1}$$

②

$$\cfrac{\cfrac{\cfrac{\cfrac{\cfrac{\cfrac{[\neg(p \vee \neg p)]_1 \qquad \cfrac{[p]_2}{p \vee \neg p}\ \vee\text{-Intro}}{\neg(p \vee \neg p) \wedge (p \vee \neg p)}\ \wedge\text{-Intro}}{\neg p}\ \neg\text{-Intro.2}}{p \vee \neg p}\ \vee\text{-Intro} \qquad [\neg(p \vee \neg p)]_1}{(p \vee \neg p) \wedge \neg(p \vee \neg p)}\ \wedge\text{-Intro}}{\neg\neg(p \vee \neg p)}\ \neg\text{-Intro.1}}{p \vee \neg p}\ \neg\text{-Elim}$$

コメント

① 定理は前提ナシなので（§45），始式はすべて仮定になる．また，この証明図では，反復律を使っている（練問5①）．

② ほとんど同じ構造の別解がある（金子 2019, p.231）．いずれにせよ，この位複雑な証明になると，初学者は辿ることだけできればよい．

③ 反復律が使われている．文字通り同語反復なのだが，自ら矛盾を生み出すことで背理法を完成させている．RE の上式（仮定）と下式（矛盾）を区別すること．

練習問題 7 練習問題 6 の定理を真理表で証明せよ（§60）．

① $\vDash p \to p$　② $\vDash p \lor \neg p$　③ $\vDash \neg(p \land \neg p)$

解答 ①

p	$p \to p$
1	1
0	1

②

p	$\neg p$	$p \lor \neg p$
1	0	1
0	1	1

③

p	$\neg p$	$p \land \neg p$	$\neg(p \land \neg p)$
1	0	0	1
0	1	0	1

コメント

① 出力列が一列（二行），つまり p だけであることに注意せよ．q の列は書いてはならない（§53～§54）．

② これが意味論の目玉になる．あんなに難しかった排中律が（練問6解答②），真理表では，あっけなく証明されてしまう．

③ 出力列は内から外へ向かうように入れ子式に書いてほしい．絶対そうしろ，というわけではない．

練習問題 8 以下を証明せよ（§65）．

① $\{p \land q\} \vDash q \land p$　[推論 20 に相当]

② $\{p, q, r\} \vDash p \land q \land r$　[推論 23 に相当]

③ $\{p \land q \land r\} \vDash q$　[推論 24 に相当]

④ $\{p\} \vDash (p \lor q) \land (p \lor r)$　[推論 25 に相当]

⑤ $\{(p \land q) \lor (p \land r)\} \vDash p \land (q \lor r)$　[推論 29 に相当]

⑥ $\{\neg p \to (q \to r),\ \neg p,\ q\} \vDash r$　[推論 30 に相当]

解答 ①

p	q	$p \land q$	$q \land p$
1	1	$\langle 1 \rangle$	$\boxed{1}$
1	0	0	1
0	1	0	1
0	0	0	1

②

p	q	r	$p \land q \land r$
$\langle 1$	1	$1 \rangle$	$\boxed{1}$
1	1	0	0
1	0	1	0
1	0	0	0
0	1	1	0
0	1	0	0
0	0	1	0
0	0	0	0

③

p	q	r	$p \wedge q \wedge r$
1	[1]	1	$\langle 1 \rangle$
1	1	0	0
1	0	1	0
1	0	0	0
0	1	1	0
0	1	0	0
0	0	1	0
0	0	0	0

④

p	q	r	$p \vee q$	$p \vee r$	$(p \vee q) \wedge (p \vee r)$
$\langle 1 \rangle$	1	1	1	1	[1]
$\langle 1 \rangle$	1	0	1	1	[1]
$\langle 1 \rangle$	0	1	1	1	[1]
$\langle 1 \rangle$	0	0	1	1	[1]
0	1	1	1	1	1
0	1	0	1	0	0
0	0	1	0	1	0
0	0	0	0	0	0

⑤

p	q	r	$p \wedge q$	$p \wedge r$	$(p \wedge q) \vee (p \wedge r)$	$q \vee r$	$p \wedge (q \vee r)$
1	1	1	1	1	$\langle 1 \rangle$	1	[1]
1	1	0	1	0	$\langle 1 \rangle$	1	[1]
1	0	1	0	1	$\langle 1 \rangle$	1	[1]
1	0	0	0	0	0	0	0
0	1	1	0	0	0	1	0
0	1	0	0	0	0	1	0
0	0	1	0	0	0	1	0
0	0	0	0	0	0	0	0

⑥

p	q	r	$\neg p$	$q \rightarrow r$	$\neg p \rightarrow (q \rightarrow r)$
1	1	1	0	1	1
1	1	0	0	0	1
1	0	1	0	1	1
1	0	0	0	1	1
0	$\langle 1 \rangle$	[1]	$\langle 1 \rangle$	1	$\langle 1 \rangle$
0	1	0	1	0	0
0	0	1	1	1	1
0	0	0	1	1	1

コメント

⑥ 前提を⟨ ⟩でひと括りにできないときは分けて書くしかない.

練習問題 9 対偶律（the law of contraposition）を証明せよ（§68）.

① $\{p \rightarrow q\} \vdash \neg q \rightarrow \neg p$ ② $\{p \rightarrow q\} \models \neg q \rightarrow \neg p$

解答 ①

$$
\cfrac{
  \cfrac{
    \cfrac{
      \cfrac{p \rightarrow q \quad [p]_1}{q} \text{ →-Elim} \quad [\neg q]_2
    }{q \wedge \neg q} \text{ ∧-Intro}
  }{\neg p} \text{ ¬-Intro.1}
}{\neg q \rightarrow \neg p} \text{ →-Intro.2}
$$

②

p	q	$p\to q$	$\neg q$	$\neg p$	$\neg q\to\neg p$
1	1	⟨1⟩	0	0	[1]
1	0	0	1	0	0
0	1	⟨1⟩	0	1	[1]
0	0	⟨1⟩	1	1	[1]

コメント

① 比べてもらうために構文論，意味論両方で証明してもらった．構文論の証明だが，前提に $p\to q$ があるので $[p]_1$ と仮定し →-Elim で q を得る …… といった風に，手を動かしながら進めてほしい．

② 意味論の証明は本文 47 に従う．

練習問題 10 逆と裏が成立しないことを示せ（§68）．

① $\{p\to q\}\vDash q\to p$　　[逆 conversion ／ the converse]

② $\{p\to q\}\vDash \neg p\to\neg q$　　[裏 inversion ／ the inverse]

解答 ①

p	q	$p\to q$	$q\to p$	
1	1	⟨1⟩	[1]	…… $I_1(p)=1$ $I_1(q)=1$
1	0	0	1	…… $I_2(p)=1$ $I_2(q)=0$
0	1	⟨1⟩	[0]	…… $I_3(p)=0$ $I_3(q)=1$
0	0	⟨1⟩	[1]	…… $I_4(\mathrm{p})=0$ $I_4(q)=0$

②

p	q	$p\to q$	$\neg p$	$\neg q$	$\neg p\to\neg q$	
1	1	⟨1⟩	0	0	[1]	…… $I_1(p)=1$ $I_1(q)=1$
1	0	0	0	1	1	…… $I_2(p)=1$ $I_2(q)=0$
0	1	⟨1⟩	1	0	[0]	…… $I_3(p)=0$ $I_3(q)=1$
0	0	⟨1⟩	1	1	[1]	…… $I_4(\mathrm{p})=0$ $I_4(q)=0$

コメント

① 3 行目，I_3 が反例モデル．

② 3 行目，I_3 が反例モデル．

練習問題 11 $\vdash p\to q\longleftrightarrow \neg p\vee q$ を証明せよ（§73）．

解答 Def ↔ より $\vdash p\to q\to\neg p\vee q$ と $\vdash \neg p\vee q\to p\to q$ に分けて証明する．両証明図の最後に ∧-Intro を適用すれば双条件法が得られる．

① $\vdash p\to q\to\neg p\lor q$ を証明する．

$$\dfrac{\dfrac{\dfrac{\dfrac{\dfrac{\dfrac{\dfrac{\dfrac{\dfrac{[p]_2 \quad [p\to q]_1}{q}\,\to\text{-Elim}}{\neg p\lor q}\,\lor\text{-Intro} \qquad [\neg(\neg p\lor q)]_3}{(\neg p\lor q)\land\neg(\neg p\lor q)}\,\land\text{-Intro}}{\neg p}\,\neg\text{-Intro.2}}{\neg p\lor q}\,\lor\text{-Intro} \qquad\quad [\neg(\neg p\lor q)]_3 \;\text{(左)}}{\neg(\neg p\lor q)\land(\neg p\lor q)}\,\land\text{-Intro}}{\neg\neg(\neg p\lor q)}\,\neg\text{-Intro.3}}{\neg p\lor q}\,\neg\text{-Elim}}{(p\to q)\to\neg p\lor q}\,\to\text{-Intro.1}$$

② $\vdash\neg p\lor q\to p\to q$ を証明する．

$$\dfrac{\dfrac{\dfrac{\dfrac{\dfrac{[p]_1 \quad [\neg p]_2}{p\land\neg p}\,\land\text{-Intro}}{q}\,\text{CONTRAD} \qquad \dfrac{[q]_3}{q}\,\text{RE} \qquad [\neg p\lor q]_4}{q}\,\lor\text{-Elim.2,3}}{p\to q}\,\to\text{-Intro.1}}{\neg p\lor q\to(p\to q)}\,\to\text{-Intro.4}$$

コメント

練習問題 5 で証明した CONTRAD が ② で使われている．いずにせよ難しい証明だから，初心者は論理を辿れればよい．自分で証明したいなら意味論の方法（56）を採ればいい．

練習問題 12　以下の同値を証明せよ（§73）．

① $\vDash p\to q\longleftrightarrow\neg(p\land\neg q)$　［条件法の言い換え II］

② $\vDash\neg(p\land q)\longleftrightarrow\neg p\lor\neg q$　［ドモルガンの法則 I］

③ $\vDash\neg(p\lor q)\longleftrightarrow\neg p\land\neg q$　［ドモルガンの法則 II］

解答　①

p	q	$p\to q$	$\neg q$	$p\land\neg q$	$\neg(p\land\neg q)$
1	1	$\boxed{1}$	0	0	$\boxed{1}$
1	0	$\boxed{0}$	1	1	$\boxed{0}$
0	1	$\boxed{1}$	0	0	$\boxed{1}$
0	0	$\boxed{1}$	1	0	$\boxed{1}$

②

p	q	$p\wedge q$	$\neg(p\wedge\neg q)$	$\neg p$	$\neg q$	$\neg p\vee\neg q$
1	1	1	$\boxed{0}$	0	0	$\boxed{0}$
1	0	0	$\boxed{1}$	0	1	$\boxed{1}$
0	1	0	$\boxed{1}$	1	0	$\boxed{1}$
0	0	0	$\boxed{1}$	1	1	$\boxed{1}$

③

p	q	$p\vee q$	$\neg(p\vee q)$	$\neg p$	$\neg q$	$\neg p\wedge\neg q$
1	1	1	$\boxed{0}$	0	0	$\boxed{0}$
1	0	1	$\boxed{0}$	0	1	$\boxed{0}$
0	1	1	$\boxed{0}$	1	0	$\boxed{0}$
0	0	0	$\boxed{1}$	1	1	$\boxed{1}$

コメント

① *NK* による証明が 金子 2019, p.227 練問 11 にある.
② *NK* による証明が 金子 2019, p.222 練問 17 にある.
③ *NK* による証明が 金子 2019, p.220 練問 18 にある.

練習問題 13 外延置換原理を使い，以下を証明せよ（§74）.

① $\{\neg(p\rightarrow q)\}\vdash\neg(\neg p\vee q)$
② $\{\neg(p\wedge(q\rightarrow r))\}\vdash\neg(p\wedge\neg(q\wedge\neg r))$

解答 ① $\vdash p\rightarrow q\longleftrightarrow\neg p\vee q$（56／練問 11）を使う[4].

$$\frac{p\rightarrow q\longleftrightarrow\neg p\vee q\qquad\qquad\neg(p\rightarrow q)}{\neg(\neg p\vee q)}\ \text{ExRe.I}$$

② $\vdash q\rightarrow r\longleftrightarrow\neg(q\wedge\neg r)$（練問 12 ①）を使う.

$$\frac{q\rightarrow r\longleftrightarrow\neg(q\wedge\neg r)\qquad\qquad\neg(p\wedge(q\rightarrow r))}{\neg(p\wedge\neg(q\wedge\neg r))}\ \text{ExRe.I}$$

コメント

① ExRe.I で言うと，$p\rightarrow q$ が φ，$\neg p\vee q$ が ψ，$\neg(p\rightarrow q)$ が $(\cdots\varphi\cdots)$.
② ExRe.I で言うと，$q\rightarrow r$ が φ，$\neg(q\wedge\neg r)$ が ψ，$\neg(p\wedge(q\rightarrow r))$ が $(\cdots\varphi\cdots)$.

練習問題 14 以下の文を述語論理で表せ（§96）.

① すべての F は G でない. ② すべての F は G である，ということはない.

[4] 目下の議論では $\vdash\varphi$ と $\vDash\varphi$ を区別しない. 最終的には完全性定理，健全性定理で補完される（§207～§209）.

③　或る F は G でない.　　④　F で G であるものは存在しない.

解答　①　$\forall x(Fx \to \neg Gx)$　②　$\neg\forall x(Fx \to Gx)$　③　$\exists x(Fx \land \neg Gx)$　④　$\neg\exists x(Fx \land Gx)$

コメント

あまり理屈から理解しようとせず，初期段階では丸暗記でよい．また，このような翻訳問題に熱中する必要もない．証明など色々こなしている内に，自然と身につくものだと考えてほしい．

練習問題 15　述語論理の文法に従い，以下の正誤を言え（§100）．

①　Fa は文である．②　p は文である．　③　$\forall xFx$ は論理式である．

④　$\exists xRxb$ は文である．⑤　$\forall xFx \land Gx$ は文である．

解答　①　誤：78 ⑫⑭ より論理式．②　誤：p は語彙に無い（77）．

③　誤：80 ㉑ より文．　④　誤：80 ㉑ より論理式．

⑤　誤：$\forall x(Fx \land Gx)$ と書いて初めて文とみなされる（80 ㉑）．$\forall xFx \land Gx$ のままだと $\forall xFx \land Ga$ の書き損じとみなされかねない．しかもその場合，論理式になる（79 ⑱）．

練習問題 16　93 と 94 に従い以下を読め（§104）．

①　$\exists x \forall y\, R_1(x, y)$　②　$\forall y \exists x\, R_1(x, y)$　③　$\forall x \forall y\, R_2(x, y)$

④　$\exists y \exists x\, R_2(x, y)$

解答　①　誰かがみんなの（誰もの）父親である．②　誰もが誰かの子供である

③　誰もがみんなを（誰もを）愛している．③　誰かが誰かに愛されている．

練習問題 17　以下を証明せよ（§124）．

①　$\{\forall x(Fx \land Gx)\} \vdash \forall xFx \land \forall xGx$

②　$\{\forall xFx \land \forall xGx\} \vdash \forall x(Fx \land Gx)$

③　$\{\forall xFx \lor \forall xGx\} \vdash \forall x(Fx \lor Gx)$

解答　①

$$\dfrac{\dfrac{\dfrac{\dfrac{\forall x(Fx \land Gx)}{Fa \land Ga}\,\forall\text{-Elim}}{Fa}\,\land\text{-Elim}}{\forall xFx}\,\forall\text{-Intro} \qquad \dfrac{\dfrac{\dfrac{\forall x(Fx \land Gx)}{Fa \land Ga}\,\forall\text{-Elim}}{Ga}\,\land\text{-Elim}}{\forall xGx}\,\forall\text{-Intro}}{\forall xFx \land \forall xGx}\,\land\text{-Intro}$$

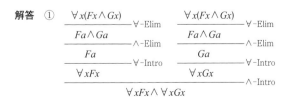

②

$$\dfrac{\dfrac{\dfrac{\dfrac{\forall xFx\land\forall xGx}{\forall xFx}\ \land\text{-Elim}}{Fa}\ \forall\text{-Elim}\qquad\dfrac{\dfrac{\forall xFx\land\forall xGx}{\forall xGx}\ \land\text{-Elim}}{Ga}\ \forall\text{-Elim}}{Fa\land Ga}\ \land\text{-Intro}}{\forall x(Fx\land Gx)}\ \forall\text{-Intro}$$

③

$$\dfrac{\dfrac{\dfrac{\dfrac{[\forall xFx]_1}{Fa}\ \forall\text{-Elim}}{Fa\lor Ga}\ \lor\text{-Intro}\qquad\dfrac{\dfrac{[\forall xGx]_2}{Ga}\ \forall\text{-Elim}}{Fa\lor Ga}\ \lor\text{-Intro}\qquad\forall xFx\lor\forall xGx}{Fa\lor Ga}\ \lor\text{-Elim.1,2}}{\forall x(Fx\lor Gx)}\ \forall\text{-Intro}$$

コメント

証明図③は $\lor$-Elim.1,2で落とす前に $\forall$-Introで $\forall x(Fx\lor Gx)$ にしてしまってもよい（別解になる）.

ちなみに $\{\forall x(Fx\lor Gx)\}\vdash\forall xFx\lor\forall xGx$ は成立しない．すべての人間は男（F）か女（G）である．これは正しい．なので $\forall x(Fx\lor Gx)$ は成立する．だが，すべての人間が男であるか，すべての人間が女である，は言い過ぎである．なので $\forall xFx\lor\forall xGx$ は成立しない．厳密には反例モデルの手法を使うのだが（第Ⅵ部第5章），この説明で十分だろう．

練習問題18　以下を証明せよ（§124）．

① $\{\exists x(Fx\land Gx)\}\vdash\exists xFx\land\exists xGx$

② $\{\exists x(Fx\lor Gx)\}\vdash\exists xFx\lor\exists xGx$

③ $\{\exists xFx\lor\exists xGx\}\vdash\exists x(Fx\lor Gx)$

解答

①

$$\dfrac{\dfrac{\dfrac{\dfrac{[Fa\land Ga]_1}{Fa}\ \land\text{-Elim}}{\exists xFx}\ \exists\text{-Intro}\qquad\dfrac{\dfrac{[Fa\land Ga]_1}{Ga}\ \land\text{-Elim}}{\exists xGx}\ \exists\text{-Intro}}{\exists xFx\land\exists xGx}\ \land\text{-Intro}\qquad\exists x(Fx\land Gx)}{\exists xFx\land\exists xGx}\ \exists\text{-Elim.1}$$

②

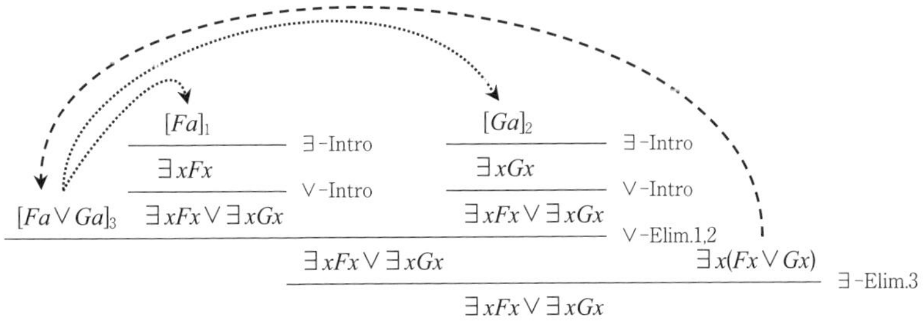

③

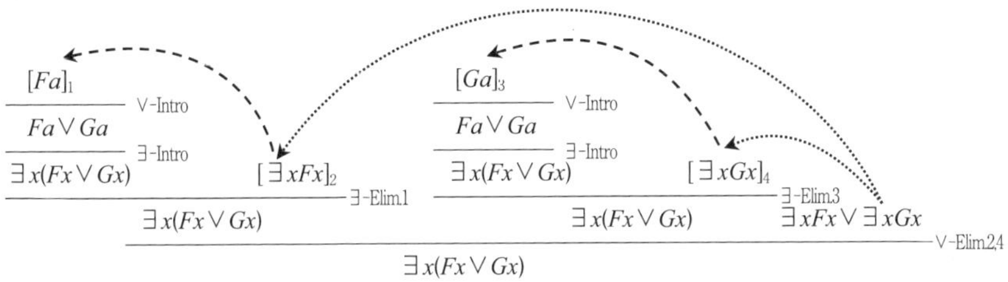

コメント

① ∃-Elim の仮定 $[Fa \wedge Ga]_1$ が二回使われている（§40）．

② 難しいが良問中の良問である．矢印で論理を補足した（解答に書く必要はない）．$\exists x(Fx \vee Gx)$ から ∃-Elim.3 のために $[Fa \vee Ga]_3$ が仮定される（破線矢印）．その $[Fa \vee Ga]_3$ から更に ∨-Elim.1,2 の仮定 $[Fa]_1$，$[Ga]_2$ が立てられる（点線矢印）．∨-Elim.1,2 について，元の推論図（16②）と左右逆転しているのは問題ない．

③ これも良問である．矢印で論理を補足した．点線矢印が ∨-Elim.2,4 の仮定，破線矢印が ∃-Elim の仮定への筋道を，それぞれ示している．

ちなみに $\{\exists xFx \wedge \exists xGx\} \vdash \exists x(Fx \wedge Gx)$ は成立しない．男（F）がいるし，女（G）もいる．これは正しい．だから $\exists xFx \wedge \exists xGx$ は成立する．しかしそこから，男女（おとこおんな）がいる，は推論できない．だから $\exists x(Fx \wedge Gx)$ は成立しない．厳密には反例モデルの手法を使うのだが（第Ⅵ部第5章），この説明で十分だろう．

練習問題 19 以下を反証図で証明せよ（§128）．

① $\vdash \neg(p \wedge \neg p)$　　② $\{p \rightarrow q\} \vdash \neg p \vee q$

解答 ①

1. $\neg\neg(p\wedge\neg p)$ ✓
2. $p\wedge\neg p$ [1. R$\neg\neg$] ✓
3. p [2. R$\wedge$]
4. $\neg p$ [2. R$\wedge$]
5. × [3, 4]

②

1. $p\rightarrow q$ ✓
2. $\neg(\neg p\vee q)$ ✓
3. $\neg\neg p$ [2. R$\neg\vee$] ✓
4. $\neg q$ [2. R$\neg\vee$]
5. p [3. R$\neg\neg$]

6.	$\neg p$	q	[1. R$\rightarrow$]
7.	× [5, 6]	× [4, 6]	

コメント

①は定理なので，単独の否定 $\neg\neg(p\wedge\neg p)$ から始まっている．それが背理法の仮定になる．

練習問題 20 以下を証明せよ（§130）．

① $\{p\longleftrightarrow q\}\vdash\neg p\longleftrightarrow\neg q$

② $\vdash p\longleftrightarrow\neg\neg p$

解答 ① 対偶（練問 9）が証明されており，それは一般的に $\{\varphi\rightarrow\psi\}\vdash\neg\psi\rightarrow\neg\varphi$ を意味する（§38）．なので $\{p\rightarrow q\}\vdash\neg q\rightarrow\neg p$ のみならず $\{q\rightarrow p\}\vdash\neg p\rightarrow\neg q$ も既に証明されていると考えてよい．あとは設問の前提 $p\longleftrightarrow q$ を Def$\leftrightarrow$ で崩し，それぞれの対偶を取ればいい．■

② $\neg\neg p\rightarrow p$ 方向は $\neg$-Elim より明らか．逆 $p\rightarrow\neg\neg p$ は次のように証明する．■

$$\dfrac{\dfrac{\dfrac{[p]_1\quad[\neg p]_2}{p\wedge\neg p}\ \wedge\text{-Intro}}{\neg\neg p}\ \neg\text{-Intro.2}}{p\rightarrow\neg\neg p}\ \rightarrow\text{-Intro.1}$$

コメント

これらの証明は一般性を持つので，$\{\varphi\longleftrightarrow\psi\}\vdash\neg\varphi\longleftrightarrow\neg\psi$（①），$\vdash\varphi\longleftrightarrow\neg\neg\varphi$（②）という形で述語論理に受け継がれる（本文注 28）．

練習問題 21 以下を証明せよ（§130）．

① $\vdash\forall xFx\longleftrightarrow\neg\exists x\neg Fx$ [111]

② $\vdash\exists xFx\longleftrightarrow\neg\forall x\neg Fx$ [112]

解答 ①

$$\dfrac{\dfrac{\neg\forall xFx\longleftrightarrow\exists x\neg Fx}{\neg\neg\forall xFx\longleftrightarrow\neg\exists x\neg Fx}\ \text{Derived}\qquad\forall xFx\longleftrightarrow\neg\neg\forall xFx}{\forall xFx\longleftrightarrow\neg\exists x\neg Fx}\ \text{ExRe.I}$$

② $$\cfrac{\cfrac{\neg\exists xFx \longleftrightarrow \forall x\neg Fx}{\neg\neg\exists xFx \longleftrightarrow \neg\forall x\neg Fx}\,\text{Derived} \qquad \exists xFx \longleftrightarrow \neg\neg\exists xFx}{\exists xFx \longleftrightarrow \neg\forall x\neg Fx}\,\text{ExRe.I}$$

コメント

① 左の始式が120で証明したドモルガンの法則Ⅳ（110）．Derivedは練問20①で証明した派生規則．右の始式は練問20②で証明した定理である．ExRe.Iは外延置換原理（57）で，$\neg\neg\forall xFx \longleftrightarrow \neg\exists x\neg Fx$が（$\cdots\varphi\cdots$）役．

② 左の始式が119で証明したドモルガンの法則Ⅲ（109）．あとは①同様に考えてほしい．

練習問題22 以下が成立するか確かめよ（§150）．

① $M_1 \vDash_{\eta_j} Fc_1 \wedge \neg Fc_2$ ② $M_2 \vDash_{\eta_j} \exists xFx$

解答

① $M_1 \vDash_{\eta_j} Fc_1 \wedge \neg Fc_2$

$\Longleftrightarrow M_1 \vDash_{\eta_j} Fc_1$ かつ $M_1 \vDash_{\eta_j} \neg Fc_2$ [127⑤]

$\Longleftrightarrow M_1 \vDash Fc_1$ かつ $M_1 \nvDash_{\eta_j} \neg Fc_2$ [127②④]

$\Longleftrightarrow I_1(c_1) \in I_1(F)$ かつ $M_1 \nvDash Fc_2$ [127②]

$\Longleftrightarrow I_1(c_1) \in I_1(F)$ かつ $I_1(c_2) \notin I_1(F)$ [127②] [5]

$\Longleftrightarrow$ 太郎 $\in$ {太郎，花子} かつ 花子 $\notin$ {太郎，花子} [129]

第二連言肢において，不成立．■

② $M_2 \vDash_{\eta_j} \exists xFx$

$\Longleftrightarrow$ 或るη_kがあって，$M_2 \vdash_{\eta_k} Fa$ [127⑨]

$\Longleftrightarrow$ 或るη_kがあって，$\eta_k(a) \in I_2(F)$ [127①]

$\Longleftrightarrow$ 或るη_kがあって，$\eta_k(a) \in$ {大阪} [130]

モデルM_2において考えられる付値関数は$\eta_1(a)=$東京，$\eta_2(a)=$大阪の2個．η_2がη_kに相当する．従って答えは，成立．■

[5] 第二連言肢については127②で明言していなかったけれども，$\{p \longleftrightarrow q\} \vdash \neg p \longleftrightarrow \neg q$を127②全体に適用すれば了解されよう．

付　　　録

付録1　嘘つきのパラドクス（§9）

嘘つきのパラドクスの本質は，自己言及性（self-reference）にある．「この」とか「私」といった代名詞の働きではない．ここでは，タルスキの師であるウカシェヴィチ（Jan Łukasiewicz 1878-1956）の定式に従い，嘘つきのパラドクスを辿ってみよう．

【1.　T の形の同値式】

① 記号論理黎明期に出されたこともあって，タルスキの真理概念は，モデルや解釈関数への相対化がない[1]．T の形の同値式（an equivalence of the form T）と彼が呼ぶものは，そういった未熟な真理概念から形成された次の双条件法である．

「S」は真である　$\Longleftrightarrow$　S

未熟であるが，これ自体，問題ないとされている．

② S は言及（§6）されているのだが，目下のところ，まだメタ言語と対象言語に明確な区別はされていない．加えて，S はメタ変項（§13）のようなものでなく，以下の自己言及文（③）の短縮表現（typographical abbreviation）であることにも注意してもらいたい．つまり，T の形の同値式右辺で，S は，文の名前でなく，文そのものとして使用（§7）されている．

【2.　自己言及文】

③ 嘘つきのパラドクスの核となる自己言及文を述べよう．本ページの行を，空白は飛ばし，上から（付録1から）数えて次の文を形成する．

p.190 十九行目の文は真でない．

④ この自己言及文の短縮表現が，T の形の同値式に現れる「S」になる．なので形態上の一致として，次が言える．

---

[1] §134 参照．タルスキについて文献的根拠は，金子 2019, pp.22-23, p.257 参照．

p.190 十九行目の文 = 「S」

等号左辺は純粋に指示的な意図で書かれており，自己言及文（③）そのものでないことに注意.

【3. 矛盾発生】

⑤ T の形の同値式（①）と同一性（④）より，次が成立する.

p.190 十九行目の文は真である $\Longleftrightarrow$ S

⑥ さらに右辺の短縮表現を元に戻すと，こうなる.

p.190 十九行目の文は真である $\Longleftrightarrow$ p.190 十九行目の文は真でない.

⑦ この時点（⑥）で矛盾発生と言ってよい．厳密に矛盾を得たいなら，双条件法（⑥）右辺，左辺それぞれに背理法の仮定を立て，それぞれ対角線上に，すなわち右辺から左辺，左辺から右辺を導き，連言で結べば矛盾式になる．■

付録 2　ϕ の確定性（§191）

集合論でお馴染みの記号 ϕ や $\{\phi\}$ は，ヘンキン証拠公理（171）を経て導入される．ここでは，それが個体定項として，意味論的機能をどのように獲得してゆくかを見てゆきたい.

【1. 不定性】

① 色々扱いたいが，論述自体，長いものが必要になるから，ここでは ϕ だけ取り上げる.

② ϕ は空集合の公理 $\exists y \forall x(x \notin y)$ と，ヘンキン証拠公理 ∃-HK から言語に導入される（172 ①）．だがそのとき，特称文 $\exists y \forall x(x \notin y)$ が持っていた不定性／不確定性（indefiniteness）をも受け継いでしまう[2].

③ 不定性は，こう説明される．空集合公理の条件 $\forall x(x \notin a)$ を充足する対象は複数あるかもしれない[3]．だがそのどれを指しているか，ϕ ではわからない.

---

[2] 元々 $\exists y$ は不定代名詞だった（§102）.

[3] 特称文の充足条件を見よ（127 ⑨ II）．少なくともひとつ，と書いてある．つまり，ひとつ以上あるかもしれない，ということだ.

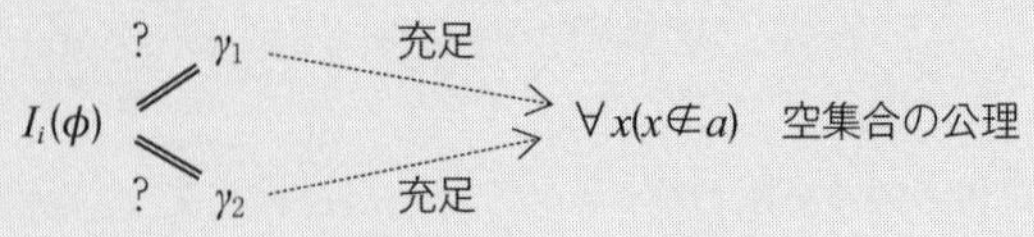

対象 γ_1 と γ_2 が空集合の公理の条件 $\forall x(x \notin a)$ を充足している．もっとあってもいいが，ここでは γ_1 と γ_2 ふたつに絞る．そのどちらを指示しているか，ϕ の解釈 $I_i(\phi)$ ではわからないのだ．

④　仮に，対象 γ_1 と γ_2 を名指す個体定項 ϕ_1，ϕ_2 があったとしよう．

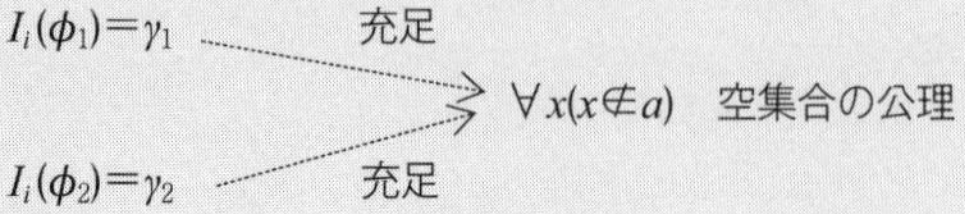

ϕ_1 と ϕ_2 は意味論的にも本物の個体定項と考える．このとき ϕ_1 が指示する対象 γ_1，ϕ_2 が指示する対象 γ_2，どちらかを ϕ は指示することになるのだが，どちらか，わからない．

こんな風にたとえられよう．宝くじの当選者が，太郎と次郎，ふたり居たとする．太郎（名前）が ϕ_1，次郎が ϕ_2 だ．このとき ϕ は「宝くじの当選者」[4]を表す．それが太郎（名前ではなく対象）を指示するか，次郎を指示するか，わからない．これが ϕ の不定性のありさまである．

【2.　一意性（唯一性）】

⑤　では ϕ の不定性を解消するには，どうすればよいか．答えは，一意性（uniqueness）を証明することだ．

⑥　一意性は，こう定義される．

一意性（uniqueness）　一意性とは，論理式 Φa を充足する対象が，唯ひとつしかない，という唯一性（uniqueness）を意味する．次の単独の文で表される．

$$\forall x \forall y(\Phi x \wedge \Phi y \rightarrow x=y)$$

⑦　この文を証明することで ϕ の不定性が解消される．仮に，それが証明された所

[4] 英語で a winner of the lottery か the winner of the lottery かは問わない．以下の議論で，証拠定項により確定記述句を取って代えるのも意図されていることを断っておく．

に話を飛ばしてみよう.

$$\forall y \forall z\,(\forall x(x \notin y) \land \forall x(x \notin z) \to y = z)$$

濃いグレーにした所が，空集合の公理である（168 ②）．一意性の定義において Φa で表された所に相当する.

⑧ 全称例化した方がわかりやすい.

$$\forall x(x \notin \phi_1) \land \forall x(x \notin \phi_2) \to \phi_1 = \phi_2$$

前件 $\forall x(x \notin \phi_1) \land \forall x(x \notin \phi_2)$ は図 ④ の状態を言っている.

⑨ 後件 $\phi_1 = \phi_2$ は，その ϕ_1 と ϕ_2 の指示対象が同一だ，と言っている．つまり図 ④ が，こうなる.

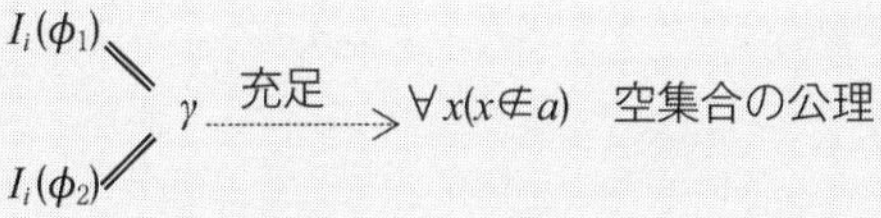

これで図 ③ のような迷い，すなわち？で示した不定性が解消される．指示対象が唯ひとつ γ に統一されるからだ.

【3. ウィトゲンシュタインのドグマ】

⑩ しかし $\phi_1 = \phi_2$ が実際に図 ⑨ のような効果を持つためには，同一性 = に，ひとつ意味論的規制を設けなくてはならない．それは，個体定項 c_1 と c_2 の間で同一性が言われるとき，その指示対象が必ず唯ひとつでなければならない，という規制である.

当り前に聞こえるかもしれない．だが，存在の問題は，まさにその規制を破ったところで生じたのである（§168～§169）．ああいった事態を，事前に規制しておくことが，ここでは（つまり存在問題の解決というより数学のために）必要なのである.

⑪ そこで，ウィトゲンシュタインのドグマなるものを採用する[5].

ウィトゲンシュタインのドグマ　$c_1=c_2$ が成立するとき，必ず $I_i(c_1)=I_i(c_2)$．つまり言語の側で同一性が言われること $c_1=c_2$ は，対象レベルでの一致 $I_i(c_1)=I_i(c_2)$ に限定される．このため同一性の解釈は自己同一性に限定される．すなわち $I_i(=)=\{\langle\gamma_1, \gamma_1\rangle, \langle\gamma_2, \gamma_2\rangle, \cdots\cdots\}$.

このドグマ（意味論的規制）により，構図 ⑨ が保障される．M_4 で見た $I_4(=)=\{\langle$太郎，殺人鬼$\rangle, \cdots\cdots\}$ といった解釈も排除される．

【4. 証明】

⑫ ウィトゲンシュタインのドグマを採用することで，一意性の証明は望んだ効果を得られる．では早速，それを空集合の公理について証明してみよう．

$$
\dfrac{
\dfrac{\forall y\forall z(\forall x(x\in y\longleftrightarrow x\in z)\to y=z)}{(a\in\phi_1\longleftrightarrow a\in\phi_2)\to\phi_1=\phi_2}\ \forall\text{-Elim}\times 3
\qquad
\dfrac{\dfrac{\dfrac{
\dfrac{\dfrac{[\forall x(x\notin\phi_1)\land\forall x(x\notin\phi_2)]_1}{\forall x(x\notin\phi_1)}\ \land\text{-Elim}}{a\notin\phi_1}\ \forall\text{-Elim}
\quad
\dfrac{\dfrac{[\forall x(x\notin\phi_1)\land\forall x(x\notin\phi_2)]_1}{\forall x(x\notin\phi_2)}\ \land\text{-Elim}}{a\notin\phi_2}\ \forall\text{-Elim}
}{a\notin\phi_1\land a\notin\phi_2}\ \land\text{-Intro}}{a\notin\phi_1\longleftrightarrow a\notin\phi_2}\ \text{Derived}}{a\in\phi_1\longleftrightarrow a\in\phi_2}\ \text{Derived}
}{
\dfrac{\dfrac{\phi_1=\phi_2}{\forall x(x\notin\phi_1)\land\forall x(x\notin\phi_2)\to\phi_1=\phi_2}\ \to\text{-Intro.1}}{\forall y\forall z(\forall x(x\notin y)\land\forall x(x\notin z)\to y=z)}\ \forall\text{-Intro}
}\ \to\text{-Elim}
$$

⑬ この証明図に空集合の公理 $\exists y\forall x(x\notin y)$ は出て来ない．そうではなく，空集合の条件を充たす対象がふたつあったら $[\forall x(x\notin\phi_1)\land\forall x(x\notin\phi_2)]_1$ と仮定し，そのふたつの対象の同一性 $\phi_1=\phi_2$ を証明している．言い換えれば，唯一性で，終式は，それを表している．元々 ⑧ で述べられていたものだ．

⑭ 終式と空集合の公理を $\land$-Intro で結び，定義 148（def.2）を適用すれば，一意存在文 $\exists!y\forall x(x\notin y)$ も得られる．

---

[5] 実際にウィトゲンシュタインが述べた文章は次の通り．

ふたつの異なるモノに同一性を言うことは無意味だ．だからといって，ひとつのモノに自己同一性を言ったところで，なにも言ったことにはならない．

Von zwei Dingen zu sagen, sie seien identisch, ist ein Unsinn, und von Einen zu sagen, es sei identisch mit sich selbst, sagt gar nichts.(Wittgenstein 1918, 5.5303)

ここでウィトゲンシュタインは少し間違っている．異なる言語表現 c_1, c_2 の間に同一性を言うのは無意味でない．同一性が無意味になるのは話が指示対象 γ に移ったとき，すなわち意味論レベルの話なのである．

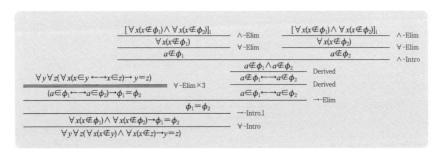

⑮ 証明図を見ておこう．左の始式は，外延性公理だ（168 ①）．結局，これがϕの一意性証明の立役者になる．

⑯ 上から数えて一番目のDerivedは，$\{p\wedge q\}\vdash p\longleftrightarrow q$という派生規則を使っている[6]．二番目のDerivedは，$\{\neg p\longleftrightarrow\neg q\}\vdash p\longleftrightarrow q$　という派生規則．これは対偶（練問9）より明らかなので証明を省略する．

⑰ 以上のようにして⑧で述べた一意性が証明され，ウィトゲンシュタインのドグマ（⑪）の前提のもと，⑨の構図が確保される．つまり，ϕの指示対象の不定性（③）が克服され，ϕは意味論的にも個体定項の身分を獲得する．

付録3　ωの不定性（§192）

*ZF*集合論で可算無限は，無限公理により確保される．それはωの生成にどうかかわるのか．ここで明らかにしてみよう．

【1．無限公理はωのためではない】

① *ZF*公理の内，可算無限を担当するのは，無限公理（168 ⑦）である．

無限公理　$\exists x(\phi\in x\wedge\forall y\,(y\in x\rightarrow y'\in x))$

ϕが属し，かつ，どんな集合yにも，そのサクセッサーy'が属する[7]，そういう集合xが存在する．

これは$\omega=\{\phi,\ \{\phi\},\ \cdots\cdots\}$そのものじゃないか（161 ③）と思うかもしれない．だが，それは間違いである．無限公理によって確保されるxとは，帰納的集合（inductive set）である．

【2．数学的帰納法】

② 帰納的集合を知るためには，数学的帰納法（mathematical induction）を思い出す必要がある．高校の頃，習った覚えがあるだろう．

数学的帰納法

Base Case　$x=0$のときΦxを証明する．

Induction Step　Φaを仮定し（数学的帰納法の仮定），$\Phi a'$を証明する．

0が最初の自然数だと考えられている（§177）．

---

6 $[p]_1$と仮定し$p\wedge q$からqをもらい→-Intro.1で$p\rightarrow q$を得る，と証明せよ．■

7 サクセッサーは160の定義に従う．

③ ひとつ練習問題をやってみよう．$\forall x(x+x=2x)$ を証明せよ．但し ZF の言語や公理は考えないことにする．

0+0=2×0 で成立（Base case）．$a+a=2a$ と仮定する（数学的帰納法の仮定）．このとき $a'=a+1$ と取れば，$a'+a'=2a'$ は $(a+1)+(a+1)=2(a+1)$ を意味し，これは $(a+a)+2=2a+2$ と整理される．これは数学的帰納法仮定の両辺に，等しく 2 を足しただけであるから，当然，成立する．こうして $\forall x(x+x=2x)$ が証明された．■

【3. 帰納的集合】

④ 数学的帰納法では「すべての自然数に当てはまる特性，例えば $x+x=2x$ が証明された」と考えるのが普通だが，実を言うと，これは順序が逆である．例えば，今みた ②③ で証明されたのは，自然数すべての特性以前に，$\{x \mid x+x=2x\}$ という巨大な集合なのである．そこには 0 と，サクセッサーすべてが属している．この $\{x \mid x+x=2x\}$ こそ，帰納的集合である．

⑤「数学的帰納法の数だけ，帰納的集合が生まれる．数学的帰納法で，その（帰納的集合）の存在を言ってよい」．これを保証しているのが，無限公理なのである．

【4. ω の生成】

⑥ では ω は，どうやって確保されるのか．注意しなければならないのは，帰納的集合に納まるのは 0，1，2，…… という自然数に制限されない，ということである．

数学的帰納法の証明が実際そうなのである．帰納的集合に自然数以上の順序数 ω，ω'，…… が入ることに何ら障害はない（§178）．ここから翻り，ω は，最小の帰納的集合として特徴づけられる．

⑦ 最小の，というのは歯切れが悪い．ω は「すべての帰納的集合の部分集合」と，そう定義される．

A の部分集合であることが $\{z \mid \cdots \to z \in A\}$ と表されることを知っていれば，それは，こう表される．

$$\omega=\{z \mid \forall x(\phi \in x \wedge \forall y\,(y \in x \to y' \in x) \to z \in x)\}$$

これが ω の定義になる．前件 $\phi \in x \wedge \forall y(y \in x \to y' \in x)$ により，x が帰納的集合であることが表現されている．

⑧ さて，最終的に問われるのは次のことだ．⑦ の通り定義された ω は，果して，個体定項と言えるのか．特に，その意味論的機能を持つのか．

ϕに投げかけられたのと同じ問いである（付録2①〜④）.

残念ながら，ωの場合，ノーと答えざるを得ない．これは，ωの素材，帰納的集合を考えればわかる．

例えば$\{x \mid x+x=2x\}$がそうであるように，帰納的集合は，その指示対象を不定にしか指示し得ない．そもそもωより大きな集合なのだから，どこまで要素を持っているのか，わからない．

⑨ こう考えるにつけ，ωは意味論的に言うと，個体定項ではない．付録2③で見たような，不定な解釈しかできないのである．皮相的に，構文論的にのみ，個体定項として扱われる．

付録4 内包公理（§195）

内包公理（comprehension axiom）は，ラッセルのパラドクスの引き金になった原理である．ここでは，それが何かを説明しておく．

【1. ふたつの役目】

① 内包公理とは，次のものである（174）.

内包公理 $\exists y \forall x(x \in y \longleftrightarrow \Phi x)$，但し ∃-HK 適用後 $y=\{x|\Phi x\}$.

Φはメタ変項である（§100）．但し書にあるとおり，内包公理は，∃-HK と組み合わさることで，内包表記$\{x|\Phi x\}$で示された集合を，証拠定項のかたちで量産してゆく．いわば，$c_{\forall x(x\in a \longleftrightarrow \Phi x)}=\{x|\Phi x\}$である．

② さて，内包公理の役目は，ふたつある．

役目1 Φが文法（形成規則）にさえ従っていれば，野放図に$\{x|\Phi x\}=y$の存在を認めてよい．

役目2 帰属条件を与える．すなわち$y \in \{x|\Phi x\} \longleftrightarrow \Phi y$.

③ 役目1が問題で，ここからラッセルのパラドクスが生じた（§197）．内包公理が廃棄されるのは，この役目のためで，最終的に部分集合の公理に取って代わられる（§205）．

④ 逆に言えば，役目2は問題ない．実際その通りで 内包公理は，役目2において生き残り，ZF集合論でも公理，あるいは形成規則として確保されると考えられる[8].

[8] 竹内 2001, p.22, p.99; 飯田 2002, p.184.

【2. 抽象と内包】

⑤ 役目1において内包公理は，抽象的な観念Φを認めるかのようである．このため，抽象原理（the principle of abstraction）とも呼ばれる[9]．だが，英国古典経験論でいう抽象（abstraction）とは，個体から普遍を生成させる思想である[10]．それに対し内包公理は普遍Φを先行させる．このため，両者は似て非なるものと取るべきである．

⑥ 一方，内包公理の内包は，言語哲学でいう内包（intension）とも区別しなければならない．内包公理の内包はcomprehension，それに対し，言語哲学の内包はintensionである．それ（intension）は，外延置換原理（57）が適用されない文脈を意味する[11]．

付録5　同一者不可識別の原理（§201）

集合の非反射性 $\forall x(x\notin x)$ を証明するには，まず同一性の外延置換，通称ライプニッツの法則を知っておく必要がある．

① ライプニッツの法則（Leibniz's law）と呼ばれるのは次の推論図である．

$$\frac{\alpha=\beta \quad \Phi\alpha}{\Phi\beta}\,\text{Leibniz}$$

（Φは論理式，α，βは自由変項か個体定項）

哲学者ライプニッツ（Gottfried Wilhelm Leibniz 1646-1716）が考え出した[12]．外延置換原理（57）で同値（双条件法）が，同一性に代わったもの，と取ってほしい．

② ライプニッツの法則は，同一者不可識別の原理（the indiscernibility of identicals）とも呼ばれる．ライプニッツと言えば，不可識別者同一性の原理（the identity of indiscernibles）だが，これは*ZF*の外延性公理（168①）に名残を留めている．

③ さて，外延置換原理のように（§77～§81），ライプニッツの法則はメタ論理で証明できるだろうか．答えはイエスでもありノーでもある．

イエスといえるのは，ウィトゲンシュタインのドグマ（付録2⑩～）を受け入れ

---

9 Quine 1937, pp.89-90.

10 Hume 1739-40, p.17.

11 厳密に定義しているのはカルナップ（Rudolf Carnap 1891-1970）くらいだろう（Carnap 1947, p.48）.

12 厳密には，怪しいらしい（石黒 1984, p.28）.

る場合である．受け入れるなら，$\alpha = \beta$ を言語の側で言うことは，即座に指示対象の同一性（唯一性，一意性）も意味する．だから $\Phi\alpha$ が成立すれば（α が個体定項だったら真，自由変項だったら付値関数による充足），α と意味論的に同一の対象を（α が個体定項だったら解釈，自由変項だったら付値を通じて）指示する β についても当然，$\Phi\beta$ が成立する．

④ ノーと言われるのは，ウィトゲンシュタインのドグマを受け入れない場合だ．このケースは，しかし，今後の議論で考慮に入れないことにする．

⑤ ウィトゲンシュタインのドグマを受け入れる場合，ライプニッツの法則の証明は，③に述べた通りになる．形式的には，$\{\alpha = \beta, \ \Phi\alpha\} \vDash \Phi\beta$ という論理的帰結として証明される[13]．

付録6　正則性公理と非反射性（§201）

集合の非反射性 $\forall x(x \notin x)$ を証明するには，正則性公理が必要とされる．しかしながら，正則性公理とは何か，そもそも知らないだろうから，そこから説明してゆきたい．

【1．正則性公理】

① 正則性公理（regularity axiom）とは，次のものである（168⑨）．

正則性公理　$\forall x(x \neq \phi \rightarrow \exists y \in x(\neg \exists z \in x(z \in y)))$

任意の集合 x について，それが ϕ でない限り，極小要素 y がある．

② 後件部分に注目しよう．それは，極小要素（a minimal element）を表す．

y は x の極小要素である　$\neg \exists z \in x(z \in y \wedge y \in x)$

つまり $x = \{\ldots, y, \ldots\}$ のようになっていて，x のなかには y よりも小さい要素 z がない．フォンノイマンの定義（159）以来，大小関係 $<$ も帰属関係 $\in$ で表されることに注意してほしい．

【2．集合論的宇宙】

③ しかし，なぜそんなことを言わねばならないのか．これを理解するには，正則性公理の集合 x とは一体何なのかを知る必要がある．

---

13 論理的帰結から①の推論図を言うには，完全性定理（後述 183）が証明されている必要がある．

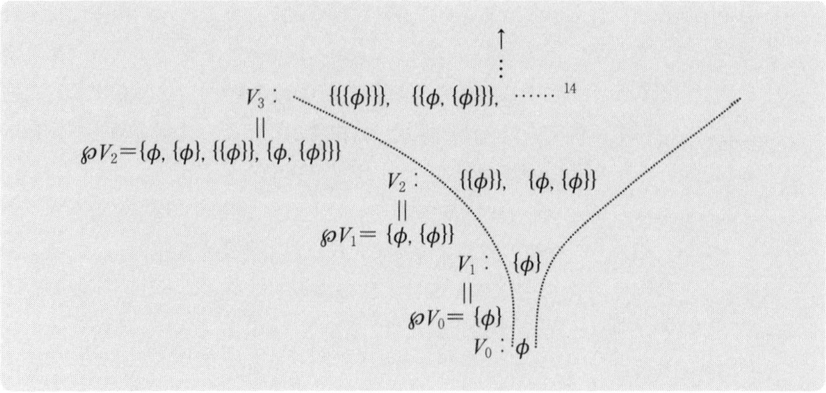

④ これは *ZF* 集合論で登場する集合すべてを描きだしたもので，集合論的宇宙（the set theoretical universe）と呼ばれる[15].

細部まで理解する必要はない．ツボのような形をした点線の内側にある ϕ, $\{\phi\}$, $\{\{\phi\}\}$, …… という集合だけ追ってもらいたい．ここにあるのが，集合と呼ばれるもののすべてだ．{太郎，次郎} という集合は最早，数学者の眼中にない．フォンノイマンの定義（159）では見られなかった集合が，ここにはある点にも注目してほしい．

⑤ ツボの横にコロン（：）で記した V_0, V_1 …… にも目を向けてもらいたい．これは段階（level/stage）と呼ばれ，集合論的宇宙の各フロアを形成する．

⑥ こんな風に描写される集合に，極小要素を課すのが，正則性公理である．具体的に見てみよう．

ツボ状点線の内側にある ϕ, $\{\phi\}$, $\{\{\phi\}\}$, …… が，公理の適用対象だ．まず，段階 V_0. ϕ は $x \neq \phi$ に該当するから，極小要素を考える必要がない．

次に，段階 V_1. $\{\phi\}$ は ϕ が極小要素となる．

段階 V_3 になると，要素が三つある，例えば $\{\{\phi\}, \{\{\phi\}\}, \{\phi, \{\phi\}\}\}$ といった集合が出てくる．この極小要素は $\{\phi\}$ だ．

⑦ このように極小要素で，各集合内部が底打ち（foundation）される．これが本

---

14 全部枚挙すると，以下の 12 個である（Moore 1990, p.244 n.4）.

$\{\{\{\phi\}\}\}$, $\{\{\phi, \{\phi\}\}\}$, $\{\phi, \{\{\phi\}\}\}$, $\{\phi, \{\phi, \{\phi\}\}\}$, $\{\{\phi\}, \{\{\phi\}\}\}$, $\{\{\phi\}, \{\phi, \{\phi\}\}\}$,

$\{\{\{\phi\}\}, \{\phi, \{\phi\}\}\}$, $\{\phi, \{\phi\}, \{\{\phi\}\}\}$, $\{\phi, \{\phi\}, \{\phi, \{\phi\}\}\}$, $\{\phi, \{\{\phi\}\}, \{\phi, \{\phi\}\}\}$,

$\{\{\phi\}, \{\{\phi\}\}, \{\phi, \{\phi\}\}\}$, $\{\phi, \{\phi\}, \{\{\phi\}\}, \{\phi, \{\phi\}\}\}$

15 Moore 1990, p.148, p.237; Enderton 1977, p.9 pp.200f; 竹内 2001, p.101. 集合論的宇宙は，構文論の表現である．対象領域（§136）とは峻別してもらいたい．

来，正則性公理が言っていることである（⑥は，あくまで個別事例である．それが，すべての集合に課される，というのがポイントになる）．

⑧ なぜ，そんなこと（すべての集合が極小要素を持つこと）を課すのか．これは，論理的に言って[16]，それが集合論的宇宙（④）を保証するからだ．つまり，集合論的宇宙が確かに，集合すべてを網羅している．そう言えるようになるのは，正則性公理のおかげなのである．

【3. $\forall x(x \notin x)$ 証明】

⑨ $\forall x(x \notin x)$ は，正則性公理の副次的帰結として導き出される．

⑩ 証明は日常言語で辿れば，ひどく簡単である．もし $x \in x$ がひとつの集合にでも認められたなら（その集合が属する集合において，要素に），$\cdots\cdots \in x \in x \in x$ という無限下降列が生じてしまい，極小要素が失われてしまう．これは正則性公理に反する．ゆえに，ひとつの集合であっても $x \in x$ は認められない．■

⑪ 厳密に証明すると，こうなる．

$$\dfrac{\dfrac{\dfrac{\dfrac{[a \in \{\phi\}(\neg \exists z \in \{\phi\}(z \in a))]_1}{a = \phi \wedge \neg \exists z \in \{\phi\}(z \in a)}\,\text{Derived}}{\neg \exists z \in \{\phi\}(z \in \phi)}\,\text{Derived} \qquad \dfrac{\{\phi\} \neq \phi \qquad \dfrac{\forall x(x \neq \phi \rightarrow \exists y \in x(\neg \exists z \in x(z \in y)))}{\{\phi\} \neq \phi \rightarrow \exists y \in \{\phi\}(\neg \exists z \in \{\phi\}(z \in y))}\,\forall\text{-Elim}}{\exists y \in \{\phi\}(\neg \exists z \in \{\phi\}(z \in y))}\,\rightarrow\text{-Elim}}{\dfrac{\dfrac{\neg \exists z \in \{\phi\}(z \in \phi)}{\neg \exists z(z \in z)}\,\text{Derived}}{\forall x(x \notin x)}\,\text{DeMorgan.III}}\,\exists\text{-Elim.1}$$

⑫ かなり端折って書いた．右の始式が正則性公理である．

⑬ まず中央部，右の糸の左の始式 $\{\phi\} \neq \phi$ だが，これは定理として自明だろう．背理法とライプニッツの法則（付録 6）から容易に証明できる[17]．

⑭ 左の糸の始式だが，下式に降ろすとき，$a \in \{\phi\}(\neg \exists z \in \{\phi\}(z \in a))$ という省略表現[18]を $a \in \{\phi\} \wedge \neg \exists z \in \{\phi\}(z \in a))$ に直すと同時に，第一連言肢に $x \in \{y\} \longleftrightarrow x = y$ と[19]，ライプニッツの法則を適用している．左の糸の一番目と二番目の Derived は，それを表している．その下にも Derived が現れているが，同じ論理を使っている．

⑮ 最後の DeMorgan.Ⅲは，ドモルガンの法則Ⅲ（109）である．こうして $\forall x(x \notin x)$ が証明された．■

---

[16] 厳密な証明は省略する．正則性公理（底打ち）→ 集合論的宇宙（任意の集合が基礎づけられている）という条件法が証明される（Enderton 1977, pp.204-205）．

[17] $\{\phi\} = \phi$ を仮定する（背理法の仮定）．空集合の公理より $\phi \notin \phi$．これに仮定とライプニッツの法則より $\phi \notin \{\phi\}$．これはおかしい．ゆえに背理法成立．■

[18] §186 参照．証明図中央にある $\exists y \in \{\phi\}(\neg \exists z \in \{\phi\}(z \in y))$ に由来する仮定である．

[19] $\forall x \forall y(x \in \{y\} \longleftrightarrow x = y)$ はシングルトン $\{y\}$ が $\{x \mid x = y\}$ の外延表記であることを理解すれば（普通 y は個体定項），帰属条件（付録 4 ② 役目 2）から明らか．

付録7 無矛盾性の問題（§291）

無矛盾性の問題は，ヒルベルトが提起したことで数学者たちの関心を集めるところとなった．*NK*（論理学），ペアノ公理系（自然数論），*ZF* 集合論，それぞれについて，この問題はどう捉えられているか，最後に，まとめておきたい．

【1. 問題の整理】

① 無矛盾性，厳密にいうと構文論的無矛盾性（198）は，*NK* に関していえば第Ⅸ部で証明した健全性定理（184）の系として証明できる（後述 ⑦〜）[20]．

② さて，*NK* で前提 Γ の数（濃度）をいくら大きくしても健全性を証明できるのだった（§248）．公理（§24）も，そのような前提のひとつと考えられる[21]．ならば，*NK* に高々，固有公理[22]を加えてできる，ペアノ公理系（§171）や *ZF* 集合論も（§185），天下り的に健全性定理，そして無矛盾性が証明されるのではないか．

③ いや，そんなに簡単に話は進まない．これは，内包公理（174）を *NK* に加えただけでラッセルのパラドクスが生じたことからわかるだろう（176）．論理（*NK*）の健全性と，理論（ペアノ算術や *ZF* 集合論）の健全性は区別しなければならない[23]．

④ 実際，*ZF* 集合論の無矛盾性は，まだ証明されていない[24]．

⑤ ペアノ公理系の無矛盾性は，ゲーデルが第二不完全性定理（278）で証明不能であることを示したけれども，公理系内での話である．ましてや不完全性定理では，そもそも P が無矛盾であることが前提されている[25]．つまり，ペアノ公理系の無矛盾性証明すら，判断が留保される[26]．

⑥ *ZF* 集合論とペアノ公理系の健全性，無矛盾性については，いまだ謎が多い．なので以下では，それらの証明は諦め，*NK* の無矛盾性だけ証明してみよう．

【2. *NK* の無矛盾性】

⑦ *NK* つまり論理学だけに焦点を合わせ，無矛盾性を証明する．それは健全性定理の系として証明される．

---

[20] 野矢 1994, p.144.

[21] 慣例的に，前提の集合には枚挙されないけれども．

[22] 固有公理（proper axiom）とは，ペアノ公理系だったら 155，*ZF* 集合論だったら 168 のことである（金子 2019, sec.207）．

[23] 理論という見方については §222 で触れた．金子 2019, sec.207 も参照．

[24] 廣瀬ほか 1985, p.52; 清水 1984, p.100.

[25] 第一完全性定理については ω-無矛盾性という，より強い前提が（270），第二不完全性定理では直接，構文論的無矛盾性が（278），それぞれ前提されている．前提，仮定の区別について，注 187，注 194 も参照．

⑧　まず問題の所在，無矛盾性を定式化しておこう．

任意の文 φ について，$\vdash\varphi$ かつ $\vdash\neg\varphi$ ということはない．

構文論的無矛盾性（198）である．公理のない NK で考えているので，前提 Γ は空となっている．

⑨　これとは別に，次の補題が成立するのを確認する（証明も下に添える）．

補題　任意の文 φ について，$\vdash\varphi$ かつ $\vdash\neg\varphi \iff \vdash\varphi\wedge\neg\varphi$.

証明　まず，⇒ 方向を証明する．$\vdash\varphi$ かつ $\vdash\neg\varphi$ を仮定する．それぞれの証明図をつなげて ∧-Intro で $\vdash\varphi\wedge\neg\varphi$. 最後にメタ言語レベルで ⇒-Intro. ■

次に，⇐ 方向．$\vdash\varphi\wedge\neg\varphi$ を仮定する．∧-Elim で $\vdash\varphi$ かつ $\vdash\neg\varphi$. 最後にメタ言語レベルで ⇒-Intro. ■

⑩　⑧⑨にメタ言語レベルで外延置換原理（57）を適用し，次を得る．

任意の文 φ について，$\vdash\varphi\wedge\neg\varphi$ ということはない．

これを以下の証明の目標（構文論的無矛盾性）とする．

⑪　健全性定理[27]を $\vdash\psi\Rightarrow\vDash\psi$ という形でひっぱりだしてくる（185）．この ψ に $\varphi\wedge\neg\varphi$ を代入すれば，次が得られる．

任意の文 φ について，$\vdash\varphi\wedge\neg\varphi\Rightarrow\vDash\varphi\wedge\neg\varphi$.

⑫　⑪の対偶をとる．

任意の文 φ について，$\nvDash\varphi\wedge\neg\varphi\Rightarrow\nvdash\varphi\wedge\neg\varphi$.

⑬　⑫の前件 $\nvDash\varphi\wedge\neg\varphi$ は，以下のようにして成立する．

---

[26] 歴史的情報をまとめておこう．ペアノ公理系の無矛盾性はゲンツェンが 1936 年に超限帰納法を使って証明している（Zach 2019, sec.1.4; 野矢 1994, p.207）．また第一不完全性定理にあった ω-無矛盾性という強い仮定だが（§279），これは構文論的無矛盾性に弱められてもよいことが，ロッサー（John Barkley Rosser 1907-1989）によって 1936 年に証明されている（廣瀬ほか 1985, p.135）．

[27] ここで健全性定理が使われるから，本証明は，その系となるのである．

$\not\models \varphi \wedge \neg\varphi$

$\Longleftrightarrow$ 任意の M_i，任意の η_j について $M_i \models_{\eta_j} \varphi \wedge \neg\varphi$，ということはない． [139]

$\Longleftrightarrow$ 或る M_i，或る η_j があって，$M_i \not\models_{\eta_j} \varphi \wedge \neg\varphi$． [110]

$\Longleftrightarrow$ 或る M_i，或る η_j があって，$M_i \models_{\eta_j} \varphi$ かつ $M_i \models_{\eta_j} \neg\varphi$，ということはない． [127⑤]

$\Longleftrightarrow$ 或る M_i，或る η_j があって，$M_i \models_{\eta_j} \varphi$ かつ $M_i \not\models_{\eta_j} \varphi$，ということはない． [127④]

【3. 構文論的証明】

⑭ コンマ（,）で強調したことだが⑬の充足条件最後の行は，デフォルメして書くと次の形になる．

$$\neg \exists M_i \exists \eta_j (M_i \models_{\eta_j} \varphi \text{ かつ } M_i \not\models_{\eta_j} \varphi)$$

⑮ これ（⑭）にドモルガンの法則Ⅲ（109）を連続適用すると次が得られる．

$$\forall M_i \forall \eta_j \neg(M_i \models_{\eta_j} \varphi \text{ かつ } M_i \not\models_{\eta_j} \varphi)$$

どんなモデル M_i であっても，また，どんな付値関数 η_j を持ってこようとも，充足 $M_i \models_{\eta_j} \varphi$ と非充足 $M_i \not\models_{\eta_j} \varphi$ が同時に成立することはない．

これは，文字通り（つまり，どんな……，任意の……という言い回しを使っていることからもわかる通り），モデル論的意味論の一般的真理である．短縮して，意味論的真理[28]と呼ぶ．

⑯ しかし⑮を証明しようとすると，恐ろしく構文論的になる[29]．なぜなら，そこにある φ も全称量化 $\forall \varphi$ されたものとみなすなら，それは，以下の述語論理の言明に落せるからだ（証明も載せる）．

[28] 妥当（139）が，そもそもそれ（意味論的真理）なのだ，という言い方もできるが脇に置く．大体§156 辺りの話がブリ返しているとおもってほしい．

[29] 以下は一度，金子 2019, p.210 練習問題 33 で展開した議論である．

$\vdash \quad \forall x \forall y \forall z \neg (Rxyz \land \neg Rxyz)$ **証明**

$$\cfrac{\cfrac{\cfrac{\cfrac{\cfrac{[\,Ra_1a_2a_3 \land \neg Ra_1a_2a_3\,]_1}{Ru_1u_2a_3 \land \neg Ra_1a_2a_3}\text{RE}}{\neg (Ra_1a_2a_3 \land \neg Ra_1a_2a_3)}\neg\text{-Intro.1}}{\forall z \neg (Ra_1a_2z \land \neg Ra_1a_2z)}\forall\text{-Intro}}{\forall y \forall z \neg (Ra_1yz \land \neg Ra_1yz)}\forall\text{-Intro}}{\forall x \forall y \forall z \neg (Rxyz \land \neg Rxyz)}\forall\text{-Intro}$$

【4. 証明】

⑰ とりあえず，NK の無矛盾性（⑩）だけ，先に証明してしまおう．⑭〜⑯より⑬の充足条件を与えられた $\nvDash \varphi \land \neg \varphi$ は成立する．

⑱ ⑰⑫に ⇒-Elim で次が成立する．

任意の文 φ について，$\nvDash \varphi \land \neg \varphi$.

⑲ ⑩⑱より，こうして NK の（構文論的）無矛盾性は証明された．■

【5. まとめ】

⑳ 以上の証明のおかしさは明らかだろう．結局，構文論的無矛盾性（⑧ → ⑩）を，健全性定理を介し，$\nvDash \varphi \land \neg \varphi$ という意味論的無矛盾性に託したのだが，その意味論的無矛盾性を言うのに，構文論的な証明に戻って来てしまったのである．

㉑ ⑯で証明された文は，$\forall x \neg (Fx \land \neg Fx)$ という形で述語論理に導入された矛盾律（の一種）である．そしてその証明の背景にあるのは，$\neg (p \land \neg p)$ という矛盾律の証明だ[30]．構文論的無矛盾性（⑩）を証明しようとおもったのに，その証明は，それを証明しようとしている体系（この場合 NK）における矛盾律の証明に戻って来てしまった．

㉒ 矛盾の話は，このように，ドジョウが手からスリ抜けるような捉えどころのなさがあることを，最後に知っておいてもらいたい[31]．

---

[30] 練問 6 ③ のこと．金子 2019, p.211 練習問題 27 ③ 参照.

[31] それは，なぜ矛盾はダメなのか（金子 2019, sec.48）という，より根本的な問いにもつながっている．

索　　引

サ 行

タ 行

ナ　行

ハ　行

著者略歴

金子裕介（かねこ ゆうすけ）

2009年　東京大学大学院人文社会系研究科博士課程修了

現　在　明治大学商学部兼任講師

博士（文学）

文系のための記号論理入門

—命題論理から不完全性定理まで—　　定価はカバーに表示

2021年5月1日　初版第1刷

2023年6月25日　第3刷

著　者　金　子　裕　介

発行者　朝　倉　誠　造

発行所　株式会社　朝　倉　書　店

東京都新宿区新小川町 6-29

郵 便 番 号　162-8707

電　話　03(3260)0141

FAX　03(3260)0180

https://www.asakura.co.jp

〈検印省略〉

新日本印刷・渡辺製本

ISBN 978-4-254-50034-9　C 3030　　Printed in Japan